밥 일 꿈

밥의 꿈

창간기념 시론

2023년 10월 6일 금요일

내일신문 30주년을 돌아보며

30년 전 10월 9일 한글날 내일신문은 주간신문으로 시작했습니다. 우리는 신문 제작에 대해 잘 몰랐지만 민주주의와 시장경제라는 시대적 흐름에 맞추어 신문업에 뛰어들었습니다. '밥도 먹고 일도 하면서 꿈을 실현하자'고 모였습니다. 주주 1700여명의 자본금 6억원으로 시작했습니다. 그 중심에 사원주주가 있었습니다. 나름 꿈을 실현해보자는 마음으로 시작했습니다. 물론 우리는 많이 미숙했습니다. 당연히 시행착오도 많았습니다. 당시는 개념도 생소했던 성공확률 1%의 벤처를 내세우고 '맨땅에 헤딩'한다는 심정으로 도전했습니다. 내외부의 "무조건 망한다"는 단언을 이겨내고 지금은 "망하지 않는다"고 자신하는 단계에까지 왔다고 생각합니다.

4차원 경영시스템 뿌리내린 30년

흔히 언론을 '제4의 권력'이라고 합니다. 권력을 감시하기 위해 '국민이 준 권력'이라는 뜻이겠지만 자칫 언론 스스로 권력화되어 국민 위에 군림하는 빌미가 될 수 있습니다.

우리는 '제4의 권력' 대신 '지식정보서비스'를 해야 한다고 생각하고 있습니다. 창간 당시 우리는 보수와 진보를 넘어 내 일을 하며 내일을 향해 나가기로 했습니다. '건전한 상식을 가진 생활인들'의 입장에서 세상을 봐야한다고 믿었습니다.

우리 사회는 이분법적인 2차원 사고와 변증법적인 3차원 사고가 지배하고 있습니다. 우리는 시대의 흐름과 함께 상생의 4차원 사고로 생각하고 생활하며 시스템을 바꾸어 가면서 경영의 새로운 모델을 만들어 나갔습니다. 주간신문 7년의 역사였습니다.

2000년 10월 9일 한글날 우리는 석간 내일신문을 다시 창간했습니다. 주간지에서 일간지로 한 차원 높인 것입니다. 주간지 창간 때와는 달리 망할 수 있다는 패배감은 많이 줄어들었지만 그래도 과연 일간지에서 성공할 수 있는가라는 회의론이 내외적으로 퍼져 있었습니다. 더욱 적극적으로 4차원적인 경영시스템이 뿌리내리니 일간지는 무럭무럭 자라나게 되었습니다. 내일신문 30년 역사입니다. 우리 사회는 지금 어려움에 봉착해있습니다. 창업과 경영혁신이 아주 중요한 때입니다. 내일신문의 30년 역사는 창업과 경영혁신에 많은 도움이 될 수 있다고 생각합니다.

우리는 지식정보서비스업을 기반으로 석간 종이신문과 함께 e내일신문 유료화를 전략으로 삼아 어려움을 극복해나가고 있습니다. 또한 벤처형 자주관리 경영이라는 초심을 기반으로 적극적으로 벤처기업에 투자를 함으로써 물적 토대를 튼튼히 해나가고 있습니다.

e내일신문 유료화는 미국 뉴욕타임즈 등 선진국의 신문들을 벤치마킹한 것이고, 벤처기업에 투자하는 것은 독일 스위스 신문사들의 경영모델을 참고한 것입니다.

우리는 내일신문 30년 경영 모델을 '4차원 경영'이라고 이름 지었습니다. 이러한 경영모델이 지금 어려움을 겪고 있는 경영주체들에게 많은 도움이 되기를 기대합니다. 그리고 기업경영뿐 아니라 국가경영, 가계경영에도 도움이 되기를 바랍니다.

앞으로 상생의 사고가 시대흐름 될 것

이제 시대는 바뀌어가고 있습니다. 갈등과 분열의 시대는 막바지로 치닫고 있습니다. 흑백논리나 변증법적 사고 대신 상생의 사고와 생활자세가 필요한 때입니다. 그러한 방향으로 시대는 흘러가고 있습니다. 앞으로 10년 20년이 지나면 상생의 사고가 시대의 큰 흐름을 이룰 것이라고 우리는 확신합니다. 대한민국 뿐 아니라 한반도 전체로 또 아시아를 넘어 세계로 확산되어 나가리라고 믿습니다. 그 사이 가계나 기업이나 정부는 많은 어려움이 있을 것이지만 내일신문 30년의 어려움 극복 역사를 생각해본다면 오히려 고난이 변화의 원동력이라고 생각합니다.

우리는 항상 '스스로 밥을 해결하고 서로 도와 일을 하며, 꿈을 향해 나아간다'('밥일꿈')는 생각을 놓지 않을 것입니다.

장명국 대표이사

이 책을 내는 이유

 사람은 태어나면 누구나 일을 해야 합니다. 어떻게 일하는 것이 좋을까요? 이 책의 제목처럼 밥도 먹고 꿈도 실현하는 일을 하는 것이 가장 좋을 것입니다.
 이 책은 직장을 새로 만드는, 또는 직장을 튼튼하게 하는, 그러한 일의 원칙을 제 경험을 바탕으로 적은 '경영이야기'입니다.
 여러 곳에 강연을 다니면서 나의 경험을 말하면 많은 사람들이 호기심을 가지고 공감을 표시했습니다. 한편으로는 그런 경영이 우리 회사에서도 될까 의구심을 말하기도 했습니다. 책으로 내보라는 권유도 여러 번 받았습니다. 그러나 글 쓸 시간을 내기가 쉽지 않았고, 또 자신의 얘기를 한다는 것이 면구스럽기도 하여 미뤄왔습니다. 그러나 갈수록 어려움에 처해가는 중소기업과 자영업자에게 조금이라도 참고가 될까 하여 책을 내기로 했습니다.
 자영업이건 중소기업이건 경영에서 제일 힘든 일은 무엇입니까? 무엇이 가장 두렵습니까?
 저는 적자와 빚이라고 생각합니다. 계속 적자가 나고 빚이 많아지면 마음의 여유를 잃게 됩니다. 사람이 강퍅해집니다. 집안에서, 회사에서, 친구들

사이에서 화를 잘 내게 됩니다. 표정도 바뀝니다. 저도 그랬습니다. 행복하자는 인생인데 불행합니다.

이 책은 '적자를 내지 않고 빚 없이 지속가능한 성장을 해 나가는 데 가장 기본이 되는 원칙'을 쓴 것입니다. '특히 창업할 때, 회사에 위기가 왔을 때 유용한 원칙'이라고 생각합니다.

가능한 한 기본급을 적게 해야 합니다. 이익이 없을 때, 회사가 어려울 때에 대비하는 것입니다. 대신 사장이든 누구든 기본급에서 차등을 두지 말아야 합니다. 그렇지만 이렇게 적은 월급에도 구성원들이 사기를 잃지 않으려면 이익이 날 때 확실하게 공유해야 합니다. 이윤분배제도(Profit Sharing)입니다. 또 열심히 일한 사람에게 확실히 보상해주는 인센티브(Incentive) 제도가 중요합니다.

또 창업이나 중소기업에서 가장 어려운 문제는 인재이탈을 어떻게 막느냐 하는 것입니다. 인재야말로 21세기의 가장 중요한 경쟁력입니다. 초기에는 인재를 구하기도 어렵고, 어렵게 구해도 쉽게 그만둡니다. 섭섭하지만 어쩔 수 없습니다. 내일신문도 초기의 어려운 시기에 이른바 일류대학 출신들이 많이 이탈한 경험이 있습니다. 대신 지역에서 활동하던 보통사람들이 그 자리를 채웠습니다. 외부에서 인재 충원도 어렵고 내부에서는 빠져나가니 결국 보통사람을 인재로 키워 나가는 수밖에 없습니다. 양성된 인재도 그 조직에 대한 소속감을 확실히 뿌리내리게 하려면 그들이 주주가 되지 않으면 안 된다고 보았습니다.

자본이 필요하면 외부차입보다는 사원들이 주주로 참여하여 확충하는 것이 먼저입니다. 사원들이 지분을 가진 회사이므로 주주배당으로 이익도 갖고 갑니다. 내 회사라고 생각하고 더 열심히 하게 됩니다. 사원주주제를 창업에서 가장 중요한 요소로 꼽는 이유입니다. 우리의 소중한 일터가 망하지 않고 적자가 나지 않는 시스템의 기본들입니다.

또 우리는 마케팅을 제1로 삼았습니다. R&D 등 제조분야를 제2로 삼았습니다. 관리부서는 제3으로 삼았습니다. 관리문제는 초기에는 중요합니다. 그러나 관리를 계속 제1로 삼으면 성장에서 뒤쳐지고 경쟁에서 탈락할 것이라 생각합니다. 마케팅을 제1로 삼고 거기에 사장 등 경영진과 우수인력을 많이 배치해야 한다고 봅니다. 그것이 저의 경험입니다.

중소기업 경영자들을 많이 만나면서 이제는 크게 달라지지 않으면 갈수록 어려워진다는 사실을 알게 되었습니다. 기업이 망하면 그 후과가 큽니다. 대개 빚은 평생 갚을 수 없을 정도로 엄청납니다. 자신의 가정은 물론 종업원의 가정도 무너집니다. 어떻게 해서든지 경쟁력 있는, 작지만 단단한 기업으로 성장·발전해야만 중소기업인들도 당당하게 목소리를 낼 수 있을 것입니다. 이것이 바로 우리나라 경제 민주주의의 기반이 될 것입니다. 자본금이 적고 경험이 부족한 사람들이 뒤늦게 창업을 해서 경쟁력 있는 경영시스템을 갖추는 데에 저의 경험이 도움이 되었으면 좋겠습니다.
저와 견해가 다를 수 있습니다. 그렇지만 한번 뒤집어서 저의 경험을 느껴보시고 깊이 고려해보시면 어떨까요?

머리말

내일신문은 1993년 창간이후 지금까지 숱한 우여곡절을 겪어왔다. 2000년까지 주간신문이던 중앙 본지는 그해 10월에 석간 일간신문으로 전환, 재창간했다. 한편으로는 도시마다 지역주간신문을 꾸준히 만들어 왔다. 또 1999년에 대학생들을 위한 '대학내일'을, 2000년에는 여성시사주간지 '미즈내일(현 내일교육)'을 창간했다.

신문사 경영은 한국사회에서 아마도 가장 어려운 분야의 하나일 것이다. 케이블, 위성이나 인터넷 등 새로운 뉴스 미디어가 발전하면서 전통산업인 신문을 경영하기가 더욱 어려워졌다. 더구나 한국 신문시장은 과잉이다. 내일신문은 이런 시장에 자본금도 적고 후발업체에다 신문제작 경험도 거의 없고 광고주인 기업들이 기피하는 사람들이 모여 출발했다. 그러니 주간내일신문이 겪은 어려움은 말로 하기 힘든 정도였다. 그렇지만 처음 2년간 적자를 본 이후 지금까지 계속 흑자행진을 이어오고 있다.

나는 1998년 IMF 외환위기 직후 파산상태에 몰렸던 뉴스전문 케이블TV인 YTN에 사장으로 가 회생시킨 경험을 가지고 있다. YTN은 공기업이지만 6개월간 직원 월급을 못 주는 등 대단히 어려운 상태에 빠져있었다. 매출을 3

배 높이고 경비를 50% 이하로 줄이지 않으면 흑자가 날 수 없고 흑자가 나지 않으면 파산할 수밖에 없다고 경영진단이 나온 상황이었다. 500여 명 전 직원의 헌신과 노력으로 해고 없이 3개월 만에 흑자로 전환되어 회생한 경험을 함께 실었다.

내일신문의 창업과 YTN 회생의 핵심은 사람과 시간에 대한 새로운 관점을 적용했다는 사실에 있다.

나는 사람을 단순한 노동자가 아니라 '일하는 사람들'로 보았다. 노동자는 자본가, 경영주와 대립되는 개념으로, 투쟁이 기본이다. '일하는 사람들'은 노동자 · 중간관리자 · 경영자를 모두 포괄하는 통일적인 개념이다. 서로 힘을 합쳐 공동의 직장을 일구어 가야 한다. 또한 시간을 단선적인 고정된 것이 아니라 공간과 결합된 탄력적인 시간으로 파악했다.

내가 이러한 생각과 행동을 하게 된 것은 1960~70년대로 거슬러 올라간다. 나는 1960년대 후반 대학을 다니면서 딸기농사를 지었고, 1970년대 초반에는 유인물 사건으로 잠시 들어갔다 나왔다. 70년대 후반에는 인삼제품 수출업을 했다. 1980년대 초에는 금성냉동학원이라는 기술학원을 경영하다 다시 석탑출판사를 아내인 최영희와 함께 운영했다. 석탑출판사에서 1982년에 '노동법 해설'이란 책을 출판했다. 스테디셀러로 당시 100여만 부가 팔렸다. 수많은 노동자들이 상담하러 왔다. 그래서 석탑노동연구원을 만들게 된다. 상담하러 왔던 노동자들 중 상당수가 1987년 6월 민주항쟁과 7 · 8월 노동자 대투쟁에 적극적으로 참여했다. 넥타이부대의 근간이었던 사무직 금융노동자들도 그때 교육하며 만났다. 노동현장에 교육도 많이 다녔다. '새벽'이라는 잡지도 발간했다.

1987년 이후 많은 사업장에서 파업이 있었다. 나는 노동 상담을 하다 이른바 '제3자 개입금지', '국가보안법' 위반 등으로 감옥에 갔다.

그때 감옥에서 처음으로 성경, 불경과 사마천의 사기(史記) 등 동양 고전들을 읽었다. 나는 원래 물리학을 전공할까 생각할 정도로 현대물리학에 관심이 많았고, 또한 생명의 기원에도 관심이 많았다. 시간이 많으니 그에 관한 책들도 꽤 읽었다. 감옥에서 읽은 이 책들이 아주 소중한 통찰을 주었다. 감옥을 가기 전에 내가 겪은 여러 경험에서 나온 생각의 편린들은 그 후 조금씩 정리되어 왔는데 그때 읽은 책들이 바탕에 있다고 느낀다.

이 책에서 나는 그동안 경영을 맡으면서 겪은 어려움을 극복해간 과정을 썼다. 이들 사례에서 깨닫게 된 새로운 경영방식과 철학을 '4차원 경영'이라는 용어로 개념화했다. 나아가 21세기 현대사회에서 이 '4차원 경영'이 어떻게 구현될지 부족하나마 그려보고자 했다. 나는 4차원 경영이 일반 중소기업과 글로벌경제 속에서 치열하게 경쟁하는 대기업 경영에도 구체적으로 적용될 수 있다고 믿는다. 특히 4차 산업혁명 시대에는 상대성 이론과 불확정성 원리가 통용되는 4차원 사고로 4차원 경영을 하여야 지속가능한 경영이 될 수 있다고 확신한다.

개정판에 부쳐

　내일신문이 2023년 올해로 창간 30년이 되었다. 이 책의 초판이 나온 지도 12년이 지났다. 책을 처음 쓸 당시와 시대적 상황도 많이 바뀌었다. 시간이 흘렀으니 전반적으로 다시 손을 봐야 할까 생각했다. 그러나 이 책에서 전하고 싶었던 4차원 사고와 4차원 경영의 원리와 실행이 의미하는 바는 아직도 유효하다고 생각되었다. 대체로 그대로 두면서 일부 첨삭하고 좀 더 읽기 쉽게 다듬었다. 또 이전 판에는 없던 대통령들과의 만남을 첨가했고 데이터를 업데이트 했다.

　이미 현실이 된 저출산·고령화, 신 냉전에 따른 경제적·지정학적 위기, 무엇보다 이제 일상화되는 기후위기 등 우리는 새로운 시련에 직면하고 있다. 이런 미증유의 위기에 2차원의 흑백논리나 3차원의 변증법적 논리로는 해결책을 찾기는커녕 갈등과 분열을 일으킨다.

　4차원 사고는 상생적 사고이다. 상생의 사고를 하는 사람들이 경영의 중심에 서야만 이 위기를 극복할 수 있다. 국가경영이건 기업경영이건 가계경영이건 마찬가지이다. 이 '밥일꿈' 책이 어려운 시기, 새 길을 찾는 분들에게 작은 도움이 되기를 바랄 뿐이다.

서문

상생과 벤처정신-4차원 사고로 미래를 열 수 있습니다.

오늘날 세계는 예측 불가능한 전환의 시대를 맞이하고 있습니다. 관세전쟁, 기술 패권 경쟁, 급변하는 시장 환경 속에서 한국·일본·독일·대만 등 제조업 강국들은 새로운 도전에 직면해 있습니다. 이 위기를 극복할 해법은 무엇일까요? 저는 그 해답을 '상생'과 '벤처정신', 그리고 이를 가능케 하는 '4차원 사고'에서 찾고자 합니다. 상생과 벤처정신은 2분법적인 2차원 사고, 3차원적인 변증법적 사고를 넘어서 4차원 사고를 통해서 나옵니다. 항상 시간을 생각하는 4차원 사고는 시장과 기술과 시스템을 중시합니다.

바로 마케팅이 4차원 사고를 실행하는 과정입니다. 마켓이라는 3차원 공간에 ing라는 현재 진행형 시간이 4차원 사고를 표현하고 있습니다. 내일신문이 주간지에서 일간지로 또 e내일 유료화로 전환한 것 역시 4차원 사고를 바탕에 두고 있습니다.

미국과 중국이 G1, G2로 성장한 것도 결국 벤처정신 덕분입니다. 인구, 국토, 자원보다 더 중요한 것은 실패를 두려워하지 않는 창의와 도전정신이었습니다. 이 정신은 정체된 체제를 돌파하고 새로운 시스템을 만들어내는 동력입니다. 우리나라 국내총생산(GDP)의 2배가 넘는 시가총액 4조달러를 제일 먼저 달성한 젠슨 황의 엔비디아와 중국의 딥시크 같은 글로벌 벤처의 기적이 그 증거입니다.

33년 전, '내일신문'은 상생과 벤처정신을 바탕으로 출발했습니다. 많은 이들이 곧 무너질 것이라 했지만, 오히려 작지만 단단한 언론으로 살아남았습니다. 이것이 바로 변화에 대응하는 4차원적 사고의 힘이었습니다. 저는 이 책에서 3차원 사고에 머물렀던 개인과 조직이 어떻게 상생과 벤처정신을 통해 4차원 사고로 전환했는지를 기록했습니다. 내일신문의 창간 이야기와 YTN의 구조조정 극복 사례입니다. 지금 이 시대는 누구나 기적을 만들어낼 수 있다고 생각합니다. 첫걸음은 사고의 전환에서 시작됩니다.

- 내일신문 30주년을 돌아보며
- 이 책을 내는 이유
- 머리말
- 개정판에 부쳐
- 서문

1부. 한 알의 밀알이 떨어져 싹이 틀까
경험에서 배우다. 4차원 경영의 배경

1. 딸기농사에서 시장을 읽다	18
2. 경제적 자립의 몸부림 – 인삼 수출업	21
3. 수강생과 눈높이를 맞추다 – 금성냉동학원	28
4. 노동자의 절실함을 듣다 – '노동법 해설'	33
5. 6월 항쟁과 노동자 대투쟁 – 국민소득의 획기적 향상	39
✎ episode : 구치소에서 만난 사람들	44

2부. '나의 알'을 해야 '내일'이 있다
주간내일신문 창간과 위기 극복

1. 밥도 먹고 꿈도 이루는 일은 뭘까	50

2. 먼저 생활을 바꿔야 한다   57
3. 맨땅에 헤딩하기   61
4. 어떻게 차별화 할까   64
5. '100% 망한다' 고난의 행군   68
6. 부인들의 참여를 고민하다   76
7. '언론권력'이 아니라 '정보서비스'를 하자   78
8. 적한테 왜 탄알을 주냐   82
9. 세일즈와 마케팅은 다르다   90
10. 편집과 취재를 하나로, 원맨시스템   97
11. 많이 벌고 적게 쓰면 된다   101

3부. 밥·일·꿈
사원주주제 확립과 IMF 시기

1. 급여체계 기준과 공개의 원칙   108
2. 간부가 되려면 모범을 보여야 한다   112
3. 주주사원들이 위기를 돌파하다   116
4. 외환위기에서 빛이 나다   119
5. 생활인 기자운동, 리포터제도   126
6. 일간지의 비전을 제시하다   129

4부. 낙하산 인사는 공수특전단이다
YTN의 회생

1. 방송은 있었지만 경영은 없었다   136
2. 예외는 없다. 모든 경비는 절반 줄인다   149
3. 증자가 이렇게 어려울 줄이야…   155
4. 어떻게 매출을 3배 늘릴까?   162
5. 새로운 소통기구와 업무평가시스템   169
6. 흑자 내고 증자로 은행 빚 1100억을 갚다   174
    - episode : 여기자에게 '아가씨'라니?   181
7. 낙하산 인사의 역할이 끝나다   183
    - episode : '자연보호중앙협의회'의 재정자립   190

5부. 다시 일간지 창간의 험난한 길로
석간내일신문은 순항할 수 있을까

1. 첫해부터 흑자 못 내면 망한다   196
    - episode : 테드 터너 "지뢰 없애기 운동 같이하자"   204
2. '배달'이라는 암초   207
3. 석간일간지, 지역주간지, 대학내일, 미즈내일   209

4. '장시간 노동'과 '몸으로 때우기'	214
5. 어떤 정권에서도 스스로 살아야 한다	217
6. 대통령들과의 만남	228
7. 작지만 단단한(Small but Strong) 언론	239
8. 광화문 새 사옥을 장만하다	250
episode : '녹색문화재단'에 경영을 도입하다	254

6부. '4차원 사고'로의 전환
만물은 상호연관되고 상호의존하며 통일되어 있다

1. 강한 카르타고를 이긴 약한 로마	258
2. 뉴턴에서 아인슈타인으로 – 장과 시공간의 의미	261
episode : 성장속도 빠른 새싹은 암환자에게 금물	267
3. 셋이 모여 삶이 된다	269
4. 불확정성의 원리와 '100%는 없다'	275
5. 팀제와 팀플레이 – 로마의 백인대·몽골의 십인대	278
6. 4차원 사고는 '상생'이다 – 통일장 안의 '일하는 사람들'	285

내일신문의 꿈	290

1부

한 알의 밀알이 떨어져 싹이 틀까

경험에서 배우다, 4차원 경영의 배경

1.
딸기농사에서 시장을 읽다

나는 경기도 수원시 서둔동에서 아버지 직장인 농업시험장의 관사에서 태어나 수원에서 자랐다. 근처에 3000평 정도의 밭이 있었는데 모친께서 농사를 지으셨다. 찰벼농사를 짓다가 딸기가 수익이 높다고 하여 딸기 농사로 1000여 평을 짓게 되었다.

흔히 딸기농사를 뼛골이 빠지는 농사라고 한다. 그만큼 손이 많이 간다. 그러나 바로 돈이 들어오니 많은 농민들, 특히 농촌여성들이 돈을 만지게 되어 힘들더라도 딸기농사를 하려고 한다.

딸기는 기계로 딸 수 없는 대표적인 작물이다. 잘못 만지면 허옇게 뭉개지니 조심조심 다루어야 한다.

수확철에는 대학 학기 중이지만 나도 어머니의 일손을 덜고자 농사를 도왔다. 딸기철 한 달 동안은 하루에 서너 시간밖에 잘 수 없었다. 햇볕이 쨍쨍한 날에는 딸기가 너무 많이 익어 골치였다.

딸기농사는 짓는 것보다 파는 것이 특히 중요하다. 쌀농사는 일 년에 한 번 정도 팔지만 딸기는 한 달 동안 매일 물건을 내다 팔아야 한다. 팔 때 가격차가 많이 난다. 흐린 날은 값이 떨어지고 햇볕이 쨍쨍한 날은 값이 뛴다. 하루에도 몇 번씩, 날씨 변동에 따라 값이 떨어지고 올라간다. 휴일은 값이 뛰고 평일은 떨어진다.

부친은 농학자여서 학문에만 열중하고 딸기농사에는 관심이 없었다. 모친은 딸기농사를 열심히 하셨지만 파는 데는 경험이 적었다. 또 시장에서 물건 파는 것을 부끄러워하셨다. 아마 사농공상의 관념 때문이었을 것이다.

하루는 내가 딸기를 시장에 가지고 가서 팔아보니 날씨와 시간 그리고 파는 순간의 신선도, 때깔 등이 아주 중요했다.

날씨와 시간은 농업의 생산과 판매에 상당한 영향을 미친다. 딸기농사는 특히 타이밍, 즉 시간과 연계한 예측이 필요하다. 따놓은 딸기는 시간이 지날수록 빛깔이 바래져 상품 가치가 떨어진다. 그러므로 오래 두거나 날씨가 흐리거나 비가 내려도 되도록 원상태 그대로의 빛깔을 유지하는 딸기라면 보통 딸기보다 적어도 10% 이상 높은 값을 받을 수 있다. 빛깔이 좋은 딸기는 시장에서 서로 사려고 하니 판매도 훨씬 쉬워진다. 어떻게 하면 딸기 색깔을 유지할 수 있을까? 빛깔이 바래는 주요한 원인은 딸기를 손으로 만질 때 딸기의 표면이 산화되기 때문이다. 어떻게 산화를 방지할까, 때깔을 유지할까, 이 문제가 해결되면 제 값을 받는다고 생각했다.

마침 부친이 농학을 전공하셔서 부친께 여쭸더니 쉽게 답을 주셨다. 만일 딸기 표면에 유리 같은 성분이 있다면 이를 방지할 수 있을 것이 아니냐고 하셨다. 규소, 즉 실리콘(Si)성분이 포함된 비료를 주면 딸기에 그 성분이 포함돼 껍질이 상대적으로 단단해지고 빛깔도 유리알처럼 맑아진다는 것이다. 그

유리 같은 성분이 바로 규산질 비료이다. 나의 의문과 학자인 부친의 지식이 결합되어 나온 결과이다. 사실 규산질 비료를 처음 쓸 때 '과연 될까'하는 의심도 들었지만 부친의 이론이 합리적이고 과학적이어서 성공가능성이 꽤 높다고 생각했다. 모친은 부친께서 농사는 짓지 않고 책만 보신다고 평소 불만이 많으셨지만 이 하나로 모든 불만이 해소되었다.

당연히 우리 딸기는 화제가 되었다. 값도 10% 이상 더 받았다. 동네 농가들이 우리에게 와서 어떻게 딸기가 그렇게 되었느냐고 물어 규산질 비료를 사용하면 된다고 알려주었다. 농가마다 그렇게 하니 수원 '푸른 지대'라는 이름의 딸기농장지대가 전국적으로 유명해졌다.

당시 규산질 비료는 경기화학이라는 비료회사 한 군데에서만 생산했는데 그 회사는 부도 직전이었다. 규산질 비료를 개발했지만 농민들이 쓰지 않았기 때문이다. 규산질 비료를 쓰는 딸기농장이 확산되면서 그 회사도 회생됐다고 했다. 지금은 딸기농사에 규산질 비료는 필수이다.

나는 다른 사람보다 먼저 시장의 요구를 파악해 문제를 해결하려고 노력했을 뿐이다. 문제의 해결도 나의 지식으로는 어림없었다. 농업전문가인 부친의 의견을 따랐을 뿐이다. 항상 소비자의 요구에 부합하려는 문제의식을 가져야 한다는 것을 알았다.

2.
경제적 자립의 몸부림, 인삼 수출업

1970년 대학을 졸업하고 입대했다. 만기제대 후 민주화운동에 여전히 관여는 하고 있었지만 미국에 가서 노동경제학을 공부하려고 마음먹었다. 고용·실업분야에서 세계적으로 이름이 알려진 교수가 코넬대학에 재직하고 있었다. 그 교수는 마침 당시 한국 민주화 운동을 돕던 오글 목사님의 친구였다. 오글 목사님의 추천으로 코넬대학에서 입학허가서를 받아놓았다. 떠나기 전인 1973년 여름, 김대중씨 납치사건이 생겼다.

나의 부친은 고향이 경북 칠곡이다. 박정희 대통령은 경북사람인데 목포사람인 김대중 씨를 납치한다는 것은 지역감정을 더욱 악화시킬 일이라고 생각했다. 이런 시기에 미국 가는 것이 부끄러웠다. 유학가기 전에 작지만 옳은 일을 하고 가야겠다는 생각으로 9월 30일 '김대중씨 납치사건의 진상은 이렇다'는 유인물을 만들어 각 대학과 교회 등 여러 곳에 뿌렸다. 10월 2일에 서울대학교 문리대, 법대, 상대에서 시위가 터졌다.

당연히 잡혀갔다. 엄청 맞았다. 당시 김대중 씨는 수사기관에서 빨갱이로 취급되었기 때문에 치안본부 대공분실에서 이런 얘기를 들었다.

"너도 같은 빨갱이다. 빨갱이는 머리 좋은 놈들이 물드니 머리를 때려 멍청하게 만들어야 해. 너 휴전이 영어로 뭔지 아냐?"

"……" 하도 아파서 아무것도 생각이 나지 않았다.

"휴전이 cease fire야. 그것도 몰라? 잠시 총 쏘는 거 멈추는 거야. 우리는 전쟁을 하고 있는 중이다. 어디 경북 놈이 호남빨갱이에게 물들어? 너 김대중이 만났지, 알지!"

"모른다"고 하니 돌아오는 건 매밖에 없었다. 사실이 그랬다. 만난 적도 없고 이름만 들어서 알 뿐이었다. 그러나 소용없었다. 갖가지 고문을 당했다. 그들은 나 혼자 했을리가 없다고 믿었다. 타자기로 친 유인물인데 타자기는 어디에 있느냐고 하여 한강에 버렸다고 하니 또 돌아오는 것은 매 뿐이었다.

며칠을 버티니 바깥세상이 달라졌는지 그들이 조용했다. 데모의 영향인지 유화 국면이 되고 김종필 씨가 국무총리가 되었다.

나는 그곳에서 분단을 실감했다. 나도 불행했지만 그들도 불행했다. 민주화된 이후 우연히 나를 고문했던 사람을 만났다. 그는 법원 경매로 근근이 먹고 산다고 했다. 측은했다.

두 달 후에 나왔지만 유학은 이미 물 건너갔고 취직도 할 수 없었다. 부모님께 용돈까지 타 쓸 형편은 아니었고 그럴 수도 없었다. 번역 등 여러 가지 일을 했지만 별로 돈이 안 됐다. 우리나라는 선후배가 만나면 선배가 돈을 내는 것이 전통이다. 돈이 없으니 후배들 만나는 것도 피하게 되고 동창들에게 얻어먹는 것도 한 두 번이니 친구들도 자연히 덜 만나게 되었다. 친척들은 나를 보면 '뭐 할 거냐'고 물으니 집안 모임도 자주 빠졌다. 돈이 없어

담배도 끊었다.

　경제적 자립 없이는 사회에서 점점 고립되고 사람 구실을 할 수 없다는 것을 느꼈다. 앞으로 무엇을 하든 우선 경제적 토대를 마련해야겠다고 결심했다. 취직이 안 되니 사업을 해야겠다고 생각했다. 적은 자본에 이익을 많이 낼 수 있는 사업이 무엇인가 생각해 보았다. 국내 시장을 상대로 사업하기에는 정치적으로 찍혀 있어서 어려우니 해외로 우리나라 제품을 수출하는 사업을 하기로 했다. 그래서 선택한 것이 인삼제품 수출이다.

　그 당시 요즘의 성기능강화제인 비아그라와 비슷한 '데뽀'라는 약이 있었다. 이 제품은 부작용이 많아 미국에서는 대체재로 건강식품인 인삼이 알려지기 시작했다. 한국 인삼제품 회사인 '일화'가 미국에서 유명해진 것도 이 때이다. 합성약품 등 양약은 부작용이 많고 상대적으로 생약은 부작용이 적다.

　나는 미국의 부자들에게 인삼제품을 팔자고 생각했다. 한국 인삼은 중국이나 일본에서 명성이 높다. 또 옛날 역사이야기 책을 보면 정승 판서 등 권력자들은 젊은 첩을 두는 경우가 많다. 이런 사람들이 원하는 물건 중에 산삼이 있다. 그러나 산삼은 무척 비싸다. 희소성 때문이기도 하지만 오십 년 백 년, 자라는 기간이 길어야 효능이 높아지기 때문이다. 산삼은 비싸고 구하기 힘드니 할 수가 없고, 대신 6년근 인삼에 혹시 성기능강화 성분이 있지 않을까 생각했다. 산삼을 보니 오래될수록 성분이 높다고 생각되어 4년근 보다는 2년 더 자란 6년근에 성기능강화 성분이 더 많으리라 추측했다. 과학적인 자료나 근거가 분명해야 미국 사람들을 설득할 수 있다고 생각했다.

　그런 자료가 있는지 찾아보았지만 국내에는 과학적인 자료가 없었다. 또 미국인들은 우리나라 자료보다는 미국학자들이 쓴 논문을 더 믿을 것이므로 미국에서 나온 논문이 필요했다. 마침 형이 미국에 있고 또 생화학을 전공하고 있었으므로 형에게 편지를 썼다. 인삼이 성기능 향상에 좋다는 과학적 자료가 들어 있는 논문이 있으면 찾아서 보내달라고 했다. 하늘이 도운 것인지 다행히도 미국 학자가 쓴 논문이 있었다. 그 논문에는 캐나다 인삼이나 미국 인삼, 일본 인삼 같은 것들 보다 오직 한국 인삼에 성기능 강화 성분이 많다고 되어 있었다. 또 4년근은 신경안정 성분이 많고 6년근이 되면 성기능강화 성분이 많아진다고 했다. 그 이유는 아직 밝혀지지 않았다고 되어 있었다. 6년근 인삼의 몸통보다는 잔뿌리에 성기능강화 성분이 두 배 많은 것으로 나와 있었다. 과학적인 데이터가 잘 나와 있었다. 이것이면 미국 사람들에게 인삼을 팔 수 있다고 확신했다. 빨리 공장을 차리고 허가를 받기로 작정했다.

부모님께 간청하여 집을 담보로 300만 원을 은행에서 빌렸지만 손에 쥔 것은 254만 원이었다. 당시는 다 그랬지만 친구를 통해 은행돈을 빌렸는데도 관행인 커미션 5% 이외에 선이자까지 떼니 254만 원에 불과했다. 마침 아내의 퇴직금 등 50만 원이 있었다. 약 300만 원으로 사업을 시작했다.

서울 한남동에 공장건물을 얻고 돈이 없어 중고기계를 사서 인삼기술자와 내가 일일이 설치했다. 그 인삼제품 기술자는 중고기계를 설치한다고 불만이었다. 너무 불평을 많이 해 싸우고 달래느라 정말 진을 다 뺐다.

신용장이 있어야 정부가 제품 허가증을 발행해 줄 때였다. 해외에서 주문을 받았다. 그때는 박정희 대통령이 인삼제품수출을 적극 장려하고 있었다. 당연히 허가증이 금방 나올 줄 알았다. 부친의 제자가 그 부처에 있어 더 쉽게 나올 줄 알았다. 그러나 허가는 좀처럼 안 나왔다. 3개월, 6개월, 시간이 흘렀다. 기술자 월급도 나가고 공장 월세도 주어야 했다. 자본금 300만 원에 빚이 1500만 원이 되었다. 1500만 원은 월 3%짜리 사채였다. 이자가 이자를 낳고, 빚이 빚을 낳았다. 애가 타고 화가 났지만 별 수가 없었다. 당시 박대통령이 좋아했다는 '시바스리갈'이라는 고급 양주 한 병을 사서 허가담당 과장에게 가지고 갔지만 소용이 없었다. 이 문제, 저 문제로 트집을 잡고 허가증 발급을 차일피일 미루었다.

내가 세상을 처음 알게 된 계기가 됐다. 관청은 무서운 곳이다. 어쩔 수 없이 부친께 도움을 호소했다. 아마 부친이 안계셨다면 폭삭 망했을 것이다. 요즘 말로 신용불량자가 됐을 것이다. 부친이 적극 나서서 인삼제품 허가증이 나왔다. 국내에서는 못 팔고 단지 수출만 할 수 있다는 조건의 허가증이었다.

허가증이 안 나올 때의 고통은 정말 심했다. 내 신용으로는 남에게 돈을 빌린다는 것은 어림도 없었다. 부친의 도장이 필요했다. 은행에 집을 담보로 넣었으니 모친은 불안해 하셨다. 매일 밤 어떻게 되느냐고 물으셨다. 아내는 아내대로 부모님 집과 주위 사람들에게 빌린 돈을 날리면 어떻게 하냐고 잠을 못 잤다. 하도 시달리다 밥상을 엎은 적도 있다. 다시는 빚내서 살지 않겠다고 각오했지만 월급은 나가고, 이자 때문에 또 빚을 내고, 허가는 안 나오고, 정신적인 고통은 말이 아니었다.

허가증을 받자 당장 제일 큰 미국 바이어에게 편지를 썼다. '내 인삼으로 말할 것 같으면 다른 인삼보다 성기능강화 성분이 두 배 많다. 그러나 가격은 두 배가 아니라 50% 정도만 비싸다.' 당시 고시 가격 즉, 체크 프라이스(check price)가 1kg당 28달러였다. 나는 40달러를 오퍼(offer)했다. 그리고 샘플을 보내서 귀하가 이러 이러한 대학에 100달러를 주고 다른 인삼과 내 인삼가루를 비교 분석해보라고 했다.

한 달 뒤에 두 명의 바이어가 왔다. 두 사람과 이틀 동안 조선호텔에서 인삼시장에 대해 여러 이야기를 했다. 그들은 40달러가 비싸다는 거였다. 30

달러로 하자고 고집했다. 나는 버텼다. 성기능강화 성분이 두 배 이상 많으니 처음에 56달러로 제안하고 40달러로 깎아줄 수도 있었지만 그렇게 안하고 40달러를 부른 것이라고 했다. 6년근 인삼은 그만큼 비싸기 때문에 깎아줄 수 없다고 버텼다. 충남 금산의 인삼밭으로 이들을 데리고 가서 인삼농사가 얼마나 힘든가를 보여주었다. 모든 과정을 손으로 하고 이것을 6년간 해야 한다고 하면서 40달러도 싸다고 했다. 그들은 정부 고시 가격이 28달러인데 어떻게 40달러를 주느냐고 했다. 마지막에 그들은 항공료 값이라도 깎아달라고 했다. 50센트 양보해 39달러 50센트에 팔기로 했다.

그러나 미국으로 돌아간 그들은 두 달이 지나도 아무 연락이 없었다. 애가 탔다. 먼저 연락을 하고 싶었지만 꾹 참았다. 두 달째가 되자 드디어 신용장이 와서 계약이 체결되었다. 아마도 한국 인삼의 성분을 미국 학자가 밝힌 논문을 내놓으며 효과적으로 설명했기 때문에 계약이 성사된 듯하다.

나는 상대가 버틸 때 손해를 감수하고 던지기보다 원칙을 지키고 시간을 견뎌내야 이긴다는 사실을 알았다.

인삼을 잔뿌리 째로 팔면 1kg에 28달러도 못 받는다. 잔뿌리를 갈아 가루로 보내야 40달러를 받을 수 있다. 잔뿌리는 몸통보다 구매가도 훨씬 싸게 먹힌다. 바이어들이 잔뿌리를 직접 사서 가루로 만들지 않도록 항상 분말을 만들어 샘플로 보내고 제품을 만들었다. 겉모양보다는 내용물이 중요했기 때문이다. 당연히 이익을 많이 보게 되었다. 1년여 동안 이들과 거래했다. 이들은 내 인삼가루를 사서 캡슐로 만들어 캘리포니아와 마이애미 등 잘 사는 미국 지역에 팔아 돈을 많이 벌었다. 나도 많이 벌었다. 상생이다. 300만 원의 밑천으로 2억 원을 벌었다. 당시로는 엄청나게 큰돈이었다. 특히 나에게는 그랬다.

돈을 버니 사람들이 도와달라고도 오고, 돈을 꾸러도 오고, 사업자금을 보태 달라고도 오고, 저마다 여러 가지 이유로 찾아왔다. 그 중 민주화 운동을 하다 도피하는 사람들이 찾아오기도 했다. 돈을 주어야 했다. 그러자 소문이 나서 그런지 또는 찍혀 있어서 그런지 수사기관에 잡혀가서 돈 준 사람들을 대라고 물고문까지 받았다. 뒤이어 세무조사가 들어왔다. 더구나 1980년 5·17과 광주항쟁이 일어났다. 전두환 군부독재가 시작되었다. 사업을 더 계속하도록 두지 않을 것이 뻔했다. 인삼공장을 싼값에라도 하루라도 빨리 파는 것이 현명했다. 돈도 벌었고 원하던 재정자립도 이루었다. 배운 것도 많았다. 창업은 정말 어려운 일이다. 전념하지 않으면 안 된다. 특히 초기에 두 가지 일을 병행하기는 무척 어렵다. 나도 처음에는 사업도 하면서 운동도 계속했다. 내가 어려울 때마다 도와주던 형님에 고 이수인 교수가 있다. 이 교수의 부친이신 고 이충녕 변호사와 나의 부친은 동향에다 동경대학 동기로 절친했다. 자연히 자식들인 그 댁의 형님들과 나의 형제들도 가깝게 지냈다. 그는 초기에 인삼사업에만 전념하라고 신신 당부했다. 처음에는 그 말을 대충 들었다가 허가가 나오지 않고 적자가 나고 빚에 몰리고 하니 그 뜻을 알게 되었다.

인삼사업이 처음에는 너무나 어려웠기 때문에 전념할 수밖에 없어 성공하지 않았는가 생각된다. 사업 초기에 잘 나가면 사업을 쉽게 생각하기 쉽다. 마구 벌리고 남의 돈도 많이 빌려 결국 실패한 사례들을 많이 보게 된다.

3.
수강생과 눈높이를 맞추다, 금성냉동학원

 인삼사업을 접을 당시 마침 고교와 대학 일 년 위인 김근태 선배가 수배상태에서 미동냉동학원의 강사로 있었다. 김 선배가 적자에 허덕이고 있는 금성냉동기술학원을 인수해 운영하면 어떻겠냐고 제안했다. 금성냉동학원은 가장 오래된 학원인데 적자누적으로 힘들었다. 선배가 있을 곳도 필요했고 또 대학을 못 가는 사람들이 기술자격증을 따게 하는 것도 의미가 있다고 생각했다. 금성냉동학원을 운영하는 것은 실업·고용문제를 공부하고 싶었던 꿈과 연결된다고 생각했다. 기술학원에 와서 자격증을 따려는 사람들은 아주 어려운 사람들이다. 공부하는 동안은 사실상 실업자이고 자격증을 따서 취직을 하면 노동자가 되는 것이다.
 금성냉동기술학원을 인수했다. 여기에서 이들을 만나 냉동고압가스 등을 가르치고 취업을 알선하면서 노동문제에 관해 훨씬 깊이 이해하게 되었다. 이들 청년들은 아주 소박한 꿈이 있었다. 취직해서 밥을 먹고 가족을 부양하며 인간답게 사는 것이었다. 이들의 절실한 요구는 하루빨리 자격증을 따는 것이었다. 금성냉동학원 입장은 하루빨리 적자를 벗어나는 것이었다.

그러려면 우선 우수한 선생님들을 초빙하고 시험 합격률을 높여야 했다. 서울대 공대 출신 두 분과 서울대 사대, 서울대 문리대 출신들을 강사로 모셨다. 그분들 중 나중에 주요 언론사 논설위원, 고교선생님, 대기업의 중견간부가 된 분들이 있다. 그러나 결과는 신통치 못했다. 합격률은 떨어지고 수강생들도 중퇴하는 경우가 많았다. 난감했다.

나는 원장이었지만 수강생들이 오면 등록을 시키고 상담을 하는 학원의 총무역할을 했다. 수험결과가 신통치 않고 적자가 쌓여가니 별 수 없이 직접 강의 하기로 했다. 먼저 고3 단과반으로 유명한 대일학원에 등록해 화학강의를 한 달 들었다. 고압가스화학과 위험물을 가르치면서 자격증 시험도 직접 보았다. 이때 딴 자격증이 고압가스기계기능사 1급, 고압가스 화학기능사 1급, 위험물기능사 1급, 환경관리기사(대기) 2급 등이다.

직접 강사로 나섰지만 합격률은 여전히 높아지지 않았다. 그런데 가르치면서 수강생들의 수준을 알게 되었다. 아직 어리고 공부도 별로 안한 수강생들은 영어나 한자나 전문용어들을 잘 몰랐다. 그런데 우리는 수강생들에게 전문용어 중심으로 강의를 하니 결과가 나쁠 수밖에 없다는 것을 알았다. 학생들 수준에 비해 어렵게 가르쳤기 때문이었다. 쉽게 가르치는 것이 대단히 중요하다는 생각이 들었다. Press는 압력이다. P로 나타낸다. 엄마가 '빨리 자격증 따라'고 우리에게 프레셔를 많이 주지 않느냐, 바로 압력이 프레스고 P이다. 부피는 Volume(V)이고, 온도는 Temperature(T)라는 것을 예를 들어가며 알기 쉽게 설명하니 학생들이 졸지 않았다. 이 삼자의 관계를 한 시간씩 자세히 설명하니 다들 이해를 했다. 기초부터 가르쳐야 한다는 사실을 깨닫게 되었다.

그러나 그것만으로는 부족했다. 차근차근 배우니 기초가 단단해지기는 하지만 속도가 너무 느렸다. 수강생들은 하루빨리 자격증을 따기를 원했다. 수강생들의 요구가 워낙 절실하고 학원의 적자도 빨리 해결해야 하니 나는 합격률을 높이기 위한 비결을 집중적으로 연구했다. 당시까지 나온 기출 문제를 연구한 결과 대부분의 문제가 일본의 기술검정공단에서 나온 문제를 거의 그대로 베껴서 내고 있음을 알게 되었다. 일본 기술검정공단에서 나온 문제를 최대한 빨리 입수하고 번역하여 문제풀이 방식으로 시험 직전에 집중적으로 가르쳤다.

한편으로는 쉽게 가르쳐서 기초를 다지면서 다른 한편으로는 기출문제를 풀게 한 결과 합격률이 3배 이상 올라갔다. 수강생들이 대거 몰렸다. 원장 직강이라는 신문 광고도 냈다. 입소문과 신문 광고가 겹쳐 바로 흑자로 돌아섰다. 이 과정에서 수요자가 절실하게 요구하는 것을 빠른 시간 내에 해결하면 어려움을 극복할 수 있다는 사실을 배우게 되었다. 필요는 발명의 어머니이다. 적자에서 벗어나려면 짧은 시간 내에 합격률을 높여야 하고 그러다 보니 연구를 하게 되고 기술학원의 특성상 한 박자 앞선 아이디어로 경쟁력을 갖출 수 있었다.

그때까지 나는 출판사에는 별 관심이 없었다. 서울대 영문과를 나온 친구 때문에 출판사를 하게 되었다. 지방의 조선소 사무직 이민우 과장은 현장 부서원들과 독서모임을 한 것이 화근이 되어 1979년 구속되었고 재판에서 무죄를 받았다. 그는 복직 후 동료들과 함께 노동조합을 결성하기로 했다. 그런데 하필 노조결성 전날인 5월 17일 비상계엄령이 전국으로 확대되고 5월 18일 광주에서 항쟁이 일어났다. 그들은 계엄령 상태에서 합법적인 노동조합을 결성하려면 집회허가를 받아야 한다고 생각해 순진하게도 울산경찰서를 찾아갔다. 울산경찰서장은 "광주에서 국가변란이 일어나 집회를 할 수가 없으니 조금만 기다려 달라"고 했다. 그 사이에 사측은 이 과장을 해고했고 노동조합 결성은 무산되었다.

그는 해고되어 생활이 어려웠다. 당시 해직 언론인들은 번역 출판으로 밥벌이를 할 때였다. 그는 자기가 좋은 책을 번역했으니 출판을 해줬으면 좋겠다고 했다. 당시 출판사는 허가를 받아야 하는데 신규로 허가받기는 매우 어려웠다. 마침 만화를 발행하던 석탑출판사가 운영난이라 100만 원에 인수해 아내 최영희가 대표가 됐다. 그런데 막상 그가 번역한 책을 내려 하니 이미 다른 출판사에서 나와 있었다. 할 수 없이 인도 수상을 지낸 네루가 13살 딸에게 옥중에서 편지로 보낸 역사교육서인 '세계사 편력'을 노동자들도 읽게 하고 싶어 첫 책으로 내놨다. 그것이 석탑출판사의 시작이었다.

그 후 금성냉동학원에서 기초강의와 문제풀이가 인기를 끌자 내친 김에 나는 이러한 기출문제들을 모아 해설을 아주 쉽게 붙이고 여러 책들을 종합하여 고압가스기계 책을 썼다. 당시로서는 이례적으로 컬러 인쇄로 제작했다. 본문의 중요한 부분은 컬러로 강조하는 방식이었다. 일본 검정공단의 문제로 어려운 것은 쉽게 해설하여 기술서적을 만드니 선풍적인 인기를 끌었다. 이 기술서적은 몇 년 동안 이 분야의 베스트셀러로 자리 잡았다. 석탑출판사에서 고압가스기계, 고압가스화학 등 기술서적을 계속 출간했다.

그러나 이 사업도 오래하지 못했다. 당시는 5공 치하였다. 운동권들이 기술을 배워 노동현장에 취업하려는 흐름이 있었다. 이들은 1980년 '서울의 봄'의 실패와 광주항쟁의 경험을 통해 학생운동만으로는 민주화가 어렵다고 보고 노동자와 학생이 힘을 합쳐야 한다는 생각을 하게 됐다. 이들 중 금성냉동학원에 와서 자격증을 취득하는 사람들이 늘었다. 정권은 '위장취업자'라 하여 악선전하고 경계하고 있었다.

금성냉동학원을 소개한 김근태 선배는 워낙 열심히 찾는 수배자여서 금성냉동학원으로 올 수가 없었지만, 우리 학원에는 광주항쟁과 관계된 준수배자 상태인 사람이 근무했다. 또 감옥 갔다 온 강사들도 몇 있었다. 그러니 기관의 눈총을 받을 수밖에 없었다. 강사들 중 몇 명이 다른 사건으로 조사를 받고 나도 조사를 받게 되면서 정보기관의 압력을 받아 학원도 더 이상 운영할 수 없게 되었다. 1984년에 4년 간 운영하며 많은 배움을 준 학원을 팔았다.

4.
노동자들의 절실함을 듣다, '노동법 해설'

1973년 군 제대 후 노동경제학, 특히 고용실업문제를 전공하려던 미국 코넬대 유학이 물거품이 된 후 차츰 노동자조직들이나 노동조합들로부터 한국경제에 대한 강연을 부탁받는 일이 많아지고 있었다.

그런데 막상 현장에 가면 노동자들은 경제가 아니라 노동법에 관한 구체적 질문을 했다. 체불임금 받는 법, 임금계산 방법, 노조결성방법 같은 것들이었다. 당연히 대답을 제대로 못했다. 노동법 책을 찾아봐도 한자투성이에 너무 학구적이었다. 노동자들이 읽기에 대단히 힘들었을 것이다. 이래서 법 관련 질문이 그렇게 많구나 생각했다.

마침 출판사도 차렸으니 노동자라면 누구나 쉽게 볼 수 있는 노동법 책을 내자고 마음먹었다. 기술학원을 운영하면서 이미 기술책을 썼고 많이 팔린 경험도 있었다. 어떻게 만들어야 한다는 것은 터득하고 있었다. 지금까지 현장에서 갈구하던 모든 것을 담아보자. 퇴직금 받기, 미지급 수당 찾기, 노조

결성, 서류 작성, 해고 구제 등 산재 근로자의 답답함을 풀어주자. 책 뒷면에 책을 읽고 이해되지 않으면 무료상담을 한다고 안내하자!

그러나 의욕은 좋았지만 막상 원고 쓸 사람을 찾을 수 없었다. 온갖 논의에 시간을 보내다가 결론은 '전문 학자들은 우리가 원하는 책은 못 쓴다'였다. 나는 노동자들이 무엇을 원하는지 가까이에서 잘 아는 우리가 쓰자고 제안했다. 모두 펄쩍 뛰었다. 법을 몰라 끙끙대던 우리가 책을 쓰다니 말이 안 된다는 것이다. 필자를 못 구해 거의 포기했던 최영희가 마음을 바꿨다. 최영희도 노동자들에게 가장 필요한 것이 노동법을 쉽게 이해할 수 있는 책인데 왜 그런 책이 없는지 모르겠다고 투덜대왔다. 대학 4학년 때 근로기준법을 한글로 고치는 작업도 해봤고 여성노동자들에게 노동법을 가르쳐봤지만 마땅한 교재가 없어 안타까워했다.

1970년 11월, 한문투성이의 근로기준법 책을 가슴에 품고 분신했던 전태일. 얼마나 답답했으면 일기장에 '내게 대학생 친구가 한 명만 있었다면…'이라는 글귀를 남겼을까. 최영희는 그 글귀가 사람들에게 많은 반성과 울림을 주었음에도 10년이 지난 지금도 그런 책이 안 나왔다면 우리가 해보자고 했다.

당시 나는 무척 바빠 책의 전체 틀을 만들고 주요해설부분을 맡았다. 최영희와 민성전자에서 해고된 노조간부 조명자가 함께 자료를 모으고 연구하면서 나머지를 썼다. 많은 노동자들이 원고를 읽고 필요한 부분을 주문했다. 특히 조명자는 고졸인 자신이 읽고 이해가 안 되는 부분은 쉽게 고치도록 했다. 노동법 전문가들도 의견을 주고 자문 및 검토를 해주었다. 그들 역시 자기 일처럼 나서 열심히 했다. 임금 계산법, 노조결성방법과 회의 진행법, 서류작성 모델, 신고서식, 규약 모델, 부당해고 구제신청서, 손에 쥐어 주듯 필요한 것은 다 넣었다. 법조문뿐 아니라 연관된 시행령, 시행규칙, 노동청(부) 고시도 꼼꼼히 설명하되 너무 길지 않아야 했다. 사실 읽고 또 읽어도 어려운 기나긴 판례와의 고투가 제일 큰 곤욕이었다. 노동자들이 이해할 수 있도록 판례문을 간략하게 줄이고 쉽게 풀었다. 노동법을 가르치는 법대강사는 지나치게 압축하면 달리 해석될 수 있다고 지적했지만 요약하지 않으면 노동자들은 읽다가 책을 던질 판이었다. 노동자들이 필요해서 전문가의 도움을 받을 때라도 우선 스스로 공부를 하고 가야 한다.

자료수집과 연구와 집필에 2년이 넘게 걸려 1982년 10월 20일 초판이 나왔다. 값도 저렴하게 매겼다. 출판계에서는 1000부도 안 팔릴 것이라 했다. 팔릴 수 없는 책이라고 했다. 내가 법 전공자도 아니고, 유명인도 아닌 데다 논리적으로 서술되어 있지 않다는 것이다.

하지만 그런 예측과 달리 우리의 생각이 옳았다. 신문광고도 책 소개 기사도 없지만 무료상담 전화가 자주 울리고 출판사로 노동자들이 찾아오기 시작했다. 출판사는 종로 3가에 있는 금성냉동학원 귀퉁이에 한 개의 책상이 고작이었다. 최영희, 조명자는 종로서적이나 교보문고에서 주문이 오면 양손에 20권 씩 들고 걸어서 배달을 했다. 어깨가 빠질 듯이 아파도 돈을 아끼기 위해 택시를 타는 것은 엄두도 못 냈다.

석탑출판사를 운영하며 그 둘은 상담하랴 배달하랴 고생을 많이 했다. 상담하러 오는 사람들은 고맙다고 음료수를 사오기도 했다. 노동상담은 위험이 따르기에 변호사법 위반이라고 문제되니까 책을 사서 친구에게 주라고 권했다. 요즘 말로 입소문 마케팅이다.

1984년에 금성냉동학원을 매각한 후 출판사와 노동상담에 전념했다. 노동법 해설을 읽고 하루에 40~50여 명의 노동자들이 찾아왔다. 전화 상담은 전화기를 내려놓기가 무섭게 울렸다. 노동운동 활동가들이 자원봉사 상담원이 되어줬다. 체불임금 계산방법, 산업재해보상방법, 해고당한 후 복직, 노조결성 방법, 어용노조에 대한 민주화 방법 등이었다. 상담이 늘어날수록 '노동법 해설' 책 내용은 풍부해지고 판을 거듭할수록 책은 두꺼워졌다. 특히 산업재해와 직업병에 대한 상담이 많았다. 이 분야는 '노동법 해설'로는 너무 부족했다. 상담자가 늘면서 많은 법대 대학원생들과 사법연수원생들이 지원해 주었다. 이들 중에는 나중에 여야 국회의원이 된 분들도 있다.

대학 졸업 후 영등포 산업선교회에서 활동하던 정강자와 서울법대 대학원생 이원재가 자원상담원으로 상근을 하다시피 했다. 정강자 남편은 서울의대를 나온 정형외과 의사다. 자연스럽게 산재를 당한 노동자를 맡아 남편의 도움을 받으며 전문가가 되어갔다. 노동력 손실 등급을 매길 때 의사에 따라 억울한 노동자들이 많았는데 이를 바로 잡아주어 판례를 남기고, 키펀처나 타자수, 전화교환원들의 '경견완증후군'을 직업병 목록에 올리는 장기적 투쟁에서도 이겼다.

우리는 다시 '산업재해와 직업병 그 문제와 보상'이라는 긴 제목의 책에 도전했다. 나와 정강자, 최영희가 분야를 나눠 쓰고 사례수집과 활동가들의 정책제안, 미비한 법적문제 등도 참고했다. 이 책은 단순히 산재환자들의 보상금 문제가 아니라, 산업현장에서 소리 없이 쓰러지고 장애가 남으면 폐기처분하고 있는 우리사회에 경각심을 주고자 했다. 1984년 당시 이 책의 서문에서 이렇게 썼다. 연간 17만 명의 인적 손실뿐 만 아니라 그 가족의 생계까지 타격을 주는 근로자 재해를 이대로 방치할 수는 없다. 기업가는 기업가대로, 정부는 정부대로 예방책임과 의무를 다하고, 근로자들 자신은 노동운동차원에서 자신의 생명과 가족의 생계를 위해 재해를 막는 법 개정과 사업주의 재해예방을 촉구해야 한다. 언제까지 자신의 목숨을 노후한 기계와 위험한 작업환경에 던져두고 있을 것인가를 물었다. 책은 산업재해와 직업병의 현실을 정리하고, 원인과 대책에 방점을 찍었다. 사후보상제도의 문제점도 파헤치고 보상받는 구체적 실무를 담았다. 제도적 미비에 따른 황당한 사례와 극복한 사례들을 모아 경각심과 자신감을 갖고 싸워 이긴 산재 체험기도 함께 실었다. 이 산업재해 책이 15만부 이상이 나갔다. 이런 책이 절실히 필요했다는 뜻이다. 특히 노동조합의 필수 도서가 되었다.

'노동법 해설'과 산재 책이 팔릴수록 상담과 교육은 늘어났다. 노동운동을 하던 활동가들이 모여들었다. 자연스럽게 석탑출판사 내에 석탑노동연구원이 만들어졌다. 나는 원장이 되었다. 연구원의 기구도 정형화되었다. 물적 토대는 노동법 해설이었고 그를 통한 상담이었다. 시대가 요구하는 만남의 장이었다. 1987년 6월 민주화운동과 7~8월 노동자 대투쟁 때 5년여 간 책을 보고 권리를 찾겠다고 상담하고 교육받은 사람들도 열심히 참여했을 것이다.

노동운동이 폭발적으로 활성화된 이후 전 국민과 언론이 관심을 갖는 대형 사업장의 노사협의 과정이 뉴스에 자주 나왔다. 놀라운 것은 노사 각 10여 명씩 마주보는 대형 테이블 위에 '노동법 해설'이 1인당 한 권씩 다 놓여 있었다. 책은 인쇄가 주문을 따라가지 못했다. 이후 언론에서 '노동자의 성경'이라 부른 노동법 해설은 100만부 이상이 팔렸다. 단행본 판매부수로는 공전의 기록이라 했다.

본래 나는 이과 체질로 아주 내성적인 사람이었다. 고등학교 대학 동창들 중에 노사분규를 겪은 경영자들이 있었다. 노사협상 때 노동조합 간부들이 '노동법 해설'을 가지고 와 들이 밀며 여러 가지를 따졌다고 한다. 책의 저자를 보니 장명국이라는 이름인데 처음에는 도저히 그 내성적인 장명국일 리가 없다며 믿지 않았단다. 얘기하다 보니 내가 맞는 것 같아 몇 몇은 학교동창이라 하니 노조간부들의 태도가 바뀌기도 했다고 나중에 얘기해줘 함께 웃었다. 나는 자연스레 노동문제 전문가, 노동운동가로 불리게 되었다.

5.
6월 항쟁과 노동자 대투쟁, 국민소득의 획기적 향상

　1985, 86년이 되면서 사무직 근로자들과 재벌그룹 대기업 노동자들의 상담과 소모임 교육이 늘어났다. 특히 울산, 창원 등의 대사업장 남성노동자들의 소모임이 활성화되기 시작했다. 대부분 한 가정의 가장들로서 그 전에 주로 어린 여성노동자들이 주축이었던 노동운동에 나타난 새 흐름이었다. '노동법 해설'이 매개체였다. '노동법 해설'은 갈수록 판매가 늘었다.

　6월 항쟁 이전인 1985년, 2·12 총선 직전인 1월 말에 현대해상화재보험에서 노조가 결성되었다. 현대그룹 최초의 노조 결성이라는 점에서 그 의미가 매우 컸다. 그 이전에 한일투자금융, 산업리스, 럭키화재보험 등에서 사무직 노조운동이 시작되었다. 사무직노조운동은 1987년 6월 항쟁 이전에 전두환 정권의 4·13 호헌조치에 반대하는 성명을 발표하여 민주화운동에도 나서는 등 새로운 노동운동으로 승화되었다. 6월 항쟁 때는 넥타이 부대들이 퇴근 후 명동을 중심으로 모여들어 항쟁의 사기가 한껏 올랐다.

전두환 정권은 6·29선언으로 국민에게 항복했다. 1987년 7월 초부터 사무직뿐 아니라 전문직까지 노조를 결성했다. 지역에서는 공단을 중심으로 생산직 노동자들이 참여하기 시작했다. 현대중공업, 현대자동차를 중심으로 노조결성과 임금인상 등을 요구하는 파업투쟁에 나섰다. 이 투쟁은 울산을 거쳐 거제·창원, 여천·광주, 청주, 인천·부평, 구로공단 등 전국적으로 확산되었다. 이것이 7·8월 노동자대투쟁이다.

1987년 6월 항쟁과 7·8월 노동자대투쟁 이전인 유신 치하와 전두환 5공 치하에서는 저임금에 기반을 둔 수출위주의 경제정책을 취했다. 특히 1985년부터 3저 호황이었는데도 불구하고 5공 정부는 3% 임금가이드라인을 강력히 실시했다. 정치적으로는 독재, 경제적으로는 임금억제가 바로 6월 항쟁과 7·8월 노동자대투쟁을 부른 불씨였다.

당시 정권과 언론, 지식인들 일부는 노동자대투쟁을 위험하게 보고 마치 한국경제의 기반이 무너질 것처럼 선전했다. 그러나 고도성장기라고 알려졌던 1970년부터 1987년까지의 경제성장률 평균은 7.6%에 머물렀지만 6월 항쟁과 7·8월 대투쟁 이후 10년간은 이보다 높은 8.1%의 평균성장률을 보였다. 1987년 1인당 소득 3300달러에서 1995년에 1만 달러가 넘어서는 획기적인 경제호황을 누렸다. 근로조건 개선으로 노동자들의 소득이 올라가자 내수가 늘어났다. 수출과 내수의 동반성장이라는 견실한 경제성장의 터전이 바로 노동자대투쟁을 통한 소득향상에서 나온 것이다.

1987년 10월 29일 국민투표로 헌법이 개정되었다. 그해 12월에는 대통령 직선제가 실시되었다. 양 김의 분열로 노태우 대통령이 당선되었다. 그러나 1988년 4월 총선에서 국민은 여소야대를 만들었다. 행정 권력은 노태우 정권이, 의회는 야당이 다수였다. 이 정치국면 속에서 노동조합결성과 임금인상

투쟁은 활발하게 계속되었다. 각 지역마다 노동상담소, 노동연구원 등이 만들어져 석탑노동연구원과 유대를 강화하게 된다.

나는 노동 상담과 교육을 열심히 했다. 그에 따라 '제3자개입금지법'을 위반했다고 하여 수배자가 되었다. 1989년 5월 상담원에 출근하니 모든 신문에 수배자 90여 명의 명단이 나왔는데 맨 앞에 나의 이름이 있었다. 그래도 계속 사무실에 나왔는데 담당 형사가 빨리 피하라고 귀띔했다. 수배상태에서 도피생활이 1년여 동안 계속되었다. 시간이 좀 나게 되어 석탑출판사에서 발행하는 계간지 '새벽'에 논문을 쓰게 되었다. 노동조합결성과 조합활동이 활발하게 되면서 조합간부들이나 노동운동권 속에서 사례들을 구체적으로 알고 싶다는 요구들이 많았다. '새벽'에 노조일상 활동, 단체행동 등에 관한 사례연구들을 실었다. 또 한국사회의 구조적 인식에 대한 이론적 분석도 포함했다. 특히 내가 수배된 이후에 실은 이론적 논문 10편이 국보법 대상이 되었다. 결국 1990년 6월에 구속되어 징역 1년 6월의 실형을 받고 1992년 1월에 만기 출소했다.

1992년 12월, 대통령선거 과정에서 나는 '기권하지 말고 찍읍시다. 당선 가능한 야당에게 힘을 모읍시다'라는 구호를 걸고 유권자운동을 하였다. 이것 때문에 다시 선거법 위반과 '노동조합교육에 대한 제3자 개입'이라는 죄목으로 수배를 받게 된다. 김영삼 대통령이 당선되고 1993년 1월 구속되어 재판 중에 헌법소원이 받아들여져 그 해 7월 석방되었다.

1년 6개월과 6개월이라는 두 차례의 연이은 감옥 생활은 나에게는 아주 유익한 시간이었다. 많은 책을 읽으면서 생각을 깊이 하게 되었다. 성경과 불경, 사마천의 사기가 특히 유익했다. 교도소에서 성경 연구반을 만들어 함께 공부하며 토론한 것도 좋았다. 마침 교도소장이 독실한 기독교 신자여서 우리 시국사범 모두에게 비싼 톰슨 성경책을 사주었다. 아무래도 시국사범 이다보니 예수께서 행한 로마 침략자나 유대 지배층 등 기득권세력에 대한 비수같은 비판과 민중에 대한 한없는 사랑이 가슴에 닿았다. '부활'이 뭘까? 그 의미도 곰곰 생각해 보았다. 타임머신을 타고가면 죽었던 사람도 만나고 먼 미래의 나도 만난다. 정통 기독교인들이 보면 웃기는 얘기이겠으나 혹시 그런 의미는 아닐까 생각도 해보았다.

불경도 열심히 읽었다. 그때까지 불교에 대해 아는 것이라고는 원효대사가 당나라로 유학가려고 길을 떠났을 때 해골의 물을 마시고 깨달았다는 화엄경의 '일체유심조(一切唯心造)'뿐이었다. 석가모니는 깨달은 사람이 세계의 주인이라 했다. 서양 철학은 정신과 물질(육체) 둘로 나눠 보는 관점이 주류라면 불교는 마음이 모든 것을 결정한다는 것이었다. 불경에는 몇 억겁 년이라는 말이 많이 나온다. 시간이 자유자재로 변환해서 사람도 시간과 함께 변한다는 사상이 불교 속에 들어 있다.

사마천은 '사기(史記)'에서 권력을 가진 여러 인물들을 묘사하며 현실정치를 분석했다. 마지막 결론 69편 화식열전(貨殖列傳)은 상당히 충격이었다. 사마천은 2000여 년 전에 사농공상(士農工商) 중 상(商)이 가장 중요하다고 설파했다. 진정한 개혁은 지배층 간의 권력투쟁에서 이기는 것보다 '대중의 생활상 속에서 무엇을 어떻게 해야 할까'로 나타난다고 역설하고 있었다.

감옥에 간 김에 아인슈타인 등의 물리학 책들과 현대생물학 책들을 읽었다. 내 나름으로 많은 깨우침이 있었다. 4차원 사고의 기초가 되는 현대물리학과 생물학의 성과를 철학과 결합하여 깨알 같은 글씨로 편지에 써서 밖으로 보냈다. 출옥한 후 이를 바탕으로 '셋이 모여 삶이 된다'는 책을 출간했다.

원래는 제목을 '셋이 모여 장(場)이 된다'라 하려 했으나 장이라는 개념을 일반인들이 잘 모른다고 하여 '장' 대신 '삶'으로 고치게 되었다.

나는 이 책에서 물질이라는 장이 어떻게 만들어지는가, 생명이라는 장이 어떻게 만들어지는가를 현대물리학과 현대생물학을 통해 새롭게 해석했다. 그 결과가 4차원의 사고이다. 새로운 장을 만드는 것은 바로 새로운 삶을 만드는 것이다. 나는 변증법적인 논리를 3차원의 근대철학이라 하고 한 차원 높은 4차원의 논리를 현대사상이라 이름 붙였다.

빈손으로 시작한 신문사 창업의 용기도 여기에서 나왔다고 할 수 있다.

📝 episode

구치소에서 만난 사람들

1990년 노태우 정권 때 서울구치소에서 대학생들을 비롯해 시국사범들을 많이 만났다. 나이가 들어 감옥 가서 그런지 다들 잘 대해주었다. 그때는 시국사범들의 단식이 잦았다. 1년 6개월 동안 짧게는 3일, 길게는 16일 정도 10여 차례 단식을 했다. 단식은 영국으로부터의 독립 쟁취에 나섰던 아일랜드 운동가들이 많이 했고 또 간디가 자주 사용했던 방식이었다. 단식을 하면 머리가 맑아지고 생각이 깊어진다. 책도 머리에 쏙쏙 들어온다.

나는 그곳에서 다양한 사람들을 만났다. 옆방에 선고받은 지 10년이 지난 사형수가 있어 그의 고난에 찬 인생살이도 듣고, 경제사범들의 억울한 이야기도 들었다. 교도관들의 어려운 생활도 알게 되었다. 당시 교도관들은 박봉에 야간근무수당도 못 받고 12시간 맞교대를 하고 있었다. 내가 노동법 해설의 저자여서인지 근로기준에 대한 질문들을 많이 했다. 나중에 신건 교정국장이 이 문제를 해결해 주어 교도관들로부터 인기가 높아졌다.

당시는 정부가 '범죄와의 전쟁'을 선언했을 때라서 조직폭력배들이 많았다. 나는 이들에게 '우리는 다 같이 묶인 사람이니 처지가 비슷하다'고 했다. 그들은 두목에게 인사할 때 90도 각도로 허리를 숙여 인사한다. 나도 따라해 봤더니 두목도 나에게 90도로 인사하여 서로 웃었다. 그 두목이 자신의 살아온 인생을 들어보라고 하여 열심히 귀를 기울였다. 그에게 뻥튀기 하지 말고 사실 그대로 이야기 해달라고 했다. 다 들으니 잘못하면 무기징역, 잘돼도 10년 이상 징역일 것 같은데 왜 그렇게 사느냐고 물었다. 그는 배운 것이 없고 가난한 자신이 잘 나가는 사람처럼 살아보려고 하니 이 길 밖엔 없었다고 했다.

그는 마침 나이가 나와 같아서 대화가 더 쉽게 되었다. 나중에 시국사범들과 조폭들 사이에 마찰이 생겼을 때 그가 해결에 많은 도움을 주었다.

시국사범들의 서적반입을 구치소가 제한하여 시국사범들이 항의의 표시로 교무과에서 농성하는 사건이 일어났다. 그들은 나도 합류하기를 원했다. 교도대의 진압으로 우리는 대부분 징벌사동에 끌려갔다. 거기서 이른바 통닭구이라는 고문을 당했다. 나는 무릎의 연골이 파열되어 6주 진단을 받았다. 밖에서는 억수같이 쏟아지는 빗속에서 '민주화운동가족협의회(민가협)' 회원들이 시위를 벌였다. 이상수 의원이 중재에 나서 징벌사동에서는 풀려났지만 시국사범들의 분노는 엄청났다. 과격한 사람들은 나에게 6주 진단서가 있으니 교도소장과 교정국장 등을 고소하라고 난리였다. 나는 고소를 하지 않았다. 대신에 민가협 대표들과 교정국장이 만나 교도소 안의 여러 문제를 협상으로 해결하는 것이 더 좋다고 했다. 요구사항을 내세우고 6주 진단서를 들고 16일간 단식농성을 했다. 그 결과 급식개선과 서적반입은 물론 장기수들의 편지허용 등 10여 개 요구를 모두 관철했다. 교정국장과 시국사범대표, 아내 최영희를 포함한 민가협대표가 공식적으로 만난 것은 정부수립 후 처음이라고 했다.

단식기간 중에 나는 갑자기 안양교도소 내의 소년수 사동으로 이감되었다. 나는 소년수들의 처지를 몰랐다. 대부분 이른바 결손가정 아이들이었다. 거의 다 변호사가 없었다. 그들은 내가 항소이유서를 써주기를 원했다. 신체는 건장하지만 정신연령이 낮고 사회성 특히 이성과의 교제에 약했다. 대개 죄목이 강도, 강간, 폭행 등이었다.

"너 강간 몇 번 했는지 기억이나 나냐?"

"너무 많아서 몰라요."

"그럼 그 중 얼굴은 다 기억하니?"

"아니요. 그런 건 갑자기 왜 물어요."

"사촌누나 얼굴은 아니?"

"몇 번 안 봐서 잘 몰라요."

"그 중에 네 사촌누나가 있을 수도 있어."

"에이, 그럴 리 없어요. 설마, 그런 말씀 마세요."

"얼굴 모른다며? 그럴 수도 있잖아?"

"몰라요. 에이 씨, 안 써!"하고는 쓰고 있던 이유서를 잡아채듯이 가지고 휙 나간 후 며칠 뒤에 입을 삐죽거리며 찾아온다.

"도저히 안 되겠어요. 써주세요."

"필요 없다며?"

"이제 안 그럴게요. 됐죠? 글 쓰는 데 약한 거 아시잖아요"하며 어울리지 않는 어리광을 부리기도 한다. 그 모습에 웃음이 나 못 이기는 척 항소이유서를 써주며 다시 타이르듯 이야기했다. 심성은 착한 아이들이었다. '욱'하고 충동적인 것이 문제였다. 성질을 누그러뜨리려면 책을 읽고 명상하는 습관을 기르는 것이 좋다고 말해 주었다. 그들은 책을 보면 잠이 온다고 했다. 연애소설, 재미있는 소설부터 보라고 했다. 책 읽는 습관을 먼저 기르고 익숙해지면 신문도 보라고 했다. 그러면 여자들과의 대화도 늘 수 있고 연애도 할 수 있다고 해주었다. 여자를 폭행하거나 강간하는 것은 정말 나쁜 일이라고 차분히 얘기했더니 다시는 안 그러겠다했다. 약자를 보호하는 일을 하면 여자들도 좋아하고 사람들이 존경하는 새로운 사람이 될 수 있다고도 말해 주었다. 특히 너희들처럼 신체가 건장한 젊은이들이 땀 흘려 일하면 몸은 고통스러워도 마음은 상쾌해진다고 했다. 항소이유서를 써 줄 때마다 이 청소년들이 앞으로 잘 자랄 수 있는 풍토를 만들어야겠다는 마음을 다지게 되었다.

의정부 교도소에서 다선의 정치인도 만나 정치 뒷이야기도 소상하게 들었다.

이란 출신 절도현행범들이 잡혀와 공범인 여성을 만나야겠다고 단식하는 것도 보았다. 그들은 물도 먹지 않고 단식을 하고 있었다. 물을 안 먹고 닷새가 지나면 뇌세포가 파괴되고 7일이 지나면 죽는다고 단식 책에 쓰여 있다. 나흘째 되던 날 교도소에서 나보고 그들을 설득하여 물이라도 먹게 하라고 요청했다. 한국의 교정행정에서는 남성수감자와 여성수감자를 만나게 해줄 수 없다는 규칙을 잘 알아듣게 말해 주라고 했다. 그들은 나에게 호의를 보이기는 했지만 실패하고 말았다. 나는 "우리 시국사범도 단식하지만 물은 먹는다. 계속 그렇게 하면 당신들은 죽는다"고 했다. 그들은 "우리는 죽음을 두려워하지 않는다"고 단호하게 말했다. 깜짝 놀랐다. 나 자신을 되돌아보게 되었다. 우리 시국사범들에게 이 이야기를 해주었다. 심각하게 들었다. 절도범도 저 정도의 각오를 가지고 있으니 미국과 이슬람의 싸움은 쉽지 않을 것이라는 생각이 들었다. 결국 남녀 세 명 모두를 석방하여 출국시켰다고 들었다.

2부

'나의 일'을 해야 '내일'이 있다

주간내일신문 창간과 위기 극복

1.
밥도 먹고
꿈도 이루는 일은 뭘까

 나는 우리사회에 점차 민주화가 이루어질 것이라고 생각했다. 노동상담을 통한 활동은 서서히 약해질 수밖에 없다. 우리의 일도 전환이 있어야 한다고 보았다.

 우리는 대다수가 취업 적령기를 지난 사람들이었다. 운동하다 감옥에 가서 대학졸업을 못한 경우도 많았고, 노동현장에서 일하다 대학을 그만두게 된 사람들이 대부분이었다. 이른바 빵재비들의 집합소였다. 누가 빵재비들을 고용하겠는가? 자칫하다 시간이 가면 백수로 흘러 갈 가능성이 컸다. 직장을 가지려면 스스로 직장을 만들 수밖에 없었다. 그렇지만 치열하게 운동하며 젊은 날을 보낸 사람들이 갑자기 생업에만 몰두해 '난 이제 세상은 모른다'고 관심을 꺼버릴 수 있는 것도 아니었다.

 밥도 먹고 민주주의에 기여할 수 있는 일이 무엇일까를 많이 고민했다. 직접 현실정치에 뛰어들 수도 있겠지만 우리 아니라도 정치할 사람은 많았다.

거기에다 우리는 정치보다 더 근본적인 '사회정치세력화'를 하자는 쪽이었다. 밥과 뜻을 동시에 충족시키는 일로 신문 사업을 선택한 이유이다.

1992년 말, 대통령선거 직후에 석탑노동연구원 사람들, 각 지역 노동상담소 대표들과 함께 주간신문을 만들기로 합의했다. 민주화가 더 진전하려면 언론이 매우 중요하다고 모두 생각했다. 또 이 신문을 통해 우리들이 앞으로 밥을 먹어야 한다는 생각도 있었다. 사실 경제적 자립 없이는 자주란 없다. 자주 없는 민주는 허구적이다. 자주를 기반으로 민주를 중심으로 통일을 지향할 때 사람도 건전한 사람이 되고 조직도 튼튼해지고 나라도 부강해질 수 있다.

신문사업의 경험이 없다는 것이 걸림돌이었지만 당시만 해도 그렇게까지 힘들 것이라고 생각 못했다. 우리들 대다수는 석탑출판사에서 나온 '노동법 해설'과 이리저리 연결되어 있었다. 종이에 활자로 콘텐츠를 써넣은 것이라는 점에서 출판과 신문은 사촌간이다. 석탑에서 '새벽'이라는 계간지를 내 본 경험이 있어 주간신문이 그렇게 낯설지 않게 느껴졌다.

우리는 '자주관리경영을 기초로 건전한 상식을 가진 생활인들의 신문을 만들어 일하는 사람들의 사회정치세력화를 하자'고 뜻을 모았다.

'우리 신문은 어떤 시스템으로 어떤 방향으로 만들 것인가'에 대한 논의의 싹이 서서히 자라기 시작했다.

출판사 운영과 잡지발간의 경험을 믿고 시작을 결정했지만 우리가 기존방식과는 다른 새로운 방식을 택해야 한다는 점은 느끼고 있었다. 신문시장은 과잉이다. 그런 시장에서 내일신문은 후발업체로 출발했다. 이제까지의 방식과 다른 한 차원 높은 방식으로 신문사를 운영해야만 한다고 생각했다.

우리는 이를 '4차원 경영'이라 이름붙이고자 했다. 4차원 경영은 새로운 차원의 사고를 전제로 한다. 그 새로운 사고는 내가 감옥에서 책을 읽으면서 느낀 것과 우리 구성원들 모두가 갖고 있는 민주화운동과 노동운동의 산 체험에서 우러난 생각, 그리고 새로운 시스템을 만들어 과거보다 더 좋은 모범을 창출하려는 의지와 열망, 이 모든 것들이 합쳐 나타났다고 할 수 있다.

우리는 십시일반 정신을 기초로 생활인 중심의 소액주주운동으로 자본금을 모았다. 십시일반 정신은 협동정신에서 나오고 소액주주운동은 민주화운동을 계승한 형태이다. 형식은 근대사회의 주식회사 경영방식을 택하기로 했다.

1993년 1월부터 주간신문설립 모금운동을 벌여 5000여 명이 3만 원 이상씩을 내고 참여했다. 그 중 3~5만 원은 1년 구독료로 하기로 했다. 대략 10만 원 이상을 낸 사람들은 1995년 5월의 자본금증자 때 정식 주주가 되었다. 1993년 5월 회사설립 당시 상법에 따라 최영희 이사 등 9명이 주주가 되어 5000만 원짜리 회사를 일시적으로 설립했고, 그 전후에 소액주주들이 6억여 원의 돈을 모았다. 9월 5일 일요일, 전국에서 3000여 명이 모여 창간기념 대회를 서강대학교 체육관에서 성황리에 열었다. 그만큼 우리의 열망과 주위 사람들의 지지가 높았다.

주식회사 내일신문의 조직은 1993년 5월 만들어졌지만 주간내일신문은 10월 9일 한글날에 창간되었다. 나는 1993년 1월 구속된 뒤 7월 16일에 석방되어 주주후원금 모집 과정에 직접 참여하지는 못했다. 석방 후에도 재판에 계류 중인데다 그 전의 복역 건이 사면복권 되지 않아 신문사 발행인이나 대표이사가 될 수 없었다. 그래서 '운영위원장'이라는 독특한 명칭의 직책을 맡았다. 창간위원장은 고 이수인 교수, 발행인은 고 김병걸 해직교수, 대표이사는 최영희 사장이었다.

내가 감옥에 있는 동안 이수인 창간위원장이 중심이 되어 '내일신문을 왜 만드는가'라는 정관 전문을 채택했다. 그 내용은 다음과 같다.

내일신문을 왜 만드는가

우리 사회는 지금 내외의 도전 속에서 새 사회, 새 시대를 열어가기 위한 변화의 발걸음을 시작하고 있다.

우리를 둘러싼 국제 환경은 그 어느 때보다도 우리 민족의 슬기로운 대응을 요구하고 있으며, 나라 안으로는 변화와 개혁으로 민족 번영의 길을 열고 21세기의 통일 한국을 준비해 나가야 하는 과제가 놓여있다.

지난날의 여러 구습과 전근대적인 잔재를 벗어버리고 민주개혁을 온전히 이루어 내는 일, 국민적 힘을 모아 제2의 경제 기적을 달성하는 일, 민족문화의 자랑스러운 전통을 현대사회에 꽃 피우는 일, 변화하는 국제사회의 당당한 구성원으로서 책임을 다하는 가운데 민족자존을 드높이는 일 등 어느 것 하나 소중하지 않은 것이 없고, 어느 것 하나 미루어 둘 수 있는 것도 없다.

이러한 내외의 과제를 해결해 나가기 위해서는 무엇보다도 국민의 뜻과 역량을 하나로 모아 나가는 일이 절실하다. 변화의 시대에 발맞추어 활기찬 사회 분위기를 진작하고, 대립과 갈등으로 얽혀있는 매

> 듭을 풀어 우리 사회의 희망과 대안을 만들어 가기 위해서는 언론의 역할이 무엇보다도 중요하다. 이러한 언론의 역할에 주목하여 건전한 상식을 가진 생활인들의 정성을 모아 내일신문을 창간한다.
>
> 1993. 6. 21

창간 일을 한글날로 잡은 것도, 주주총회 일을 3월 1일로 정한 것도 이러한 우리의 의지를 표현한 것이었다. 한글날은 중국의 한자 대신 우리 글자를 만든 날이기 때문에 신문 창간의 의미가 있었다. 주총일 역시 일제에 반대하는 대중운동인 3·1절을 기념하는 뜻에서였다.

신문의 명칭은 공모를 통해 선정했다. 여러 의견 중에 당시 한국중공업 노조 교선부장의 응모 아이디어인 '내일신문'이 채택되었다. 나도 응모했는데 떨어졌다. '내일'은 '미래'를 나타내 좋은 반응을 얻었다. 미래지향적이라는 의미 때문일 것이다. 농담조로 '오늘신문은 없느냐'는 사람도 있었다. 나는 '내 일, 즉 나의 일을 하면 내일이 있으니 좋지 않느냐'고 응대했다.

나는 내일이라는 '미래'의 뜻보다 '나의 일'이라는 의미가 더 가슴에 와 닿았다. 우리가 온몸을 던져야 하는 일이 바로 나의 일이고 미래 지향적 꿈을 이루어야 한다는 여러 가지 의미에서 아주 좋은 이름이었다. '나의 일'을 해야 '내일'이 있지 않은가. 구성원 한 사람 한 사람이 스스로 주주가 되고 자기 직장의 주인·주체가 되면 내일신문사를 성공적으로 꾸려나갈 수 있지 않을까

하는 희망도 깃들어 있었다.

10월 9일을 창간일로 정하고 9월부터 한 달간 연습지를 내보았지만 만만치 않았다. 너무나 서툴렀다. 아마추어들의 모임이었다. 창간일이 가까워오자 창간을 연기하자는 의견이 나왔다. 이렇게 준비가 부족하고 실력도 없으니 낼 수도 없고, 내서도 창피 당하고 망신만 살 뿐이라고 반대하는 사람 들이 많았다. 나는 이미 주주 독자들과 약속한 것이니 이유여하를 막론하고 10월 9일 창간호를 낼 것이고 주간신문이니 무슨 일이 있어도 매주 발행해야 한다고 강조했다.

창간호는 한 달간 준비했으니 그런대로 억지로나마 나왔다. 그러나 바로 다음 주에 다시 낼 힘이 없었다. 밤을 새면서 울면서들 다음호를 냈다. 우리의 능력이 이렇게 부족하다는 것을 절감했다. 그래도 나는 꼭 매주 신문이 나와야 한다고 밀어붙였다. 창간호의 1면에 이순신장군과 광화문과 북악산을 배경으로 한 사진을 톱으로 찍어 냈는데 뿌옇게 나오고 말았다. 이것이 우리의 실력이었다. 다들 난리가 났다. 나 역시 속으로는 불만이지만 "YS정부의 앞날이 뿌연데 멋있게 나오면 오히려 이상하지 않느냐. 상징적으로 잘 찍은 것이다. 그렇게 해석하고 좋게 넘어가자"고 말했다. 어려울 때 '왜 이 모양이냐'고 서로 갈등해봤자 더 기운만 빠진다.

주위의 언론계 선배들이 신생 신문은 특종을 해야 사람들에게 알려진다고 했다. 특종 욕심을 냈다.

1993년 10월 10일, 위도 앞바다에서 서해훼리호가 침몰하는 큰 사건이 있었다. 행불자를 포함하여 사망자가 292명이었고, 그 중에 경제기획원, 국방부 등 중앙부처 공무원들도 상당수 되었다. 대부분의 일간지들이 백운두 선장이 배를 버리고 중국으로 도피했다며 1면 머리로 기사를 썼다. 훼리호는 당시 북서풍이 강해지자 위도로 회항 도중에 스크루에 폐어구가 감겨 기관 고장을 일으켰다. 언론은 백 선장이 선장실을 비우고 긴급 상황 임에도 키를 선원들에게 맡기고 다른 방에 가서 고스톱을 쳤다고 보도했다. 백 선장에 대한 비난으로 도배를 했다. 대부분의 언론은 해경이 횟집에 마련한 상황실에 진을 치고 해경이 브리핑하는 자료에 의존했고 거기에 소설(?)을 보탰다. 그러나 위도로 달려간 내일신문 취재팀은 살아남은 위도 주민들을 거의 다 만났다. 그들은 백 선장이 고스톱을 못 친다고 말했다. 밤새워 전북지역 병원 영안실과 시신을 옮긴 차량을 모두 취재한 결과 백 선장의 시신이 선장실에서 나왔고 이미 장례까지 마친 것을 알아냈다. 다음날 부인을 설득해 백 선장을 묻은 묘지까지 확인할 수 있었다. 백 선장 부인은 너무나 억울하다고 눈물만 펑펑 흘렸다. 유족들과 대책위원회는 내일신문만 믿고 상대했다. 주간내일신문이 언론계와 일반에 알려진 계기가 된 사건이었다.

특종들이 자꾸 나왔다. 고등훈련기 건도 있었다. 이 비행기를 한국에서 만들기로 하여 공장까지 설립했지만 정권이 바뀌자 로비에 의해 외국에서 직접 사오려고 시도했다. 그러면 공장은 문을 닫을 수밖에 없고 항공산업은 싹을 틔울 수가 없다.

작지만 오직 진실을 추구하겠다는 내일신문의 창간정신이 전달되었는지 고위 공무원으로부터 이 로비문건과 그 전말에 대한 정보를 제공받았다. 우리는 사실 확인을 위해 아주 어렵게 취재를 했다. 그 과정에서 정보기관으로부터 커다란 압력이 있었다. 그러나 우리는 감옥에 갈 각오로 이를 보도했다. 국회 국방위원회 의원들이 내일신문을 보고 대정부 질문을 강력하게 하여 결국 그 시도는 실패로 돌아갔다. 이런 기사를 실으면서 열성독자들이 점차 늘기 시작했다.

2.
먼저 생활을 바꿔야 한다

㈜내일신문사가 설립된 것은 1993년 6월 21일이다. 나는 한 달 쯤 지난 7월 16일 밤에 출소했다. 신문사에 출근해 보니 크게 세 가지 문제가 있었.

첫 번째가 내부구성원들 사이에 분열이 일어나고 있었다. 두 번째는 '과연 될까?' 하는 회의감이 만연해 있었다. 세 번째가 그간 후원금 형태로 모은 돈이 거의 바닥난 상태였다. 돈이 사라지니 하루하루 생활이 궁핍했다. 이 세 가지가 서로 연관되어 어려움을 증폭시키는 중이었다.

먼저 세 번째인 돈 문제는 바로 해결할 수 없었다. 누가 망한다고 하는 주간신문에 돈을 보탤 것인가. 두 번째인 '된다'는 생각, 아니 적어도 '될 수도 있다'는 가능성을 조직 속에 불어 넣기도 쉽지 않았다. 이미 구성원들 간에 심각할 정도로 갈등이 진행되고 있었기 때문이다. 이 갈등은 '안 된다'는 자포자기적인 생각과 조직에서 자리를 차지하려는 다툼의 복합적 산물이라고 볼 수 있었다.

운동권들은 온 몸을 던져 일하는 열정적인 사람들이다. 정의감도 높고 창의력도 뛰어난 편이다. 그렇지만 운동권들은 논쟁하는 것이 몸에 배었다. 당시 내일신문사의 구성원들은 NL(민족해방), CA(제헌의회), PD(민중 민주) 등 세 파가 골고루 있었다. 60년대 학번인 나나 70년대 학번들은 그러한 파와 상관이 없었지만 80년대 학번들은 사실상 이 세 파 중 하나였다. 이들끼리는 사사건건 논쟁이 심했는데 논쟁은 심한 갈등을 유발시켰다. 또 신문에 대해 모르기는 어차피 다 같은데 어떤 그룹이, 어떤 대학이 중심이 되느냐에 따라, 또 내일신문사 창립에서 핵심적인 역할을 한 석탑노동연구원과 어떤 관계였는지에 따라, 그리고 학번과 학번의 거리에 따라 이런 저런 갈등이 나타났다.

이 복잡한 갈등을 우선 '할 수 있다'와 '할 수 없다'라는 입장으로 단순하게 정리해야 했다. 먼저 내일신문사가 성공할 수 있다고 믿는 쪽에서 회의적인 쪽을 만나 무에서 유를 창조하는 자력갱생의 정신과 새 출발의 각오를 다지자고 설득했다.

나는 '논쟁은 이제 그만'이라고 주장하면서 실천을 강조했다. 초창기의 어려운 상황에서는 논쟁보다 실천이 훨씬 중요하다. 실천을 먼저하고 시행착오가 있으면 나중에 고치자고 했다. 실천은 바로 신문을 만드는 일이다. 아는 것보다 행하는 것이 더 중요하다. 실천이 따르지 않아 신문이 나오지 않고 신문사가 생존하지 못하면 결과는 신뢰의 상실과 무너진 자긍심, 실직이다. 일부 구성원들은 먼저 논쟁으로 이론이 정리가 돼야 실천하는데 그것이 안 되면 실천을 미루었다. 이들은 점차 회사를 떠나게 된다.

무엇보다 논쟁을 하고 나면 갈등이 빚어져 감정을 푼다고 술을 많이 마셨다. 당연히 술값이 들 수밖에 없다. 술 마신 다음날에는 출근도 엉망이 된다.

신문사 경영 정상화에 큰 장애 요인이었다. 통일성을 확보하지 않으면 한 발자국도 나갈 수 없었다. 그러나 생각의 통일은 무척 어렵고 시간이 걸린다.

우선 생활에서의 통일, 즉 규율과 기강을 바로 잡지 않으면 안 되었다. 생활의 통일을 통해서 생각의 통일을 이루려고 했다. 사실 내가 출소 후 출근해보니 출퇴근이 엉망이었다. 약속시간도 잘 지키지 않았다. 나는 구성원들의 생활이 건강해지지 않으면 신문사가 성공할 수 없다고 판단했다.

그 첫 번째가 출근시간을 잘 지키는 것이다. 밤늦게까지 어떤 때는 새벽까지 토론 논쟁하느라고 출근시간 지키는 것이 어렵다. 또 정규적 직장을 가져본 적이 없어 출근이 습관화되지도 못했다. 나부터 모범을 보여야 한다고 생각했다. 아침 일찍 출근하기 시작했다. 그리고 제안했다. '생활부터 바꾸자. 먼저 시간을 엄수하자.' 창간 두 달 뒤인 1993년 12월 1일부터 9시 출근을 7시에 하기로 했다. 우리가 너무나 부족하고 경영도 어려우니 출근시간이라도 앞당기자고 결의했다. 9시 출근은 힘들지만 지키려 마음먹으면 그런대로 해낼 수 있다. 그러나 7시 출근은 무척이나 어려웠다. '학교종이 땡땡땡'을 내세우며 '출근시간 지키기'를 강조하자 이는 자본주의적 노동규율인데 반드시 지킬 필요가 없다는 논리를 내며 반발하는 사람들도 있었다.

고민이 많은 터에 당시 후배 대학 교수가 이렇게 말했다. "회사에 운동권들이 많은 것은 오히려 장점이다. 단 이들이 출근시간을 잘 지키고 담배를 끊게 하면 무엇이든지 이룰 수 있다"라고 강조했다. 생활 습관을 건강하게 바꾸는 것이 첫걸음이라는 점에서 일리가 있다고 생각했다.

당시 본사 직원들에게 이 말을 하면서 담배를 끊자고 강조했다. 담배를 피우고 나면 주위가 지저분해진다. 더러운 환경에 짜증내는 사람과 무심한 사람이 또 싸웠다. 담배를 피우는 사람과는 더 이상 함께 일할 수 없다고 선언하자 두 사람이 "담배 피우는 것은 개인의 자유의사인데 왜 강제적으로 못 피우게 하느냐"고 반발하고 그만 두겠다고 하며 나갔다. 붙잡지 않았다. 담배를 피우지 말자고 합의했지만 잘 지켜지지 않았다.

이런 일도 있었다. 담배를 피우면 꽁초를 아무데나 버리게 된다. 누군가 청소를 해야 하는데 당시는 돈을 한 푼이라도 절약해야 했으므로 우리가 직접 청소를 했다. 꽁초가 버려져 있던 것을 보고 어떤 직원이 칠판에 '짜샤, 꽁초 버리지 마'라고 써 놓고 청소를 했다. 이것이 문제가 되어 전 직원 MT야유회 때 주먹다짐 싸움이 났다. 꽁초를 버린 사람이 오히려 성을 내 칠판에 글 쓴 사람을 때린 것이다. 맞은 사람은 억울하니까 '이럴 수가 있냐'고 나에게 항의성 하소연을 했다. 지는 게 이기는 것이니 오히려 네가 미안하다고 말하는 것이 좋겠다고 권고했다. 그의 입장에서 보면 말도 안 되는 권고이겠지만 이 어려운 시기에 우리끼리 갈등하면 망할 수밖에 없다는 것이 나의 생각이었다. 잘 잘못을 엄격히 따질 때가 아니었다. 다행히 그는 그렇게 했다.

담배는 청결의 문제이고 건강의 문제이다. 담배를 끊으면 부인 등 가족의 지지를 받는다. 어려울 때 가족의 지지를 받지 못하면 무너진다.

담배를 끊거나 안 피우는 사람은 월급이 오르고 피우는 사람은 월급이 오르지 않는다고 선언해도 해결되지 않았다. 사소하지만 갈등을 유발시키는 일들이 계속 있었다.

갈수록 생활의 건강함이 중요하다는 사실을 깨닫게 되었다. 생활을 바꾸려면 무엇보다 간부의 솔선수범이 있어야 한다. 나부터 우선 지각, 결석을 하지 않았다. 일간지 전환 이후에도 그랬다. 조간은 출근시간이 늦어도 되지만 석간은 아침에 신문을 만들어야 하므로 새벽에 출근해야 한다. 전날 밤늦게까지 술을 마셔 몸을 가누지 못하며 귀가해도, 지방에서 올라오는 시간이 자정을 넘겨 서울에 도착해도, 이를 악물고 아침 6시 반 출근 시간을 지켰다. 차차 지각하는 사람이 거의 없게 됐다. 몸에 밴 것이다.

3.
맨땅에 헤딩하기

처음에 우리는 모두 아마추어였으므로 편집전문가나 경영자도 외부에서 영입하기로 했었다. 말이 좋아 영입이지 삼고초려로 모시자는 입장이었다. 편집이건, 신문사 경영이건, 우리는 모두 잘 몰랐기 때문이다. 먼저 신문사 발행인 겸 사장을 언론인 중에서 모시려고 했다. 그러나 모시려 했던 분들은 망설이다 결국 거절했다. 두 번 실패하고 나서 우리 스스로 할 수밖에 없다는 참담한 현실을 직시했다. 내일신문은 망할 수밖에 없다는 것이 첫째 원인이고, 또 이름 있는 언론인이 규모가 작은 이름 없는 주간신문에 온다는 것이 걸렸던 것 같았다. 발행인이나 사장은 어쩔 수 없다 치더라도 편집국장만은 경험 있는 훌륭한 분으로 모시고 싶었다. 여러분들과 접촉했지만 역시 모두 실패했다. 그 중 한 분은 주요일간지의 간부였는데 꼭 모시려고 했으나 부인의 반대가 심해 결국 올 수 없었다. 현실이라고 인정할 수밖에 없었다. 우리 스스로 할 수 밖에 없었다.

최영희 사장이 편집국장을 겸할 수밖에 없었다. 최 사장은 고등학교 때 학보기자로서 신문을 내 본 경험이 있을 뿐이었다. 그밖에 세 명이 대학 학보사나 잡지사에서 일한 적이 있었다. 그나마 창간호가 나오기 전 신문사가 어려워지자 두 명이 나가고 한 명만 남았다. 사실상 무에서 유를 만들어야 했다.

신문을 내니 당연히 편집이 너무 엉성했다. 주요 일간지에서 퇴사한 편집기자를 영입했다. 이분은 능력이 뛰어났지만 술을 너무나 좋아했다. 술 때문에 사고가 나서 전 회사를 그만두었다는 사실을 나중에 알았다. 술에 취해 연락도 되지 않고, 출근도 안하니 너무 힘들었다. 아마 그도 큰 일간지에서 일하다 너무 작은 주간지에 아마추어들의 모임인 것에 마음이 상해 술을 더 많이 마신 듯하다. 신문을 몇 번 내고 난 후 기자들이 문제를 제기하자 그는 "준비도 안 된 신문사에서 일할 수 없다"하며 내일신문을 4류 신문이라 말하고 나가 버렸다. 편집 역시 우리끼리 할 수밖에 없었다. 성실하지 못한 사람에게서 3류니 4류니 하는 소리를 들으니 기가 막히지만 어쩔 것인가. 우리는 이를 악물고 오늘을 잊지 말고 열심히 노력하자고 하였다.

누구나 처음에는 역량이상으로 잘 하려고 한다. 우리도 마찬가지였다. 어떻게든 기존 신문 비슷한 모양을 갖추려고 했다. 내일신문 제호 디자인도 우리 형편에는 큰 돈인 몇 백만 원을 주고 외부에 의뢰했다. 그러나 구성원들과 독자들의 반발에 부딪쳐 몇 호를 내다가 바꾸고 말았다. 너무 현대적이고 세련돼서 우리들이나 독자들의 정서와 안 맞았다. 제호 디자이너는 구성원들이 반대하겠지만 끝까지 고수해야 한다고 나에게 당부했다. 익숙해지면 좋아진다는 것이다. 결국 구성원들의 투표로 사용하지 못하고 말았다. 그 디자이너에게는 참 미안하지만 어쩔 수 없었다. 내일신문은 민주적으로 운영될 수밖에 없었다. 우리는 모든 것을 3분의 2 이상의 동의를 얻어 결정하자고 했기 때문이다.

내일신문의 의사결정방법은 아마 이때 사실상 방향을 잡았다고 해도 좋다. 아무리 좋거나 옳아도 3분의 2가 반대하면 실현될 수 없다는 전통이 만들어졌다. 과반수가 넘어도 실행하지 않는다. 찬성이 3분의 2를 넘어야 실행할 수 있고 가능하면 만장일치가 가장 좋다는 것이 이때의 경험이었다.

내일신문에서는 어떤 의견이 구성원의 3분의 1 찬성을 넘지 못하면 아무리 옳은 것이라 할지라도 상황이 무르익을 때까지 덮어둔다. 3분의 1 이상의 지지를 받지만 과반수의 지지를 받지 못할 때는 시간을 갖고 설득해 나간다. 옳은 일이라면 과반수의 지지가 나온다. 그렇지만 과반수의 지지를 받더라도 바로 실행하지 않는다. 과반수의 지지를 받는 결정도 더 설득하고 의견을 모아 3분의 2 이상의 지지를 확보하면 즉시 실시하는 원칙이 세워지게 되었다. 통일단결이 생명이고 갈등분열은 죽음이라는 경험 때문이다.

어려움들이 너무나 많았다. 매주 한 호, 한 호 내는 것이 전쟁이었다. 창간호를 낼 때 많은 사람들이 너무 힘들어 하며 울었다. 꼬박 밤을 새고 일했지만 만족스럽지 못했기 때문이다. 처음 3개월간은 너무 힘든 나날을 보냈다. 마감 전날은 전쟁터를 방불케 했다. 그렇지만 경험과 지식이 차차 쌓여갔다. 어쩔 수 없이 스스로 할 수밖에 없었고 그 과정에서 서서히 자라갔다. 시간이 갈수록 편집은 조금씩 나아졌다. 죽을힘으로 한 주, 한 주를 이어 나갔다. 온몸을 던지니 내용도 차츰 충실해졌다.

4.
어떻게 차별화 할까

1993년 10월 9일, 창간호를 내기 전에 판형을 대판으로 할 것인가, 타블로이드판으로 할 것인가가 논란이었다. 당시도 지금도 우리나라 신문의 대다수가 대판이다. 주간신문들도 일요신문 등 일부를 제외하고 모두 대판이었다. 우리 또한 다수가 대판을 주장했지만 나는 타블로이드판형을 주장했다. 이유는 간단하다. 달라야 사람들의 관심을 끌 수 있기 때문이다. 또 선진국에서는 주간신문은 타블로이드판이 많았다.

우리는 정론지를 지향했는데 독일의 유명한 주간신문인 '디 자이트(Die Zeit)'가 타블로이드판이어서 이를 예시하니 대다수 구성원들이 동의했다. 한겨레 부사장을 하셨던 임재경 선생께서 디 자이트 이야기를 하면서 "타블로이드 판형도 의미있다"한 조언이 큰 도움이 되었다. 주간신문에서 당시 1등이던 일요신문이 타블로이드판이어서 위안이 되었다.

우리는 정기구독중심으로 판로를 개척하기로 했다. 일요신문을 위시한 주간신문은 모두 가판중심이었다. 가판을 위주로 하면 눈에 잘 띄게 하기 위해서 제목을 크게 하고 문구를 자극적으로 달아야 한다. 우리는 그렇게 하지 않기로 했다. 우리의 모델은 독일의 디 자이트였고 여론주도층에게 심도있는 내용으로 다가가야 한다고 믿었다. 이러한 차별화만이 살 길이었다.

구독료를 어떻게 할 것인가도 논란이었다. 일요신문 타블로이드 64면은 한 부 가격이 700원이었다. 우리는 48면을 냈는데 면수가 적으니 500원으로 할 것인가, 일요신문처럼 700원으로 할 것인가, 아예 1000원으로 할 것인가가 논란이었다. 나는 1000원을 주장했다. 1000원 정도의 가치를 담을 내용을 만들면 된다고 했다.

반론도 만만치 않았다. "일요신문에 비해 인지도도 떨어지고 면수도 적고 부수도 적은 주간내일신문의 가격이 더 높은 것은 말이 안 된다"는 주장이었다. "페이지 수가 많다고 값이 비싼 것이 아니다. 필사의 노력으로 내용을 잘 만들면 가능하다"고 설득했다. 선정적 기사 대신 심층 분석과 대안을 중심으로 발로 뛰는 생생한 기사를 쓴다면 값이 비싸도 독자를 늘릴 수 있다고 믿었다. 광고가 쉽지 않은 상황에서 구독료 수입에 의존하지 않으면 바로 망한다는 절박감도 있었다.

1000원으로 결정하니 구성원들이 긴장했다. 잘 만들어야 한다는 자극제가 되었다. 1000원은 사실 '정신 바짝 차리고 좋은 신문 만들지 않으면 망한다'는 경고이기도 했다.

우리는 초기에 광고보다는 정기구독에 온 힘을 쏟았다. 정론지를 내면 독자가 우리를 알아주리라 생각했다. 사실 이러한 정책이 상당 기간 주간내일신문을 버티게 한 힘이었다. 창간 후 10개월간 광고가 하나도 없었기 때문이다. 다행히도 1년이 지나면서 정기구독이 빠른 속도로 늘어나는 조짐이 보였다. 새 독자층은 정치 사회적으로 우리 사회에 영향력을 행사할 수 있는 사람들이었고 이들이 주간내일의 기사에 주목하고 있음이 파악되었다. 주간내일신문 기사의 질이 높아지고 있었음을 의미했다.

뉴스페이퍼는 뉴스와 다르다. 컬러 즉 색깔이 있어야 한다. 주간내일신문이 처음 나와서 기사와 칼럼으로 승부수를 던졌는데 편집은 엉성했지만 내용이나 컬러에서는 어느 정도 성공했다고 평가받았다. 그래서 부수가 점차 늘어났다. 그렇지만 여전히 구독료만으로는 비용을 감당할 수 없었다.

물론 시간이 갈수록 구독 수금률이 높아져 기사에 대한 반응이 좋았다는 것을 반증하기도 했다. 경영만 잘하면, 광고가 들어온다면, 그때까지 버티기만 한다면 성공할 수 있고 사회에 기여할 수 있다는 희망도 갖게 되었다. 그러나 일주일, 일주일이 전쟁이었다. '기사나 칼럼에 반응이 있지 않느냐, 사회에 소금 역할도 하지 않느냐, 독자에게 필요한 정보서비스도 하고 있지 않느냐, 권력을 견제하고 있지 않느냐'하고 희망적인 말을 주문처럼 외쳤다. 누구보다 내 자신을 독려하는 안간힘이었다. 희망적인 흐름이 조금씩 보였지만 경영에 대한 불안이 쌓여만 갔다. 편두통이라는 것을 태어나서 처음 겪었다. '편두통이 왜 생겨?'라고 생각한 사람이었다. 이 스트레스를 누구와 상의할 수 있을까. 아무도 없었다. 혼자 삭일 수밖에 없었다.

유일한 희망은 시종일관 '48면을 계속 내야지. 면수를 줄이면 절대로 안 된다. 한 주라도 신문이 안 나오면 안 된다. 월급을 못 받아도 신문은 내야 한다. 왜냐. 신뢰가 생명이니까'라는 주문을 대다수 구성원들이 공유한 것이었다.

만약 기사가 형편없었으면 더 이상 지탱할 수 없었을 것이다. 운동권출신들의 뚝심을 보여주는 기사들이 간간이 나왔다. 특히 '국회 의원회관에서 고스톱 친 의원'의 명단을 전원 실명 공개한 기사는 정치권에 큰 파장을 일으

컸다. 메이저 신문의 유명언론인이 '용기 있는 신문'이라고 평가할 정도였다. 그 이후 국회의원들이 의원회관에서 고스톱을 치던 풍경은 사라졌다고 한다.

기사나 칼럼도 차별화를 통해서 '아 이렇게 생각할 수도 있구나. 다른 신문에 없는 기사가 나오는구나. 이 신문은 볼 만하다. 다른 데에 없으니까'하는 생각을 갖는 독자가 차츰 늘었다.

5.
'100% 망한다' 고난의 행군

꿈은 이상이다. 현실과는 거리가 있다. 신문사 설립 당시 처음에는 학생운동과 노동운동을 한 사람들로부터 주주를 모으기 시작했다. 내일신문 사람들은 당연히 같은 꿈을 가지고 있는 많은 사람들이 적극적으로 참여하리라 생각했다. 그러나 결과는 그렇지 않았다. 다수가 3~5만 원 정도의 소액으로 참여했는데 주주보다는 후원금 성격이었다. 거절하기 미안해서 내는 경우였다. 사실 억지로 낸 사람도 많았을 것이다. 예약은 1만 명 정도가 했지만 실제 돈을 낸 사람들은 5000명이 안되었다. 그중 10만 원 이상은 1700여 명도 되지 않았다.

그것도 만나서 식사를 사면서 열심히 설명해야 냈다. 5만 원 주주를 모으려고 저녁 식사비로 2~3만 원을 지출하는 경우도 있었다. 5만 원 넘게 쓰는 일까지 있었다. 주주모집 하느라 고생은 실컷 했는데 돈이 들어온 것은 적었다. 거기에다 준비과정에서 돈을 많이 썼다. 경제관념이 부족했다. 공적인 것과 사적인 것의 경계가 불분명했다. 내가 출소해서 와 보니 재정상태가 그랬다. 창간호를 내고나니 남은 돈이 거의 없었다. 최악이었다.

신문이 발행되니 돈 낸 사람들이 그 주주후원금을 구독료로 대체하려는 마음이 생긴 것은 당연하다. 주간신문이어서 연 구독료가 5만 원이었다. 딱 1년 구독료이니 홀가분했을 것이다. 10만 원 낸 분들은 2년 구독료로 대체하자고 하는 경우도 많았다. 또 많은 사람들이 주식대금을 약속했지만 신문사가 망할 것이라는 소문이 나면서 대금을 납부하지 않았다. 사실 초기에 3~5만 원 정도 낸 사람들은 대부분 그 돈이 주식이라고 생각하지 않았다. 후원금이라고 생각했다.

신문사 경영은 구독료와 광고가 있어야 돌아간다. 주식자본금은 바닥이 난 데다 광고가 없으니 구독료를 선금으로 받을 수밖에 없었다. 약정한 주식대금을 선 구독료로 돌리겠다는 주주독자가 오히려 고마웠다. 또 다행히도 많은 독자들이 선금을 내주셨다. 그래도 초기의 구독료 수금률은 50%를 밑돌았다. 당시 구독료가 연 5만 원이었는데 아마도 신문의 가치가 5만 원이 훨씬 못되었기 때문이리라. 오·탈자도 많았고 편집도 엉성했고 문장도 비문에 거칠었다.

구독수금도 힘든데 창간 후 10개월 동안 사실상 광고를 한 건도 올리지 못했다. 운동권 친구가 100만 원짜리 광고를 하나 해주었지만 결국 수금을 하지 못했다. 정말 광고 없는 신문이었다. 민주화운동과 노동운동을 한 사람들이 주축이므로 기업에서는 광고를 주려고 하지 않았다. 또 당시 내일신문은 김영삼 문민정부에 대해 비판적이었고 대기업 광고주에 대해서도 우호적이지 않았다. 여러 인맥을 통해 광고를 수주하려 했지만 결과는 제로였다. 일부 기자들 사이에서는 광고에 의존하지 않는, 그래서 광고 없는 신문을 만들자는 주장도 나왔다.

당시 서울 본사에서는 모두 50만 원 월급을 받기로 했다. 너무나 박봉이었지만 어쩔 수 없었다. 지역에서는 아예 월급을 받지 않기로 했다.

그러나 신문은 독자와의 약속이므로 회사가 망하지 않는 한 매주 찍어내야 했다. 발행경비는 그대로 나갔다. 어렵다는 이야기가 퍼지자 종이 등 거래처는 오직 현금, 심지어는 선금까지 요구했다. 외상은 20% 이상 비싸게 요구했다. 누구도 돈을 빌려주지 않았고 또 빚을 낼 능력도 없었다. 어쩔 수 없이 억지로 '무차입 경영'이 되었다. 경영이 어려워지니 더 적극적으로 구독영업을 하기 보다는 신문의 성공에 대한 회의적인 얘기가 내부에서 다시 나오게 되었다.

'우리는 할 수 없다'는 의견이 다수였고, 밖에서는 '100% 망할 것'이라고 주장하는 이들이 많았다. 창간 3개월이 지나 해를 넘기자 적자는 눈덩이처럼 불어나기 시작했다.

결국 사건이 본사에서 터졌다. 곳간이 비면 인심이 흉흉해진다는 말을 이때 절감했다. 1994년 봄에 월급이 3개월간 나오지 않게 되었다. 주로 학생운동 출신, 이른바 일류대 출신들이 중심이 되어 문제를 제기했다. 경영진이 돈벌이에 더 열중해서 사태를 해결하라고 했다. 그리고 집단적으로 사표를 냈다. 적자가 누적되어 있고 망한다는 말이 많아 그들을 설득할 수 없었다. 경영진이 돈 벌어 오라는 말도 맞는 얘기였다.

그들이 사표를 내고 나가자 당장 신문을 내야 하는데 대체인력이 없었다. 다행히 지역에서 돈을 받지 않고 일하던 구성원들이 있어 이들이 본사로 올라왔다. 그들은 노동운동에서 단련된 사람들이었다. 죽기 살기로 열심히 했다. 수도권에서 올라온 직원들은 본사에서 낮에는 주간지를 만들고 밤에는 다시 지역으로 내려가 지역판을 만들었다. 이렇게 지역과 본사를 오가며 신문을 만든 그들의 열정과 잡초근성 덕분에 내일신문이 가장 어려운 시기를 넘길 수 있었다.

그러나 이들은 의지가 굳고 내일신문을 제 몸같이 생각했지만 전문성이 부족했다. 영어나 한자에 약했고 기사작성법도 잘 몰랐다. 하드 트레이닝이 필요했다. 매일 5시간 이상씩 다른 신문의 기사들을 컴퓨터로 치는 훈련을 했다. 글쓰기와 함께 타이핑 실력을 높이기 위해서였다. 취재훈련도 세게 했다. 나이 들어서 익숙하지 않은 일에 고된 훈련을 받느라 그들은 정말 힘든 시간을 보냈다. 정말 독종들이라서 견뎌냈다.

10개월간 광고가 들어오지 않고 돈도 떨어지니 재정은 말이 아니었다. 본사직원들 50만 원 월급도 말이 안 되지만 지역에서 일하는 사람들은 2년 반 내지 3년간 사실상 한 푼도 못 받고 일했다. 지역일꾼들이 오늘의 내일신문을 만든 영웅들이다.

그러다 보니 남의 집에 공짜로 얹혀 있으면서 한 달 생활비를 10만 원으로 산 집도 있었다. 부인이 아이들에게 학습지를 가르쳐 번 돈으로 사는 집, 쌀은 처가에서, 김장은 남이 김장하고 버린 배추로 한 집도 있었다. 새벽에 우유배달을 하고 출근하는 사람, 신문을 돌리는 사람들, 하루 중 잠시 학원 시간강사를 하여 생활비를 버는 사람들도 있었다. 눈물겨운 고난의 행군이었다. 지역에서는 월급이 없다보니 음식점 등을 해 본 사람들도 있다. 대체로 잘 안됐다. 사람은 많이 왔지만 대개 아는 사람들이라 수금이 안 되고 전념할 수 없어 문을 닫았다.

다행히 신촌에 인삼사업에서 번 돈으로 장만한 5층 건물이 있었다. 월세가 안 나간 것이 그나마 보탬이 되었다. 운영비를 아끼려고 직원들이 순번제로 점심을 직접 해먹었다. 주간신문이므로 우편으로 신문을 배달했는데 봉투작업도 외부DM업체에 주지 못하고 본사는 본사에서, 지역은 지역에서 전 직원이 직접 함께 했다. 이렇게 전 구성원들이 함께 일하면서 초기에 있었던 갈등이 서서히 해소되었다. 이 단순한 노동에 참여하지 않은 사람들은 사실상 서로간의 감정 갈등을 해소할 기회를 얻지 못했다. 결국 이들은 서서히 내일신문을 떠나게 된다. 함께하는 노동이 얼마나 중요한가를 새삼 알게 되었다.

대다수 사람들은 내일신문은 곧 망할 것이라고 했다. 내부에서도 망할 수밖에 없다고 체념하는 사람들도 적지 않았다. 초기에 가장 어려운 점이 직원들에게 망하지 않을 수도 있다는 믿음을 심어주는 일이었다. 나는 주위에 내일신문사는 1%의 가능성만 있어도 살아날 수 있으며 또 필요한 신문사라고 외쳤지만 동의하는 사람은 별로 없었다. 심지어는 이렇게도 말했다. '전두환도 우리가 함께 모여 노력하니 무너지지 않았느냐. 이 작은 신문사도 우리가 함께 노력하면 반드시 성공할 수 있다'고까지 말했지만 잘 먹히지 않았다. 나는 '버티면 이긴다'를 끊임없이 외쳤다. '우리가 하기로 했는데 한 우물을 10년은 파 봐야 샘이 솟든지 말든지를 알 수 있다'는 등, 그러나 이런 추상적인 말로는 잘 통하지 않았다.

그래서 조금 더 과학적으로 접근했다. '우리는 자주관리형 벤처기업이어서 잘 하면 성공할 수 있다'고 열심히 설득했다. '벤처'가 무엇이냐고 묻기에 성공확률 1%를 보고 맨땅에 헤딩하는 것이 벤처이니 한번 노력해볼 가치가 있지 않느냐고 했다. 사실 1998년 외환위기 이전에 벤처라는 단어는 보통사람들에게는 생소했다. 마침 미국에 형들이 있었다. 내가 무엇을 하는가에 관심이 많아서 성공확률 1%를 보고 주간신문을 창간하려 한다 하니 그런 것을 미국에서는 벤처라고 한다고 했다.

　미국에서는 벤처가 유행하고 있다고 하니 사람들이 귀를 기울였다. 미국의 사례를 들으니 할 수 있겠다는 생각이 조금 퍼져가기 시작했다. 이때가 가장 어려운 때였다.

　벤처에서는 전부 또는 전무(All or Nothing)라는 개념보다는 확률적으로 성공할 가능성을 중시한다. 여기에서 '1% 확률'이라는 말이 나온다. 현대물리학 양자역학에서 나오는 불확정성의 원리가 그 바탕에 깔려 있다.

　내일신문이 벤처형 자주관리경영을 한다는 의미는 '번만큼 쓰고 무차입 을 유지하고 우리 스스로 경영하는 것'이다. 우리 스스로 경영을 하니 우리 사원들이 주주가 되어야 한다고 나는 강조했다. 우선 먼저 우리들이 가진 돈을 회사에 내놓고 죽기 살기로 돈을 벌어야 한다. 그래야 스스로 직장의 주인·주체가 된다. 전 구성원이 주식참여를 결의했다.

　제일 쉬운 것은 경비를 줄이는 일이다. 월급은 최저한도로 하고 모든 비용을 줄여나갔다. 자금이 없어도 어음을 쓰지 않기로 하고 현금을 주고 물건 값을 깎았다. 재고파악을 정확히 하여 한번 구입할 때 구매량을 늘리고 거래방식을 공개입찰방식으로 하여 저렴하게 구입했다.

　동시에 나를 포함한 어떤 직원도 거래처에서 공밥을 먹거나 금전 등의 접대를 받지 말도록 했고 위반 시에는 엄중한 조치를 취했다. 그때는 기자들이 취재처에서 촌지를 받는 관행이 퍼져 있었다. 우리는 절대 촌지를 받지 말자고 결의했다. 이를 어기면 사표를 내든가 아니면 사고(社告)로 실명을 공개하면서 이 사실을 밝히기로 합의했다. 이런 일이 있었다. 지역의 모 기자가 그 지역의 행정기관 공무원을 취재한 후 회식비로 하라며 준 봉투를 받았다. 그

공무원은 기자의 5촌 아저씨였고 점심이라도 먹으라며 10만 원을 준 것이었다. 그 돈으로 사무실 식구들과 점심을 먹었다는 얘기가 내 귀에 들어 왔다. 너무나 성실했고 정의감도 투철한 사람이었다. 고민이 되었다. '5촌 아저씨'라는 정상참작의 여지도 있었다. 그러나 처음인 이 건을 그냥 넘기면 앞으로 촌지금지가 무너질 수 있다. 눈물을 머금고 사표를 내라고 했다. 그렇지 않으면 우리가 합의한 대로 이러한 사정을 신문에 쓰기로 했으니 둘 중에 하나를 선택하라고 했다. 그리고 일벌백계로 그 지역사업부를 없앴다. 지금도 그들을 생각하면 가슴이 아프다.

또 구매할 때는 항상 원가계산을 하고 가격협상에 나갔다. 어떤 경우에도 납품처가 적정한 이윤을 취할 수 있도록 하게 했다. 거래처들은 어음대신 현금을 받고 안정적으로 이윤을 보장해주는 내일신문을 선호하게 되었다. 결과적으로 내일신문은 대부분의 거래처와 장기간에 걸쳐 좋은 협력자의 관계를 유지할 수 있었다.

또 모든 직원이 구독영업을 하기로 했다. 처음에 기자들이 구독권유를 한다는 것이 기자의 본분에 어긋난다는 생각을 하는 사람들이 있었다. 자연히 구독권유에 소극적이었다. 그러나 "자신이 쓴 기사를 널리 읽히려 해야 하고 그래야 좋은 기사를 쓰려고 더 노력하게 된다"는 주장을 차츰 기자들이 받아들이기 시작했다.

광고파트도 열심히 뛰었다. 초기에는 성과가 미미했지만 점차 늘기 시작했다. 광고영업은 정말 어려웠다. 나는 '지난날의 사농공상 사고에서 시장경제에서는 상(商)이 가장 중요하다'고 강조했다. 한국사회에서 영업직은 상(商)이고 을(乙)이다. 항상 천대·멸시받았다. 누구나 자신의 직장이 망해 없어지는 것을 원하지 않는다. 그러려면 현재 누구나 하기 싫어하는 영업을 앞장 서

해야 한다. 갑과 을을 기꺼이 하겠다는 마음이 들 때 '많이 벌고'가 달성된다. 벌이에 나가는 것은 바로 사람을 만나러 나가는 것이다. 사람들이 무엇을 원하는가를 사무실에 앉아서는 알 수가 없다.

벌어본 사람만이 팔리는 물건을 만들려고 한다. 벌어본 사람만이 절약할 수 있다.

6.
부인들의 참여를 고민하다

결혼한 사람들은 가족을 이해시켜가며 일하는 것이 필수적이었다. 부인들은 엄청나게 인내해야만 했다. 사실상 대부분이 부인들의 노력으로 생계를 꾸렸다. 가장으로서의 역할은 거의 하지 못했다. 많은 부인들이 학습지를 돌렸다. 물론 경제적 어려움으로 인한 가정불화도 있었겠지만 그래도 대다수는 부인들의 지지로 그런대로 첫 해를 넘기고 있었다.

부인들이 내일신문에 참여할 수 있는 방법을 고민하지 않으면 안 되었다. 부인들과 함께 해야만, 의사소통을 해야만 내일신문의 의미와 가치를 이해할 수 있고 구성원들이 악전고투 속에서도 계속 일을 할 수 있을 것이라고 판단했다. 그래서 만들어진 단체가 '내일여성센터'였다. 내일신문 사람들의 부인들과 여성 주주들이 주체가 되었다. 사실 우리의 생각도 있었지만 부인들도 스스로 무엇인가 보람된 일을 해야겠다는 열의도 무척 강했다.

운동권에는 남자만 있는 것이 아니었다. 수많은 여자들이 운동에 참여했다. 그들 중 다수는 이제 생활전선에서 혹은 가정에서 살고 있었지만 그 정신이 사라진 것은 아니었다.

내일신문 구성원들의 부인들 중에도 운동권출신이 많았다. 그들도 사회에 기여할 수 있는 의미 있는 일을 하기를 원했다. 이 필요들이 합쳐서 사단법인 '내일신문 여성문화센터'가 만들어졌다. 나중에 '청소년을 위한 내일여성센터'가되었다. '내일여성센터'는 여성자신의 권익확대와 지위향상을 위해서도 여성의 사회적 역할을 중시했다.

특히 청소년문제를 일차적 과제로 삼았다. 당시 청소년의 왜곡된 성문제가 점점 사회문제로 대두되는 시기였다. 내일여성센터는 우리나라 최초로 '청소년 성교육센터'를 설립했다. '건강하고 아름다운 성'을 청소년에게 알리자는 것이었다. 특히 공중파에서 방영한 '청소년성교육' 프로그램은 내일여성센터를 본격적으로 알리는 계기가 되었다.

내일여성센터는 '아동 청소년 성폭력 전문 상담소'로 확실한 역할을 하며 관련 법 개정 등에 앞장섰다.

또 내일신문과 함께할 수 있는 일이 무엇인가를 찾았다. 가장 하기 쉬운 일부터 하기로 했다. 바로 외산담배 반대운동을 시작했다. 외산담배는 국산담배보다 향료가 많아 당시 청소년과 여성을 대상으로 외국담배회사들이 은밀하게 마케팅을 하고 있었다. 어릴 때 담배를 시작하면 끊기가 더 어렵다는 전문가들의 말을 듣고 그 캠페인 운동을 내일여성센터가 내일신문과 공동으로 했다. 상당한 효과가 있었는지 담배인삼공사에서 협찬광고를 했다. 내일여성센터는 이후 사단법인으로 발전했고 최근에는 명칭을 좀 더 청소년에 가까운 '탁틴내일'로 바꾸어 활발하게 활동하고 있다. 내일신문은 흑자를 낸 이후부터 해마다 탁틴내일과 몇 사회단체에 기부금을 내고 있다.

7.
'언론권력'이 아니라
'정보서비스'를 하자

　우리가 언론을 보는 관점은 초기에는 '언론은 제4의 권력'이라는 입장이 우세했다. 제4의 권력이라는 의미는 본래 입법권 행정권 사법권의 3권을 감시 비판하라고 민중이 부여한 권력이라는 뜻이다. 정통적(正統的) 관점이다. 그러나 현실은 언론이 그 자체로 또 하나의 권력이 되어 있는 형편인 점을 부인하기 어렵다. 신문을 운영해 가면서 우리는 결국 독자에 대한 정보서비스를 기본으로 하면서 권력과 금력에 대해서 비판적 입장을 가지는 것이 정도(正道)라는 사실을 서서히 깨닫게 되었다. 자칫하면 우리 자신이 권력이 되고 그래서는 결국 정치권력이나 재벌권력과 크게 다르지 않게 된다는 사실도 알게 되었다. 아무리 권력을 감시 비판한다 하더라도 그것이 권력인 한 언론 역시 권력의 속성에서 벗어나기 힘들다는 사실을 느낀 것이다. 권력을 버리자. 정보서비스업체가 되자. 그래야 비판도 바로 할 수 있다고 믿게 되었다.
　이것은 우리에게 큰 변화를 준 것이다. 신문사가 망하지 않고 살아남기 위해 어떻게 생각하고 생활하고 시스템을 만들어 나갈 것인지에 대한 고민의 결과이기도 했다.

권력에 대한 비판 견제 감시는 독자들이 원하는 서비스의 하나이다. 독자들은 스스로 판단하기를 원한다. 언론이 권력에 대한 비판적 정보들을 많이 제공하기를 절실히 원한다. 그러나 그것만으로는 부족하다. 권력은 중요하지만 사회의 한 부분일 뿐이다. 권력 이외의 수많은 인간사에 대한 정보 역시 갈수록 중요해지고 있다. 과거에는 신문에서 정치나 검찰 등 권력 분야가 중요하게 다루어졌지만 갈수록 경제나 문화, 국제 이슈가 비중 있게 취급되는 것이 추세이다. 이러한 흐름은 언론도 정보서비스업이라는 방향으로 자리매김하는 데에 커다란 영향을 주고 있다.

나는 권력의 시대는 무너지고 봉사의 시대가 온다고 주장했다. 봉사(奉仕)는 한문이고, 서비스(Service)는 영어이고, 순수 우리말은 '섬김'이다. 정보서비스업은 섬김을 하라는 의미라고 강조했다. 서비스업이므로 항상 차림새를 단정히 하자고 했다. 서비스업이므로 겸손해야 한다고 했다. 인사도 잘 하자고 했다. 서비스업을 강조하는 것은 후발업체이자 경쟁력이 약한 내일신문에서 하루하루 절실한 문제였다. 일부 기자에게는 마이동풍이었고 일부에서는 일리가 있다고 생각한 듯했다. 일부 기자에게는 권력개념이 더 좋을 수도 있다.

이러한 문제는 내부에서 논쟁을 유발시켰다. 논쟁을 해봐야 끝이 없었지만 경영적 압박은 무엇인가 바뀌지 않으면 안 된다는 절박감으로 모든 사람들에게 다가왔다. '이대로는 안 된다, 바꾸어야 한다, 우리 스스로 바꾸어야 한다, 바뀌지 않으면 망할 수밖에 없다'라는 소리가 커져갔다. 생각도 바뀌어야 하고 생활도 바뀌어야 하고 자세도 바뀌어야한다는 목소리였다.

창간 후 1994년까지 주간내일신문의 논조는 대부분 진보일색이었다. 보수 성향의 독자들은 당연히 구독을 하지 않았다. 처음에는 내일신문의 신선한 인상에 자극받아 독자가 됐던 사람들도 논조가 지나치게 진보일색인데다 전달도 매우 거친 방식으로 하니 구독료를 납부하지 않으려 했다. 나는 보수적 사고를 가진 독자까지 함께 해야 신문도 살고 또 그것이 더 보람되지 않느냐고 강조했다. 보수적인 사람들이 우리 신문을 보게 하려면 일방적으로 진보를 강요할 것이 아니라 대안을 제시하는 기사를 써야 한다고 말했다. 1년이 지나도 이런 생각을 이해하지 못하거나 이해했더라도 실행하기가 몸이 배지 않은 기자들은 갈팡질팡 했다.

신문사가 생존하고 의미를 갖기 위해서는 보수와 진보를 넘어 한 차원 높은 대안을 제시하는 기사가 중심이 되어야 한다고 하면서 내일신문 정관 전문 '내일신문을 왜 만드는가'에 있는 '건전한 상식을 가진 생활인들의 정성을 모아 내일신문을 창간한다'를 잘 생각하자고 강조했다. 건전한 상식을 가진 생활인들은 보수와 진보 한편으로 무조건 고정된 사람들이 아니다. 내가 감옥 생활에서 다시 접한 아인슈타인의 상대성이론 및 통일장 원리는 나의 고민을 정리하는 데 중요한 계기가 되었다. 보수와 진보를 넘어서는 새로운 차원의 통일장을 만드는 것이 내일신문의 철학이 되어야 한다고 생각한 것이 그 때이다. 어려움을 극복하는 과정에서 이러한 생각이 구체화되었다.

경영은 통일장을 만드는 방법이다. 장(場)이란 양과 질을 포함하는 4차원의 물리학 개념이다. 이러한 철학적 관점을 구성원들이 차츰 받아들이면서 흑자경영으로 전환되었다.

흑자가 나면서 가장 주목되는 변화는 내일신문사가 다른 언론사와 다르게 마케팅을 중심으로 서비스하는 언론기업이라는 이미지를 갖추려 했다는 점이다. 한국의 언론사들은 대개 편집보도국이 가장 힘센 부서라고 생각한다. 반대로 영업부서들은 가장 약한 부서이고 홀대받는 곳이라는 인상이 박혀있다. 그러나 내일신문은 반대로 독자와 시장을 잘 아는 마케팅부서가 편집국보다 중요하고 마케팅에 필요한 생산을 담당하는 편집국과 이들을 돕는 경영지원실로 구성되어 있다는 것이 나의 생각이다.

언론사는 공공성과 상업성이라는 두 마리 토끼를 함께 추구해야 하는데 언론사의 대의는 공공성이지만 언론기업이 상업성을 통해 유지되지 않으면 공공성도 훼손될 수밖에 없다는 사실을 구성원 모두가 공유하기 시작했다. 적자가 나고 빚이 많으면 공공성을 세울 수 없다. 상업성은 단기적인 목표인 반면 공공성은 기본적이고 장기적인 방향이다.

8.
적한테 왜 탄알을 주냐

경영에서는 창업 후 초기과정이 이후 생존의 성패를 좌우한다. 나는 초기에 주로 우리 구성원들과 주위 사람들에게 신문사가 망하지 않는다는 믿음과 비전을 심는 데에 상당시간을 보냈다. 우리 신문사는 시대가 요구하고 주위 사람들이 애정을 갖고 도와주고 있으니 우리가 열심히 노력해 지금 1%의 가능성이라도 있다면 살 수 있다는 논리를 끊임없이 주장했다.

우리 구성원들에게는 '운동권도 모범을 창출하고 시장에서 성공해 보자'고 간곡히 호소했다. '무에서 유를 창조하는 것이 우리들의 사명이다. 미국도 1% 성공확률을 보고 하는 벤처기업이 많다고 하지 않느냐'고 말했다. '우리는 도전하는 사람들이다. 자신감을 갖자. 새로운 시대, 새로운 경제에서는 벤처형 기업이 성공한다. 대표적인 사례가 마이크로소프트사이다. 우리는 자주관리경영의 시스템으로 성공할 수 있다'라고 강조했다. 신념이기도 했지만 어쩔 수 없는 자기최면이기도 했다.

그렇지만 구성원들은 긴가민가했다. 내가 같은 말을 하고 또 하니 신물이 난다고 했다. 우선 돈을 벌어야 하지 않느냐고 했다. 맞는 말이었다. 나는 1990년에 구속되어 1년 6개월을 살고 나온 후 또 1993년 1월에 구속되어 7월 중순에 나와 재판에 계류 중인 상태라 처음에는 광고영업에 직접 나서지 않았다. 그렇지만 경영난이 심각해지자 처지를 따지고 있을 수 없었다. 광고영업에 나설 수밖에 없었다. 그러나 성과는 없었다. 처음에는 무엇을 어떻게 해야 할지 몰랐다.

사실 나는 영업을 할 줄 몰랐을 뿐 아니라 두려워하는 사람이었다. 어릴 때 너무나 수줍음을 타서 선생님이 일어나라고 하면 얼굴이 빨개지고 머릿속이 하얘졌다. 가슴이 두근거려 선생님 질문에 전혀 답하지 못하는 학생이었다. 사람 만나는 것을 좋아하지도 않았다. 이른바 영업체질이 아니었다. 그러나 영업에 앞장서야 하니 어쩔 수 없이 변해야만 했다.

용기를 내어 광고를 많이 하는 회사에 다니는 고등학교 때 친했던 동창생을 찾아갔다. 그는 식사를 사면서 말했다. "적한테 왜 탄알을 주냐" "우리는 노동운동하는 사람을 적으로 생각한다"고 했다. 그러고는 미안한지 웃으며 "나도 하루에 열다섯 시간 이상 일요일도 없이 일해 왔는데 너는 나를 적으로 보지 않지? 그런데 우리 회사는 중간관리자까지 모두 주주여서 내가 지시해도 말을 잘 듣지 않으니 광고담당자와 같은 대학출신을 보내 그를 설득해 보라"고 조언해 주었다. 그의 호의에도 불구하고 물론 광고 담당자는 거절했다.

나와 친한 모 대학 총장께서 신문사 경영이야기를 듣고 도와주기로 했다. 저녁식사 자리에 유수 대기업의 광고담당 전무와 함께 하는 자리를 마련해 주었다. 그는 그 총장의 제자였다. 그는 스승님 앞이라 그런지 식사자리에서는 흔쾌히 승낙했다. 다음날 아침 10시경 회사로 실무자와 함께 오라고 했다.

당연히 10분 전에 갔다. 비번을 모르니 다른 사람이 들어갈 때 간신히 끼어서 들어갔다. 올라갔더니 비서가 만날 약속이 되어 있지 않다고 했다. 거절당한 것이다. 함께 간 내일신문 직원은 그와 같은 대학후배였다. 나와서 '우리가 이런 대접을 받아야 하느냐'고 억울하다며 가로수를 붙들고 엉엉 울었다. 한참 후에 그를 만났다. 그는 해직 교수들을 많이 도와 준 훌륭한 분이었지만 노동운동을 한 사람에 대해서는 섭섭한 마음이 많았던 것 같다. 또 노동운동을 한 사람들을 함부로 도와줄 수 없는 시대상황이 그를 못 움직이게 했다. 섭섭한 마음을 모두 털고 폭탄주를 마시고 헤어졌다.

아무리 쫓아다녀도 광고는 되지 않았다. 아는 사람들을 이리저리 만나 100만 원짜리 광고를 해달라고 부탁하면 처음에는 해줄 뜻이 있는 듯 했지만 시간이 지나면 어렵다고 했다.

나는 대학 다닐 때 가정교사를 많이 했다. 경기중학교 편입시험을 보려는 한 학생을 여름방학 한 달 동안 하루에 8시간씩 집중과외를 한 적이 있다. 편입생 한 명만 뽑을 때 였는데 그 학생이 경기중학교에 합격했다. 그는 그 후 서울법대를 나와 미국의 유명대학을 거쳐 당시 모 중견그룹의 기획실장으로 있었다. 오너의 아들이었다. 내가 수배 중 일 때 그가 만나자고 하여 갔더니 그의 부친이 주라고 했다면서 상당히 많은 돈을 내밀었다. 정말 고마웠지만 거절했다. 재수 없으면 헤어져 나가다가 바로 잡힐 수도 있다. 큰돈이니 출처를 댈 수밖에 없고 그러면 그 기업은 대단히 어려워진다는 사실을 잘 알고 있었기 때문이었다. 그래서 못 받는다 하니 그는 고마워했었다.

이제 신문사를 운영하게 되니 그를 찾아갔다. 그는 나를 무척 반겼다. 광고 부탁에 흔쾌히 "걱정 마시라"고 했다. 며칠 후 광고담당자에게 갔더니 "어렵다"고 했다. 이유는 말하지 않았다. 화가 났다. 몇 달 뒤 우연히 어떤 자리에서 그를 만났다. 그때만 해도 내가 세상을 몰라 그의 인사도 받지 않았다. 그런데 그가 내 옆에 와서 작은 소리로 "바로 정보기관에서 찾아와 광고를 주지 말라고 해서 줄 수가 없었습니다. 대단히 죄송 합니다"하는 것이었다. 화가 풀렸다. 아마 전화가 도청되었던 것 같았다. 왜 광고가 될 듯 하다가 마지막에 뒤집어지는지 이유를 짐작할 수 있었다. 이 정치적 압박을 넘고 광고를 얻기에는 나나 우리 직원들의 역량만으로는 불가능했다.

그러나 구독수입만으로는 여전히 경비를 채울 수 없었다. 반드시 광고를 뚫어야 했다. 창간위원장인 이수인 교수께 간곡히 도움을 청했다. 이수인 교수는 인맥이 무척 넓었다. 그 분이 나서지 않았다면 내일신문의 운명이 어떻게 됐을지 모른다.

이수인 교수께서 아주 어렵사리 내일신문의 광고를 처음 받아 오셨다. 절친한 친구가 삼성 비서실에 있었다. 월1회 광고를 밀어주었다. 대단히 큰 사건이었다. 삼성이 광고를 하니 다른 기업에서도 광고를 할 수 있는 명분이 되었다.

우리 신문의 방향을 지도해주시던 임재경 전 한겨레신문 부사장님께서 친구인 LG전자 이헌조 부회장을 만나러 가자고 했다. 이 분은 한겨레신문 창간 때도 한겨레에 광고를 내신 분이라고 했다. 이헌조 부회장은 담당이사에게 올라오라고 했다. 장명국이라는 이름을 아느냐 물으니 그는 "예 알고 있습니다"라고 답했다. 어떻게 생각하느냐고 하니 이사는 "빨갱이라고 생각합니다"라고 했다. 광고주는 것에 반대한다는 표현이었다. 그래도 이헌조 부회장은 냉정하게 "받아쓰세요. 주간지이니 한 달에 두 번 1백만 원씩 광고를 주세요"라고 했다. 지금도 이 부회장의 결단과 도와주신 임재경 선생께 감사한 마음이다.

이렇게 광고가 조금씩 풀려나갔지만 그래도 사정은 크게 달라지지 않았다. 발행부수가 적고 광고효과도 없고 또 운동권들이 하는 신문이니 광고를 줄 리 없었다. 정권의 보이지 않는 압력도 작용했다. 그 가운데서도 용기 있게 우리를 돕는 분들이 차츰 나왔다. 동아일보 해직기자 출신으로 모 그룹의 홍보실장으로 계신 분을 찾아갔다. 100만 원짜리 광고 하나만 달라고 애원했다. 그는 나를 애틋하게 보았지만 내 이름이 오너에게 좋은 인상을 줄 수 없다고 했다. 100만 원짜리 하나도 결재를 올릴 수가 없으니 자신보다 위치가 튼튼한 롯데에 있는 친구를 소개해 주겠다고 했다. 그분을 만나러 갔다. 그는 월1회 광고를 주겠다고 약속하며 내일신문 같은 신문이 필요하다고까지 강조했다. 내 손으로 처음 광고를 받은 것이다. 너무나 고마워 눈물이 났다.

다행히도 기업홍보실 간부들 중에는 해직기자들이 있었다. 이분들은 우리에게 호의적이었다. 또 운동권 출신들도 기업 홍보실에 있었다. 그들은 광고 받는 방법을 가르쳐 주었다. 기업을 도와주는 기사를 쓰면 기업과의 관계가 좋아진다.

그렇지만 근거도 없이 무조건 잘 써주면 오히려 거지취급 당한다고 했다. 정확하면서 정당한 기사를 써야했다. 우선 사람들을 만나야 대화의 장을 마련할 수 있다. 만나서 우리 신문의 방향이나 현재 상황, 발행 부수 등을 이야기하며 서로 도울 수 있는 것이 무엇인가를 찾아내는 노력이 필요하다. 나는 이 광고영업에서의 경험을 기자들에게 있는 그대로 말해 주었다. 기자들에게 그 기업의 상태나 기업홍보실 사람들에 대한 정보를 알려달라고 했다. 그 기업에 대한 정보 없이 무조건 광고하라고 하면 떼를 쓰는 것 밖에 안 된다. 효율도 없고 광고국 직원들은 낙담하게 된다. 흑자가 나는 집, 기업을 키우려는 집, 매출을 늘리려는 집에 타이밍을 맞춰서 찾아가면 쉽다.

또 광고국 직원이 경제 전반의 흐름과 기업정보를 많이 알게 되면 단순한 기업광고 직원이 경영컨설턴트로 바뀔 수 있다. 그 과정 자체가 마케팅이다.

처음 사람을 만나러 가는 것이 참 힘들었다. 대기업은 문을 열어주지 않고, 모르는 사람은 쳐다보지도 않는다. 다행히도 신문이 빠지지 않고 나오면서 약간의 신뢰가 생겼다. 기업홍보실 간부들을 만나 내일신문의 창간목적과 현재의 실상을 이야기하면 이런 신문이 필요하다고 용기를 주는 분들도 많았다. 물론 광고를 직접 지원하지는 못한 분도 있지만 열심히 다니다 보면 광고가 나올 데를 소개해 주었다.

지역 주간지의 광고도 물론 무척이나 어려웠다. 당시 지역내일신문이 처음 나올 때는 지방자치단체의 정책광고를 받으려고 했다. 그렇지만 주간지는 일간지와 달리 차별을 심하게 받았다. 야당이 지방자치단체의 장인 경우는 그나마 좀 유리했다. 광주가 그랬다. 그럼에도 광주의 내일신문 책임자가 광주 부시장을 만나기는 너무 어려웠다. 16번 전화를 하거나 찾아간 끝에 간신히 10분의 시간을 얻었다며 나에게 꼭 내려와서 만나달라고 지원요청을 했다. 부시장은 나에게서 내일신문에 대한 이야기를 듣더니 한 시간 이상을 할애했다. 끝난 후 엘리베이터까지 배웅을 해주었다. 액수는 작지만 정책광고가 하나 들어오게 되었다.

창원 지역판에서 병원광고는 이렇게 시작되었다. 그때 당시 한마음병원은 지역에서 이제 막 시작하는 병원이었다. 병원장은 고향은 경남이었지만 광주에 있는 조선대 의대를 나온 분이었다. 지역에서는 텃세가 심하다. 이 병원장과 나는 어려운 처지가 비슷해 대화가 잘 되었다. 나는 우리 신문도 서비스업이라는 것을 강조하고 병원도 서비스업이 되어야 한다고 말했다. 서비스업은 서비스를 잘 해야 한다. 그래서 나는 인사를 90도로 한다고 했다. 다른 사람도 기쁘게 하고 허리운동도 되니 일석이조라고 했다. 병원이 잘 되려면 손님이 많아야 하는데 내가 병원장이라면 아침에 일찍 출근해 병원 앞 환자들이 오는 길거리를 직접 나서서 매일 청소하겠다고 했다. 또 은행처럼 손님에게 인사를 잘 하면 손님이 많이 올 것이라고 조언했다.

환자를 성심성의껏 돌보아야 하는 것은 기본이고 병을 낫게 하는 것이 병원이니 그것은 너무나 당연하다고 했다. 그렇지만 대학병원이나 대형병원과 경쟁하는 현실에서 막 시작한 소형병원이 할 수 있는 일은 신뢰와 서비스라고 했다. 그것은 내일신문의 방향이기도 했지만 생각보다 쉽지 않다고 했다. 기자도 의사처럼 전문직종이라 하여 인사 등 서비스를 잘 하지 않는 경향이 있다고 했다. 직원들에게 억지로 강제할 수도 없으니 경영자부터 그렇게 하자고 했다. 그 작은 병원이 지금은 경남에서 제일 큰 병원으로 발전했다.

수원 지역판의 경우도 처음에는 한 달 내내 다녀도 광고가 하나도 없었다. 인지도도 낮고 부수도 적으니 아무도 광고를 내려고 하지 않았다. 우리 직원이 우연히 길을 가다가 심한 바람에 페인트를 칠해 놓은 광고판이 쓰러지는 것을 잡아주었다. 주인이 고맙다고 하기에 혹시 우리 신문에 작은 광고라도 주면 좋지 않겠느냐고 하여 처음으로 10만 원짜리 광고 하나를 받은 경우도 있다.

이런 사례들은 무수히 많다. 모두 눈물겨운 사연이다. 이러한 광고영업 과정에서 우리가 배운 것은 남을 도와주어야 한다는 사실이다. '가는 정이 있어야 오는 정이 있다'는 옛말이 절절하게 다가왔다. 광고영업은 마음이 통하는 영업이라는 사실을 터득해나갔다.

광고영업은 구독영업과 함께 하지 않으면 안 된다는 사실도 깨닫게 되었다. 그렇지만 현실에서는 광고영업이 구독영업보다 훨씬 어렵다. 구독영업은 구체적으로 신문이라는 것이 있으므로 보이는 영업이지만, 광고영업은 그 효과가 나중에 나타나므로 광고주를 설득하기 쉽지 않은 한 차원 높은 영업이다. 세일즈와 마케팅이라는 개념을 이 영업을 통해 서서히 터득하게 되었다. 나 자신이 변하는 과정이 광고영업이다.

9.
세일즈와 마케팅은 다르다

나는 학원이나 출판사 등에서 성공한 경험은 있지만 신문과 같이 사회적 영향을 크게 미치는 분야에서 영업을 한 경험이 없었다. 아는 사람도 별로 없었다. 그래서 먼저 대학 동창 중 영업을 잘한 친구를 찾았다. 마침 라미화장품 영업부장을 했고 당시 펩시콜라 한국지사장을 하는 친구가 있었다. 그를 찾아가 광고영업을 어떻게 하는 것이 좋은가 물었다. 그는 식사를 사주면서 두 시간 동안 강의를 해주었다. "영업에서 세일즈와 마케팅은 차원이 다르다. 세일즈가 물건을 파는 일이라면 마케팅은 고객을 중심에 놓고 서비스하는 일이다"라고 설명했다.

"펩시콜라 한국지사에 열두 명 직원이 있는데 나만 학사출신이고 나머지는 모두 미국 석·박사 출신이다. 그런데 그들보다 내가 영업을 더 잘해서 18년째 지사장을 하고 있다"고 했다. "어떻게 열두 명 가지고 일하느냐? 열 두 명은 무슨 일을 하느냐?"고 묻자 그는 "열두 명 모두 다 마케팅을 한다. 우리는 모든 비용을 카드로 쓰고 경리도 없다. 경리는 회계법인에 아웃소싱 한다"고 대답했다. 그는 "우리 회사는 투명하며 비자금 같은 것이 없다"고 자랑스럽게 말했다.

영업을 중시하는 펩시콜라는 그래서 세계적인 회사가 되었구나하고 느꼈다. 그는 광고영업은 영업 중에서 가장 어려운 영업이니 신문사를 포기하라고 강권했다. 그냥 민주인사로 살지 왜 사업하다가 망하는 신세가 되려 하느냐고 걱정했다. 할 수밖에 없는 내 처지를 그에게 설명하지는 않았다. 고맙다고 말하고 헤어졌다.

나는 그의 말에 깊은 인상을 받았다. 단순한 세일즈가 아닌 마케팅의 필요성이 얼마나 중요한지를 어렴풋하게나마 알게 되었다. 마케팅은 세일즈처럼 구체적인 물건을 파는 것이 아니라 당장 보이지 않지만 언제인가 효과 있을 것으로 믿고 고객의 마음을 사는 것이다. 신문도 마찬가지이다. 특히 신문광고는 효과를 측정하기 쉽지 않다. 당장은 광고효과가 없지만 언젠가는 이 신문이 브랜드네임을 가질 것이라고 보고 광고주가 돈을 지불하게끔 돼야한다. 그런 신뢰가 없으면 광고영업은 될 수 없다. 그러므로 무척 어려울 수밖에 없다. 여하튼 내일신문을 내세우며 광고를 구하러 다니는 일이 세일즈라고 한다면 광고주를 고객으로 보고 마음으로 다가가 서비스하는 일은 마케팅이라고 생각했다.

집에 돌아온 후 밤늦도록 곰곰이 생각했다. 이 친구 이야기에서 '차원이 다르다'라는 말에 주목했다. '아하! 세일즈는 3차원이고, 마케팅은 4차원이 아닐까' 물건을 파는 세일즈도 중요하지만 마음을 주고받는 마케팅이 더 중요하다고 느꼈다. 마케팅은 마켓(시장 market)에 현재진행형 시간 –ing를 붙인 것이 아닐까. 그렇다면 마케팅영업에서는 타이밍, 특히 현재진행시간이 중요하다고 생각했다. 그리고 아인슈타인이 말한 장의 개념을 여기에 적용해 보니 아주 쉽게 이해되었다. 만남의 장과 대화의 장을 만들면 바로 4차원의 마케팅이 될 수 있다고 생각되었다. 마케팅은 마켓, 즉 시장을 능동적으로 만드는 것이라는 말로 이해되었다.

세일즈가 물건을 파는 영업이라면 마케팅은 사람과 사람의 만남과 대화의 장을 통한 새로운 차원을 만드는 것이라는 생각에까지 미쳤다. 세일즈는 3차원이므로 쉽게 우리말로 번역될 수 있다. '판매'이다. 그러나 마케팅은 4차원 개념이므로 쉽게 번역되지 않는다. 아직 우리가 쓰는 말은 대부분이 3차원적 사고를 반영하고 있기 때문이다.

광고영업의 핵심은 이러한 마케팅개념을 이해하고 터득하고 실천하는데 있다. 이제야 마케팅영업을 할 수 있을 것 같았다. 사람을 만나 대화를 나누면 마케팅이 될 수 있다는 자신감이 생기기 시작했다.

다행히도 세일즈와 마케팅을 구분하고 특히 마케팅에 대한 관점이 서면서 영업에 재미도 붙이게 되었다. 마케팅영업을 하면서 나 자신이 바뀌어 갔다. 이것이 오늘의 나를 만든 계기라 할 수 있다.

영업이 서비스이고 광고영업은 시간차가 있는 서비스라는 사실을 알면서 몸도 서서히 나아지기 시작했다. 경영이 어렵고 재무상태가 좋지 않고 월급도 체불이 되어 갈등만 심해지니 오는 것이 편두통뿐이었다. 그전에는 편두통이 무엇인지 전혀 모르고 살았다. 또 화도 잘 내게 되었다. 주위를 부정적으로 보게 되었다. 비판·비난이 머릿속에 맴돌기도 했다. 그렇지만 직접 영업을 하면서 하루에 다섯 군데를 다니고, 한 군데에서라도 가능성이 보이면 기뻤고 광고가 실리면 스트레스가 없어졌다.

나는 처음에 술을 반 잔 밖에 먹지 못했다. 광고영업 과정에서 어쩔 수없이 술도 먹게 되었는데 이때 폭탄주도 배우게 되었다. 처음에는 너무 힘들었다. 과음은 건강에 해로운데 광고영업을 하다보면 폭탄주 과음을 할 수밖에 없는 것이 우리나라의 현실이다. 나도 술을 많이 마시다 보니 콜레스테롤 수치가 아주 높아졌다.

나는 폭탄주에 대해 부정적이었다. 권력기관 사람들이 이 술을 많이 먹기 때문이었다. 그렇지만 영업을 하다보면 사람들을 짧은 시간에 깊이 사귀어야 하므로 상대방이 주는 술을 먹지 않을 수 없었다. 간혹 폭탄주로 나를 제압하려는 느낌까지 받을 정도였다. 그러나 술을 마시면서 살아온 이야기를 허심탄회하게 하다보면 상대방의 나에 대한 오해도 많이 풀리고 나도 상대방에 대한 오해가 많이 풀리는 경험을 하게 되니 반드시 부정할 것만도 아닌 것 같다. 끝날 때면 좋은 분위기 속에서 헤어지게 된다. 당연히 광고나 구독이 잘 되게 되었다. 분위기가 좋아진 것이다. 만남의 장과 대화의 장을 통해 새로운 분위기가 만들어져 구독영업과 광고영업이 늘어나게 되었다.

나는 가능하면 상대방을 도와주려고 했다. 그것이 서비스이다. 그러려면 상대방의 입장에 한번 서 보아야 한다. 기업이건 개인이건 다 어려움이 있기 마련이다. 어떻게 하면 그를 도울까 하는 생각을 끊임없이 하고 아이디어나 방법을 구체적으로 제시하려고 했다. 이른바 컨설팅이라 할 수도 있다. 그 과정에서 그 기업들의 내용을 더 깊이 알 수 있게 된다. 내용을 아는 사람들도 승복할 수 있는 깊이 있는 분석기사가 나오게 된다. 이럴 때 구독을 요청하면 대부분 구독을 한다. 구독을 한 사람들 중 광고를 할 수 있으면 다음에 만날 때 광고요청을 하기가 쉽다.

신문은 시간과의 싸움이다. 신뢰의 상품이기 때문이다. 신뢰를 쌓을 때까지 시간이 걸린다. 신뢰는 정확하고 깊이 있는 기사에서 비롯된다. 특히 깊이 있는 심층취재와 분석기사가 신뢰를 높인다. 그러려면 취재원과 깊이 있는 인간관계를 맺지 않으면 안 된다. 또 끊임없이 공부를 해야 한다. 마케팅 부서는 상대와 더 깊은 인간관계를 맺어야 한다. 만남의 장과 대화의 장을 통해 한 차원 높은 인간관계가 형성되지 않으면 구독이나 광고는 나올 수 없다.

특히 광고부서는 상대방에게 컨설팅 할 수 있는 실력을 갖추지 않으면 어렵다. 기자보다 더 높은 실력이 요구된다. 그러니 간부들이 나설 수밖에 없다. 우리의 경우 본사 광고부서의 부서원들은 창간 멤버들이다. 지역에서 지역판 책임을 맡아 경험을 쌓은 후 본사로 온 경우가 대부분이다. 지역에서 음식점 100군데를 다니다 보면 어떻게 하면 성공할지 알게 된다. 눈여겨 본 성공비결을 어려운 처지에 빠진 사람들에게 일러 주게 된다. 실력이 쌓일 수밖에 없다.

한편으로는 이런 일이 있었다. 창간호가 나오자 권력기관에서 이상한 반응을 보였다. 우리가 당시 권력실세인 대통령 아들 김현철 씨를 취재한다고 소문이 났다. 농협의 고춧가루 납품에 김현철이 관련이 있다는 기사가 난다는 것이었다. 기관에서 인쇄소까지 찾아와 그런 기사가 나왔는가를 확인했다. 전혀 사실이 아니었다. 취재 한 적이 없는데 왜 그런 정보가 기관에 들어갔는지 알 수 없었다. 그때부터 오히려 김현철에 대한 취재가 시작되었다. 김현철과 안기부 기조실장 청와대 정무수석 이원종 등이 신라호텔 룸에서 만나는 기사를 내보내자 긴장감이 높아졌다.

공보처에 있는 고등학교 동창인 국장으로부터 만나자는 전화가 왔다. 허위 사실이니까 정정 보도를 해달라는 요청이었다. 나는 우리 기자의 취재가 맞다고, 당신이 거꾸로 그 사실을 확인해보라고 반론을 폈다. 다음날 내 말이 맞다고 시인했다. 이 기사 때문인지 청와대 민정에 있던 운동권 출신의 비서관에게서 김현철이 만나고 싶어 한다는 연락을 받았다. 나는 오케이 했다. 누구를 특별히 가려서 만나지 않는 등 배제할 필요는 없다고 생각했기 때문이다. 롯데호텔로 갔다. 그는 "광고를 도와 주겠다"고 했다. 나는 거절했다. 이런 저런 있었던 사례를 말하지는 않고 그냥 "광고탄압을 하지 말아 달라"고 했다.

"주말마다 아버님을 만나는 것으로 알고 있는데 인사 등 문제는 말하지 않는 것이 좋겠다"고 했다. 자신은 인사에 개입하지 않는다고 변명했다. 나는 "항간에 별들이 와서 큰 절을 하고 간다는 이야기가 있다"고 말했다. 그는 "결코 그렇지 않다"고 부인했지만 얼굴이 붉어졌다. 짧은 만남이었다.

당시 광고를 한 후 받는 대금은 모두 어음이었다. 급여를 주려고 이 어음을 현금으로 바꾸기 위해 모든 은행에 뛰어다녔다. 삼성어음인데도 어떤 은행도 현금으로 할인해주지 않았다. 물밑으로 알아보았다. 노동운동을 했다는 꼬리표에다 정권에 찍혀있어 은행에서 현금으로 바꾸어줄 수 없다는 것이다. 어쩔 수 없이 3개월을 기다려야 했다.

광고영업을 막는 정치적 제약을 마케팅을 통해 극복하겠다고 마음을 다져 먹었다. 광고영업에 뛰어들면서 또 하나 깨달은 바는 4차원의 영업은 혼자서는 할 수 없다는 사실이다. 물건을 파는 것은 세일즈다. 그렇지만 마케팅은 고객에게 봉사하는 종합적 서비스인데 고객의 요구가 다양하므로 혼자 힘으로 모든 고객의 요구를 충족시킬 수는 없다. 휴먼네트워크를 구축하고 타이밍에 맞게 서비스하고 만들고 판매해야만 한다. 이러한 사실을 깨닫고 이후 나는 팀플레이를 마케팅의 핵심요소 중 하나로 꼽게 되었다.

팀플레이를 통해 심기일전해 마케팅에 나서자 1995년 16억 원에 불과하던 매출액이 1996년에는 24억 원으로 늘었다. 1995년에는 겨우 수지를 맞추었다면 1996년도에는 제법 이익을 냈다. 1997년 상반기에는 기본급을 50만 원에서 88만 원으로 올리자 구성원들은 신이 났고 매출도 계속 증가했다. 이때부터 시장중심, 마케팅, 4차원경영 등의 개념이 점차 확립되기 시작했다.

10.
편집과 취재를 하나로,
원맨시스템

급한 불을 끄자 회사는 내부의 제작시스템을 점검할 기회를 갖게 되었다. 당시 미국을 비롯한 선진국에서는 많은 신문사들이 불황속에서 구조조정을 단행하고 있었다. 미국의 구조조정은 주로 인력을 축소하고 시스템을 선진화하는 데에 초점을 두고 있었다. 그 중 생산성을 높이기 위한 조치로 이전까지 여러 사람이 나누어 하던 취재 편집 사진 등의 업무를 한사람으로 통합하는 이른바 원맨(one man)시스템을 도입하고 있었다.

1996년 당시 한 큰 신문사를 방문한 적이 있다. 그때 모 부장이 "미국식 원맨시스템을 도입하여 기자 한 사람이 여러 업무를 한 번에 처리 했으면 좋겠는데 기자들의 저항이 커서 쉽지 않다"고 토로했다.

나 역시 같은 고민을 하고 있었으므로 이 말을 듣자 다른 신문보다 후발업체인 우리가 먼저 해야 한다는 절박함이 밀려왔다. 무조건 원맨시스템을 도입하기로 마음먹었다. 이틀 뒤 전 직원들에게 이를 설명했다. 살기 위해서는 이 원맨시스템을 도입해야만 한다는 결의를 보이고 의사를 물었다. 다행히도 만장일치였다.

그러려면 취재기자들이 IBM 컴퓨터와 함께 매킨토시 컴퓨터로 편집을 할 줄 알아야 한다. 당시까지 우리나라에서는 수작업에 의존하는 이른바 '따 붙이기'방식의 편집이 주종을 이루고 있었다. 디자인감각이 있어야 하고 시간이 걸리는 일이었다. 유능한 편집기자가 많이 필요한 까닭이다. 우리에게는 힘든 방식이었다. 우리도 처음에는 '따 붙이기'방식으로 했다. 그러나 실력 있는 편집기자가 몇 명 없어 힘들었다.

원맨시스템이 되려면 전자조판제로 편집을 바꾸어야 했다. '따 붙이기 방식이 좋으냐, 전자조판제가 좋으냐'의 논쟁이 일어났다. 편집자들은 '따 붙이기'조판이 훨씬 아름답고 읽기 편한 디자인을 구현한다고 말했다. 물론 당연한 애기였다. 그들은 디자인이 월등히 뛰어난데 왜 컴퓨터 조판으로 바꾸느냐고 반발했다.

나는 앞으로는 싫건 좋건 신문은 전자조판제로 바뀔 것이라고 주장했다. 손으로 하는 것은 예술작품인데 신문은 예술작품은 아니다. 특히 시간과의 싸움이 중요한데 '따 붙이기'보다는 빠르고 쉽고 편리하게 누구나 할 수 있는 전자조판이 대세를 이룰 것이다. 이미 선진국에서는 전자조판제를 넘어 원맨시스템으로 가고 있다고 설득했다. 그 과정에서 한 사람이 그만두었다. 그는 창간멤버였고 아주 좋은 사람이었다. 그가 사표를 내고 나가 버린 것은 나를 비롯해 많은 사람들의 가슴을 아프게 했다.

그러나 일부에서 불만이 있었지만 대다수는 설득이 되었다. 취재와 편집이 나누어져야 한다는 생각은 기존언론의 관념인데 컴퓨터로 연결되는 전자조판시스템에서는 편집 인력이 거의 필요 없기 때문에 그러한 고정관념도 깨지게 된다. 처음에 일부 편집기자들이 반발했지만 최소한의 편집기자를 두고 모두 취재기자로 돌렸다. 사실 기자들은 내근편집보다는 외근취재를 훨씬 선호하기 때문에 큰 반발은 없었다. 막상 편집기자들은 취재기자가 된 것을 좋아했다.

원맨시스템이 되려면 모든 기자들이 사진을 찍어야 했다. 간단한 인터뷰나 취재에는 사진기자가 동행하지 않고 직접 찍어야 한다. 편집기자와 달리 모든 기자가 사진 업무를 하는 것에 대해 사진기자들은 반발했다. 사진은 특히 전문적인 영역이기 때문에 취재기자가 침범해서는 안 된다고 주장했다. 나는 '이런 변화는 미국 등 선진국에서 이미 시행하고 있다. 후발주자인 우리가 어떻게 해서든 효율을 높이지 않으면 생존할 수가 없지 않은가'라고 설득했다. 일부의 반발이 있었지만 계속 밀어 붙였고 서서히 정착해갔다. 초기에 마음으로 불만이 있어도 만장일치로 찬성했던 것이 중요했다. 소수의 반대는 언제나 있기 마련이다. 이는 개인적 이해관계를 반영한 경우가 많다. 대의가 옳고 3분의 2 이상이 찬성하면 대세가 만들어진다. 이들 소수에 대해서는 교육하고 설득하며 시간을 두고 기다리는 것이 약이다.

그러나 시행과정에서 어려움이 많았다. 원맨시스템에 찬성은 했지만 기자들에게도 힘든 일이었다. 전자조판과 조작이 쉬운 디지털 카메라지만 어쨌든 배워야 했기 때문이다. 일부 기자는 특히 배우기 어려워하고 숙달에 시간이 걸렸다. 매킨토시 컴퓨터와 Quark 소프트웨어를 이용한 편집과 카메라 배우기 등은 매일 서로 가르쳐주고 도우며 할 수밖에 없는 일이었다. 그렇지 않아도 적은 인원인데 교육시간까지 따로 내면 취재시간을 내기 어려웠다. 출근시간을 앞당겨 교육을 하기로 했다. 7시 출근이 교육기간에는 6시로 되었다.

이 원맨시스템은 우리의 효율을 2~3배 높였다. 한국의 다른 신문사에서는

2부 '나의 일'을 해야 '내일'이 있다

전면적으로 시행하는 곳이 당시에는 없는 것으로 알고 있다.

　IT기술이 낳은 매킨토시 컴퓨터나 전자동 프로그램내장형 카메라(캐논 EOS 시리즈)가 없었다면 원맨시스템은 성립될 수 없었을 것이다.

　비로소 편집파트와 취재파트가 하나로 되었다. 두 부분의 갈등이 생길 소지가 없어진 것이다. 사실 오랫동안 신문사들에서는 편집부와 취재부서 그리고 취재기자와 사진기자의 갈등이 있었다. 신문이 나오면 취재기자는 편집기자가 기사의 포인트를 잘못 잡은 상태로 제목을 잡고 편집을 했다고 불만이었다. 편집기자의 입장은 또 달랐다. 취재기자를 '볼펜기자'라고 하고 사진기자를 '찍새'라고 부를 정도로 서로 사이가 좋지 않은 것이 현실이었다. 원맨시스템이 되면서 편집국 내 갈등이 크게 줄었다.

　창업 때는 항상 중요한 판단이 앞에 있다. 이 판단을 할 때 늘 보기 좋게 모양만 가지려고 하면 어려움은 오히려 커지게 마련이다. 모양이 비록 좋지 않아도 효율이 높고 내용이 우월하다면 당연히 새로운 정책을 마련하고 실행해야 한다.

11.
많이 벌고 적게 쓰면 된다

창간부터 1년여 간 악전고투의 시간을 지나 1995년 1월이 되면서 경영상태가 비로소 흑자로 돌아섰다. 흑자를 내는 일은 참 어렵지만 또 간단히 생각하면 쉽다. '번 것보다 적게 쓰면 된다' 그러자면 번 것보다 적게 쓰는 절약 검소 절제가 미덕인 분위기와 시스템을 만들어야 한다.

사장실이 너무 좋으면 안 된다. 사장실이 너무 따뜻하면 안 된다. 사장실이 너무 시원하면 안 된다. 그러면 분위기는 낭비 쪽으로 간다.

나는 신문 발행 전에는 지하에 있는 사무실에서 일했다. 신문 발행 후에는 손님들이 많이 찾아와서 사무실을 3층으로 옮겼다. 아주 작은 방을 썼다. 겨울에는 무척 춥고 여름에는 무척 더웠다. 1994년 여름은 역대 여름 중 최고 평균기온을 기록했다. 그 무더위에 에어컨 없이 러닝만 입고 지냈다. 요즘도 내 방은 여름에 손님이 오지 않는 한 에어컨을 잘 켜지 않는다. 겨울에 혼자 있을 때는 두꺼운 오리털 점퍼를 입고 근무했다. 나는 YTN에서는 준중형차인 누비라를 사장차로 이용했다. 내일신문은 흑자가 나니까 그랜저XG를 탔다. 차가 멀쩡하여 15년 이상 탔다. 지금은 그렌저IG를 탄다. 당연히 사장 차 전담 운전기사는 없다. 출퇴근 때는 직접 운전한다. 의전이 필요할 때는 마케팅실에 당번을 두어 돌아가며 맡고 있다. 때로 편집국 팀장이나 기자가 운전하면서 가기도 한다. 경우마다 사람이 바뀌니 자연스럽게 다양한 직원에게서 다양하게 일의 상황이나 애로점등을 들을 수 있다.

또 초기에 나를 비롯해 내일신문의 주요 간부들은 기본급을 받지 않았다. 구독인센티브 등 인센티브가 월급이다. 버는 것보다 적게 쓰는 것은 창업자 자신이 결단하면 된다. 간부가 모범을 보이는 것은 지속가능한 발전의 조건이다. 내일신문의 창업 성장과 YTN의 회생은 이러한 원칙을 지키며 진행되었다.

버는 일도 마찬가지이다. 영업에 경영자나 간부나 우수한 인재가 가서 일해야 한다. 역시 사장이 앞장서지 않으면 기업이 흑자를 낼 수가 없다.

특히 초기에는 사장이 영업 최전선에 서야 한다. 그렇지 않으면 망한다. 창업 때 만드는 제품은 그리 좋을 수가 없다는 것을 스스로 인정해야 한다. 또 아무리 좋은 상품도 사람들이 모르면 끝이다. 시장에서는 소비자들이 사주어야 회사가 돌아간다. 너무나 당연한 이치인데도 사람들은 간혹 이것을 망각한다. 그래서 시장이나 파는 데 관심보다는 만드는 데에만 온 정열을 쏟고 돈을 쏟아 붓는다. 많이 만들어놓고 안 팔리면 부도만 재촉시킬 뿐이다. 좋은 물건이면 더 없이 좋지만 좋은 물건을 만들려면 돈이 많이 든다. 창업 때는 돈이 없으므로 좋은 물건 만들기가 무척 어렵다. 브랜드네임이 없고 물건도 좋지 않은 물건을 팔기는 무척 어렵다. 그것을 팔아야하는 것이 영업의 핵심이다. 품질이 부족한 물건을 팔려면 소비자들의 마음을 움직여야 한다. '지금은 좋지 않지만 키워주자'는 마음이다. 초기 현대자동차의 품질이 세계적이라서 우리 소비자들이 산 것이 아니다. 국산차이니까 좀 부족해도 애정을 가지고 기다리며 구매해 준 것이다. 지금 현대차는 세계적 경쟁력을 갖추게 됐다. 처음부터 좋은 물건을 소비자들에게 확실히 인지시키면서 시장에 들어가는 안전한 길은 큰 자본, 큰 기업만이 할 수 있다. 세계적 자동차회사에 비해 모든 점에서 부족했던 현대차도 그러했는데 하물며 소자본, 소기업은 더 하다. 이미 있는 좋은 물건들과는 다른, 차별화된 콘셉트로 시작하여 점점 향상되어가는 모습을 보여주어야 한다.

시장에서 살 물건은 여러 가지가 있다. 대체재들이 있다. 밥이 없으면 빵이라도 있다는 뜻이다. 자신의 제품만이 최고라는 사람은 시장경제에서 바보이다. 내 것이나 남의 것이나 시장경제에서는 모두가 상대적이다.

처음에 일부 내일신문 사람들은 우리 신문이 이념적으로 선명하므로 최고라고 착각했다. 그렇지만 수금률이 낮고 질에 대한 비판이 많아지면서 생각을 고치게 되었다. 우리 신문 말고도 읽을 신문이 많고 방송도 있고 케이블도 있고 인터넷도 있고 책도 있다. 읽을 것, 볼 것이 너무나 많은 세상이다.

서울본사에서 주간내일신문이 나온 6개월 뒤인 1994년 4월 안양 지역판이 8면 타블로이드 흑백으로 나왔다. 각 지역 석탑과 연관된 노동상담소 구성원들이 우리도 하겠다며 지역판을 내기로 한 것이다. 스스로 일하려 하는데 막을 수 없었다. 당시 지역과 본사의 재정이 분리되어 있었다. 지역판은 광고수입으로만 운영하는 무가지였다. 첫 광고는 안양 지역판 책임자가 과거 노동운동하다 해고된 회사에서 받은 20만 원 짜리 협찬광고였다. 그가 해고됐던 회사를 방문해 광고게재를 요청했더니 해고 전 회유할 때는 거액의 돈을 준다고 해도 완강히 거부하더니 제 발로 찾아와서 광고부탁을 하는 걸 보니 세상 참 많이 바뀌었다고 했단다. 그러나 처음 4면을 발행한 이후 후속 광고가 없어 휴간했다.

그러다가 1995년에 본사가 흑자로 돌면서 3월에 수원, 안양, 안산이 함께 하는 경기 남부판(4면 타블로이드판) 3천부를 찍었다. 당시는 유료로 1부당 500원 이었다. 3개월 정도 지나서 지방자치선거를 앞두고 안산, 안양, 수원 으로 분화되었다. 또 성남을 비롯하여 대전, 광주, 구미, 창원, 익산 등에서 지역판이 만들어지기 시작했다. 그러면서 부수가 계속 늘어났다.

전국 30여개 도시에서 지역판을 만들면서 지역판 적자가 누적되었다. 처음 2년간은 대체로 적자가 났다. 광고 없이 적은 부수의 구독료만으로는 흑자로 돌아서기 어렵다보니 발행부수를 늘리려는 요구가 컸다. 무료로라도 부수를 늘려 영향력을 확대하려는 요구가 무척이나 강했다. 부수가 많아야 광고도 될 수 있다는 생각에서였다. 유료, 무료 논란이 계속되었다.

지역판이 늘면서 적자도 늘어나니 본사의 흑자경영은 더 없이 중요해졌다. 구독과 광고가 갈수록 중요해졌다. 전 직원이 구독에 앞장서야만 했다. 구독이 늘어야 광고도 비빌 언덕이 있다. 이것을 힘 있게 하기 위해 인센티브제도를 도입하기로 했다. 처음에는 구독인센티브를 구독료의 20%로 정했다. 광고 인센티브는 5%로 정했다.

모두 기본급 50만 원을 똑같이 받다가 인센티브제도가 만들어지자 구독과 광고매출이 급격히 늘었다. 1994년 10억 3500만 원 매출에 3000만 원 적자에서, 1995년 16억 6800만 원 매출에 2800만 원 흑자로 돌아섰다. 1996년에는 27억 8700만 원 매출에 1억 3700만 원 흑자로 되었다.

인센티브야말로 적자에서 흑자로 반전되는데 결정적인 제도였다. 일부에서는 인센티브가 자본가적 발상이라고 비난한다. 인센티브가 당장은 효과가 있으나 장기적으로는 직원의 동기부여에 오히려 해가 된다는 지적도 있다. 일부 맞는 말이다. 인센티브는 개별적 사안에 대한 보상이다. 따라서 단기적 목표달성에 적합하다. 대개 한달 혹은 분기별로 인센티브를 나누는 것도 그래서이다. 내일신문에서 '이달의 좋은 기사'를 쓴 기자에게 주는 상금도 일종의 인센티브이다. 전에는 인센티브를 주로 영업 특히 창업 때나 회사의 위기에 도입했다. 지금은 많은 기업에서 일상적으로 운용하고 있다.

성과급은 인센티브가 아니므로 1년 단위로 회사 전체의 성과를 전체적, 종합적으로 보고 나눈다. 성과급은 인센티브에 비해서 상대적으로 균등하게 배분한다. 사실 열심히 해서 인센티브 보상을 받은 사람 덕분에 전체 성과가 좋아졌다고 본다면 덜 열심히 한 사람도 그 덕을 보는 셈이다.

흑자가 나니 이윤분배제도(Profit Sharing)를 도입하여 이 흑자를 3분의 1은 성과급인 특별상여금, 3분의 1은 주주배당, 나머지 3분의 1은 사내유보 하기로 했다. 이 두 제도가 만들어지고 흑자가 되자 분위기가 바뀌기 시작했다. 될 수 있다, 할 수 있다는 자신감이 보이기 시작했다.

사람은 태어나면 언젠가 죽는 것처럼 회사도 만들어지면 언젠가 없어진다고 생각한다. 물론 우리가 살아있는 동안만큼은 없어지지 않기를 희망한다. 성장·발전하면 더욱 좋다. 이를 부인하는 사람은 아무도 없을 것이다. 그러려면 내부의 갈등을 줄여야 한다. 나라나 조직이 붕괴되는 것은 외부보다는 내부의 갈등·대립 때문이라는 것을 우리는 역사에서 배웠다. 또한 경영적으로는 비용이 갑자기 늘면 빚을 지게 되고 적자가 나도 빚을 지게 되어 경영이 위태로워진다. 어떻게 하면 이를 탈피할까? 기본급이 적을수록 망할 확률이 적어진다. 누가 적은 기본급을 받고 일을 할까? 자신이 주인·주체가 될 때 월급이 적은 것은 부차적인 요소가 될 수 있다. 자영업자들의 경우 경영이 어려워지면 어쩔 수 없이 자신의 노동에 대한 보상을 포기할 수밖에 없다. 경제적 여건이 어려운 경영에서는 바로 이 원리가 적용될 수 있다. 협동조합적 성격인 사원주주제야말로 적은 기본급으로 경영의 안정성을 유지할 수 있는 유일한 제도라고 나는 확신한다. 특히 창업에 있어서는 더욱 그렇다. 이 사원주주제는 경영자들이 소유욕 독점욕에서 벗어날 때 성공적인 결과를 낳는다. 자본주의적 시장경제의 현실은 냉엄하다. 약육강식의 논리가 횡행하고 있다. 이 속에서 창업을 하려면 기존의 제도와는 다른 새로운 시스템이 절실히 필요하다.

서비스업의 경우는 더욱 그렇다. 기본급이 적더라도 대신 인센티브가 많고 이윤분배제도를 통해 총 보수가 오르면 만족하게 된다. 주주가 되면 배당까지 받아 주인·주체로 자주적으로 일하게 되어 생산성이 높아지고 매출과 이익이 높아진다고 확신했다. 일부에서는 이를 자본주의적 착취라고 비판하는 사람들도 있지만 실제 경영에서는 구성원들이 이 제도를 지지하는 것이 현실이다. 내일신문 구성원들은 사원주주제를 실현해 보기로 했다. 스스로 밥을 만들고 우리의 일터에서 주체적으로 일하고 꿈을 실현해보자고 마음먹었다.

젊은이들은 중소기업보다 대기업을 선호한다. 사기업보다 공기업, 안정적인 공무원을 선호한다. 대기업과 공기업과 공무원이 훨씬 권위주의적 관료적인 분위기인데도 그렇다. 중소기업, 사기업이 상대적으로 불안정하기 때문이다. 중소기업이 대기업과 경쟁하려면 작지만 단단한 기업으로 바뀌어야 한다. 작지만 단단한 기업은 전 직원이 직장의 주인주체가 되어 직장사랑이 꽃피는 분위기와 시스템을 갖춘 곳이다. 이러한 풍토와 제도를 만들어내려면 사원 주주형기업이 가장 적합하다고 생각한다.

3부

밥·일·꿈

사원주주제 확립과 IMF 시기

1.
급여체계 기준과 공개의 원칙

내일신문뿐 아니라 모든 조직에는 갈등이 존재한다. 대개 그 바탕에는 돈과 자리가 있다. 표현방식도 다양해서 일시적인 다툼에서 거의 권력투쟁의 수준까지 무수한 형태의 갈등이 있다.

사람은 항상 남의 떡이 커 보인다. 특히 돈의 문제에서 그렇다. 기업들은 보통 사생활 보호라는 이유로 임금 등 급여 일체를 공개하지 않는데 여기에서 많은 갈등이 생긴다. 우리나라는 급여체계가 너무 복잡하고 다양해서 심지어 자신의 급여가 어떻게 책정되는지조차 모르는 경우가 많은 것이 현실이다.

나는 회사의 지속이 가능할 수 있는 급여구성을 모색했다. 당시 내일신문은 신설회사인데다 규모가 작고 망할 확률이 높았다. 때문에 급여구성에서 기본급의 비중을 낮춰야 했다. 처음부터 기본급을 높게 책정하면 회사가 망하기 쉽다. 창업이나 변동성이 심한 시기에는 더욱 그렇다. 인센티브는 버는 것에 비례하므로 대신 인센티브 비중을 높이는 방식을 택했다.

기본급은 사장부터 모두 동일하게 했다. 근속수당·가족수당·직책수당 등은 일률적으로 정했다. 인센티브도 기준은 동일하다. 각자의 실적에 따라 결과가 달랐다. 특히 구독인센티브가 중요했다. 처음에는 1부당 20%였지만 흑자가 나면서 30%로 올랐다. 구독을 늘리자는 목적과 함께 이를 통해 직원들의 급여를 높이기 위해서였다. 또 광고 인센티브를 5%로 정했다. 광고 인센티브는 가능한 한 여러 사람에게 배분하고 공유하도록 했다.

급여는 매우 민감한 문제이다. 이를 공개할 것인가 말 것인가는 무척 중요하다. 공개에 따르는 부작용도 상당하다. 그렇지만 공개하지 않으면 첫째 100% 투명경영이라 할 수 없고, 둘째 다른 동료들이 얼마 받는지에 대한 의혹이 갈수록 커져 구성원들끼리 모래알처럼 되어 진정한 팀플레이를 이룰 수 없다. 셋째 사용자의 눈치를 보는 의존적 삶에서 벗어나기 어렵다. 다시 말해 자주적이고 주체적인 존재가 될 수 없다. 그렇다고 동의 없이 공개할 수는 없다. 기본급은 모두 똑같이 하면서 수당과 인센티브 등 모든 것을 투명하게 공개하자고 했다. 일부의 불만이 있었지만 설득을 통해 모두가 동의했다. 갈등을 최소화 하기 위해서였다.

외환위기 당시 내가 YTN사장으로 있을 때 미국 CNN부사장을 만난 적이 있다. 그는 나에게 물었다.

"한국에 외환위기가 왜 났는지 아십니까?"

"정부가 환율 조정을 잘못해 무역적자가 심해져 결국 달러가 부족해서 외환위기가 난 것이 아닙니까?"

"아닙니다. 한국 사회의 투명성이 부족해서 그렇지요."

"YTN이나 내일신문은 급여까지 공개하는 투명경영을 하고 있으니 한국

사회가 무조건 투명성이 없다고 비판해서는 안 됩니다. CNN은 월급을 공개합니까?"

"급여공개는 사생활의 문제이기 때문에 공개하지 않는 것이 옳습니다."

"월급공개 없는 경영은 반쪽짜리 투명경영입니다."

그는 그럴 수도 있다며 수긍했다.

기본급의 비중이 낮고 인센티브가 많아지면서 구독을 많이 한 사람과 아닌 사람의 급여격차가 크게 나기 시작했다. 그 차이가 너무 커지면 자신의 기여도와 관계없이 내부에 불만과 갈등이 쌓이게 된다. 갈등과 불만이 쌓이면 통일성이 무너지고 팀플레이를 할 수가 없다.

연말 특별상여금제도는 이를 완화하기 위해 만들었다. 이윤분배제도(Profit Sharing)에 의한 특별상여금이다. 이익이 나지 않으면 상여금은 없다. 대략 그 해 이익의 3분의 1을 상여금의 재원으로 했다. 등급은 상대평가로 정했다. 처음에 A(30%), B(30%), C(30%), D(10%)로 하다가 D를 받은 사람이 너무 풀이 죽어서 후에는 D를 없앴다. 지금은 1/3씩 A, B, C이다. 대략 B±10%정도로 정한다. 예를 들면 3300만 원, 3000만 원, 2700만 원 이런 식이다. 그러면 전체 급여 차이는 줄어든다.

A, B, C 평가는 매우 민감하다. 이성적으로는 누구나 조직에서의 평가는 필요하다고 인정한다. 그러나 감성적으로는 평가받기를 싫어한다. 평가를 할 수 밖에 없다면 먼저 '어떤 평가시스템을 만드는가, 누가 평가를 하는가'를 고민해야 한다.

초기에는 그 기준을 성실성 3분의 1, 팀플레이 3분의 1, 업무평가 3분의 1로 정해 만장일치 동의를 얻었다. 성실성은 무엇보다 출근이 지표가 되고, 팀플레이는 팀장의 평가로, 업무평가는 팀장들과 국실장들이 평가했다. 평가방식은 시간이 지남에 따라 세분화되었다. 다면평가를 할 것이냐, 간부들에 의한 하향식 평가를 할 것이냐를 놓고 논의가 있었다. 다면평가는 민주성을 우선시하고 있는데 반해 하향식 평가는 통일·집중을 중시하는 경향을 띤다. 우리는 후자를 채택했다. 후발업체로서 팀플레이를 통해 하루빨리 경쟁력을 갖춰야 하기 때문이었다. 간부들에 대한 평가는 내가 100% 위임 받았다.

평가기준과 방식은 모두 공개했지만 구체적인 평가점수는 비공개를 원칙으로 했다. 대신 총 급여가 공개되므로 A, B, C 등으로 대강 짐작할 수 있다.

이 급여방식은 미국식 연봉제도 아니고 한국식 연공서열제도 아니다. 이러한 방식을 우리는 자주를 기반으로, 민주를 중심으로, 통일을 지향하는 '자주관리형 급여체계'로 이름 붙일 수 있다. 즉 차이를 인정하면서 내용은 풍부한 시스템이라 할 수 있다.

2.
간부가 되려면 모범을 보여야 한다

급여로 인해 갈등이 생긴다 해도 개인적인 차원에 국한되지만 인사문제, 특히 간부의 직책문제는 조직을 자칫 심각한 분열로 치닫게 만든다. 조직규모가 커지고 오래되면 갈등이 누적되고 관료주의로 화석화되는 경우가 많다. 그래서 우리는 처음부터 조직을 팀제로 만들었다. 팀플레이를 통해 구성원들이 성장하기를 바랐다. 각자의 힘과 지혜가 팀으로 통일되어 시너지가 나오는 조직을 만들고자 했다.

팀(Team)은 우리의 철학인 '자주를 기반으로, 민주를 중심으로, 통일을 지향하는' 조직의 기본단위이다. 팀은 우리가 바라는 4차원의 장(場, field)이다.

내일신문을 만들 때 당연히 팀으로 출발했다. 정치부가 아니라 '정치팀'이다. 부장은 하향식이고 팀장은 쌍방향이다. 팀장체제에서 서열은 없다. 지난 날에는 역할에 따른 자리보다는 존재에 의한 지위가 중요했다. 현실에서 이 때문에 많은 갈등이 일어난다. 내일신문도 초기에 이 문제가 심각했다. 보이지 않는 갈등이 끊임없이 일어났다.

자기보다 무능한 인물이 간부가 되었다고 생각하는 경우, 또 간부사이에서도 자신이 더 나쁜 자리를 갖게 되었다고 생각하는 경우, 또 자신이 원치 않는 자리나 부서에 배치되었다고 생각하는 경우에 갈등이 생긴다. 특히 자신이 인정하지 않는 상사와 만날 때 갈등은 피할 수 없다. 그래서 팀장들이나 상급간부들의 인사는 적어도 구성원의 3분의 2 이상의 동의가 있어야 한다. 특히 팀장들은 간부들 3분의 2 이상의 지지를 받아야 한다. 정치에서는 대체로 과반수의 지지를 받으면 통과되지만 일반기업에서는 과반수보다 3분의 2 이상의 지지를 받는 것이 통일성과 경쟁력을 높이는 데 유효하다. 인사 중 가장 중요한 인사가 간부의 인사이다. 내일신문에서는 팀장이 조직의 허리이다. 팀장중심의 조직이 내일신문이다.

개인적 능력이 뛰어난 사람은 개인적으로 회사에 공헌하지만 성실한 사람은 자신이 소속한 팀원 전체를 회사에 기여하게 만든다. 성실성은 근면과 정직을 내포하고 있으며 이것이 없으면 팀플레이는 이루어지지 않는다. 내일신문은 뛰어난 사람들의 모임이 아니라 근면하고 성실한 사람들의 팀플레이로 존재한다. 그러므로 팀원들과 함께 팀플레이를 잘 해 나가는 팀장이 유능한 팀장이다. 팀플레이를 하지 못하는 간부는 조직내부에서 버티기가 어렵다. 개인기에 의존하면서 팀원을 이끌지 못하는 간부는 결국 팀원으로부터 배척을 받거나 같이 하기 힘들다는 평가를 받게 된다.

또한 간부가 팀플레이를 통해 성과를 내면 배분문제가 쉽게 해결된다. 예를 들어 팀장이 팀원 속에서 더 많이 일하고 그로부터 나온 성과를 팀원에게 더 분배하면 팀원들은 팀장을 중심으로 뭉치게 된다. 반대로 간부가 더 챙기자는 마음을 가지게 되면 성과를 숨기거나 팀원을 누르는 등 기존의 관료주의적 방식으로 되돌아가 조직이 경직된다. 내일신문은 모든 활동이 공개되므로 이런 자세를 가진 간부가 버틸 방법은 없게 된다. 회사는 그가 간부로서의 위치에 부적절하다고 판단하여 인사에 반영할 수밖에 없기 때문이다.

아래로는 평직원과 팀장이, 위로는 간부와 경영자가, 팀원과 팀장으로 공동체의식을 가지고 팀플레이로 움직이는 조직이 내일신문이다.

나는 뛰어난 개인이 만든 성과보다 평범한 사람들이 팀플레이를 통해 만든 성과가 훨씬 낫고 지속된다는 사실을 수많은 시행착오를 극복하는 과정 속에서 확신할 수 있었다. 개인의 능력보다 팀플레이를 중시하는 것이 내일신문의 오늘을 있게 한 결정적인 경영원칙이다.

관료제조직에서 보직은 인맥을 통제함으로써 권력을 유지하는 방편으로 활용되는 경우가 많다. 이러한 보직시스템으로는 경쟁력이 사라져 그 조직은 서서히 도태된다.

모든 사람을 만족시키는 인사보직을 할 수는 없다. 내일신문은 1년에 한 번씩 팀원들이 원하는 부서를 인사권자에게 비공개로 제출하도록 한다. 팀원이 원하는 부서에 대해서 팀장이 받아들이면 그는 그 부서로 배치될 수 있다. 그렇지만 필요한 사람은 누구나 오기를 원하는 반면 어느 팀장도 원하지 않는 사람도 있다. 능력이 있어도 성실과 겸손이 부족한 사람인 경우가 많다. 팀플레이할 자세가 되어 있지 않고 자신의 스타일과 취향만 고집하기 때문에 그러한 사람을 팀장은 받으려 하지 않는다. 이 경우 인사권자는 팀장에게 가능한 한 그를 받아들이라고 권할 수 있을 뿐이다. 해당 팀장이 받지 않으면 그 팀원은 원하는 팀으로 이동할 수 없다. 물론, 각 팀 별 인원 수 때문에 이도 이루어지지 않는 경우가 있다.

새 보직을 맡은 간부가 그 보직을 어려워할 수도 있다. 그럼에도 불구하고 인사권자는 그가 적임자라고 판단하면 비전을 보여주고 자신감을 심어 주어야 한다. 간부가 새 과제 앞에서 자신 없어하는 것은 그가 약해서이기보다 생소한 역할에 대해 갖는 두려움의 자연스러운 현상이다. '내가 목표를 달성할 수 있을까' '나로 인해 회사가 어려움에 부딪치지 않을까' 이러한 고민과 회의를 인정하고 극복할 수 있는 길을 같이 찾아주는 것이 경영자의 역할이다.

팀장이 지도력을 발휘하지 못하면 조직은 흔들린다. 역사적으로 아무리 뛰어난 지도자도 회의한다. 이순신 장군이나 칭기즈칸도 패배할지 모른다는 생각을 했을 것이다. 그래서 더 철저히 준비했고 앞장서서 싸웠을 것이다.

안 된다는 불안감이 있을 때 방향을 제시하고 앞장서 모범을 보이며 그들에게 신뢰를 보이는 것이 최고경영자가 반드시 해야 할 과제이다. 인사권자는 흔들리는 팀장과 꾸준히 만나 대화의 장을 열어가야 한다. 우리 사회는 인사권은 경영자 또는 상사의 고유 권한이라는 인식과 관행이 있다. 즉 인사권은 인사권력으로 이해된다. 인사권력을 행사하면 갈등은 피할 수 없다. 대신 인사권을 인사서비스로 생각하고 알맞은 사람을 적재적소에 배치하는 일로 생각하면 갈등은 사라지고 조직의 분위기는 좋아진다.

3.
주주사원들이 위기를 돌파하다

　1993년 6월에 신문사가 만들어지고 10월 9일 한글날 창간 후 곧 현금이 바닥났다. 빚을 내려고 해도 아무도 돈을 빌려주려 하지 않았다. 망한다고 소문이 났기 때문이다. 증자밖에 길이 없었다. 증자가 안 되면 문을 닫을 수밖에 없었다. 그러나 외부에서 누가 증자에 참여하겠는가. 어쩔 수 없이 증자는 우리 사원들 스스로 하지 않으면 안 되었다.
　나부터 시작해 사원들의 상당수가 증자에 참여했다. 대부분은 돈이 없었다. 은행 등에서 대출 받거나 전세금을 사글세로 바꾸어 증자금을 마련했다. 우리 직장을 우리가 만들어야 한다는 절실함의 표현이었다. 그래도 돈이 없는 사람들이 태반이라 95년에 흑자가 난 후 특별상여금을 주고 이를 다시 증자금으로 넣는 것 외에는 달리 방법이 없었다. 외길이었다.

사원들 중 '이윤분배로 특별상여금을 주더니 도로 뺏어간다'라고 반 우스개로 불만을 말하는 사람도 있었다. 앞으로도 배당을 받을 수 있다고 생각하는 구성원은 거의 없었다. 어쩔 수 없는 선택이었을 뿐이었다. 외부에서는 "폼은 많이 잡는데 저임금에다 결국 노동착취가 아니냐"고 비난하기도 했다. 정말 욕을 많이 먹었다. 처음에 간신히 2억여 원을 모았고 다시 증자를 하여 1997년 10월과 12월, 두 차례에 걸쳐 9억 3000만 원으로 증자했다. 증자까지 하고나니 이제 전 직원이 더욱 결사적이 될 수밖에 없었다. 죽기 아니면 까무러치기였다. 설상가상으로 1997년 말에 외환위기가 닥쳤다. 외환위기 직전에 직원들의 증자가 없었다면 망했을 것이다.

1995년은 내일신문의 역사에서 아주 중요한 해이다. 흑자의 출발점이기 때문이다. 사원주주회사로 전환될 수 있었던 동력도 여기서 나왔다. 1996년 이후부터 연속으로 흑자가 났고 1998년 외환위기 때에도 매출과 흑자가 늘었다. 1999년 3월 1일 주총에서 20% 배당을 결정하면서 이제까지 망령처럼 맴돌던 '결국 망할거야. 할 수 없어'라는 좌절감과 체념을 씻게 되었다. 사실 흑자가 났어도 외부에서는 여전히 믿지 않았다. 그러나 외환위기 상황에서 흑자를 내면서 배당까지 20% 하고 무차입 경영이라 하니 내일신문을 다시 보게 되었다. 구성원들의 자신감도 높아갔다.

내일신문사는 출발 당시 다수의 외부 사람들이 소액씩 출자한 소액주주회사였으나 1997년 12월 이후에는 사원주주가 60%에 가까운 회사로 바뀌었다.

내일신문 사원주주는 경영진 중간간부 평직원 기타주주 등 네 범주가 있다. 사원주주제로 전환한 뒤 내일신문의 주식분포는 경영진 2명이 9.5%, 간부들 23.4%, 사원 및 그 가족이 25.3%로 총 58.2%이었다. 일간지를 위해 2000년 다시 두 차례 증자로 자본금이 40억이 되면서 경영진은 11.1%, 간부들은 27.0%, 사원 및 가족은 21.8%, 자매회사 1.9%, 총 61.8%로 그 비중이 올라갔다. 2002년 다시 증자하여 자본금이 53억 원이 되었다. 주식 분포도 경영진 13.2%, 간부들 26.8%, 사원 및 가족 24.3%, 자매회사 2.8%로 총 67.1%가 되어 점차 사원주주의 비율이 높아져 갔다.

지금은 2022년 12월 31일 기준으로 임직원이 30.3%, 특수관계인이 35.3%, 관계사가 2.17%, 자사주 3.46%, 직원가족이 2.93%, 퇴사자가 5.25%, 그리고 외부주주 1518명이 20.59%를 보유하고 있다. 총 주주는 1631명이고 자본금은 53억 원이다.

내일신문 창간을 결심할 당시 회사의 경영목표중 하나로 '소유·경영·노동이 통일된 벤처형 자주관리경영'을 내걸었다. 자주관리경영의 구체적인 표현이 바로 사원주주회사이다. 사원주주를 통해 소유문제가 해결되어야 '경영과 소유와 노동의 통일'이 가능해진다. 이는 나의 지론인 '자주를 기반으로 민주를 중심으로 통일을 지향하는' 경영주체가 만들어져야 기존 시장경제 속에서 경쟁력을 갖게 된다고 보기 때문이다. 특히 창업하는 중소기업에서는 시스템이 곧 경쟁력이다.

4.
외환위기에서 빛이 나다

    1997년 말의 외환위기는 우리 한국사회에 엄청난 충격을 주었다. 빚이 많은 기업들은 못 견뎠다. 30대 재벌그룹 중 16개가 문을 닫았다. 중소기업은 말할 것도 없었다. 자영업자도 많이 망했다. 모든 기업들이 초긴축경영으로 들어갔다. 당연히 광고를 대폭 줄였다. 이런 상황에서 구독도 늘리기가 어려웠고 구독료 수금도 힘들었다.

    외환위기 전에는 빚이 많은 회사일수록 자산이 많아 큰 회사로 각광받았다. 빚내는 것을 기업인의 큰 능력으로 인정하는 시대였다. 당시 대기업의 평균부채비율은 400%였다. 호황기에는 부채비율 200%, 불황기에는 100%가 기업경영의 기준이었지만 당시에는 이러한 기준이 무시되기 일쑤였다. 그 시기는 또 부채비율이 낮고 이익이 나더라도 현금이 없으면 부도가 났다. 모든 유동성이 말라붙었고 이자율은 25%, 30%로 급등했다. 은행은 자신이 죽게 생겼으니 대출한 돈을 회수할 뿐이었다.

    우리는 다행히 빚이 없었다. 누구도 빚을 주지 않았던 것이 오히려 전화위

복이 되었다. 무차입경영이 돋보이는 시대가 된 것이다.

1997년 외환위기 전에 있은 두 차례의 사원 증자는 내일신문이 한 단계 도약하는 결정적 계기가 되었다. 우리의 경영방침은 옳았다는 믿음과 우리는 망하지 않고 잘 될 수 있다는 분위기가 퍼져나갔다. 1997~1998년 외환위기 아래 우리는 매출이 늘었고 이익이 크게 증가하여 최초로 20% 배당의 기적을 낳았다. 직원들에게 큰 기쁨이었다. 대다수 직원들이 주주였기 때문이다. 두 차례 특별상여금도 지급했다. 직원들이 빚을 갚기 시작했다. 5년 만에 처음으로 웃음꽃이 피었다.

다행히도 내일신문은 외환위기를 그 전해에 예측하고 대비해 왔다. 그래서 1997년도에 두 차례 증자를 한 것이다. 그 전해인 1996년도에 28억 매출에 1억 4600만 원의 이익이 났지만 상여금이나 배당을 하지 않고 유보함과 동시에 긴축에 긴축을 했다.

주간내일신문 매출·이익 (단위:백만원)

연도	매출	순이익
1993(10~12월)	133	-139
1994	1,035	-30
1995	1,668	28
1996	2,787	146
1997	3,315	44
1998	3,475	273
1999	5,655	579
2000	12,802	1,057

또 20년 기한의 50만 원 평생구독료제도를 만들어 현금을 확보했다. 1300여 독자들께서 호응했다. 당시로는 거금인 6억 5000만 원이 들어왔다. 그렇

지만 전 직원들이 스스로 주식을 갖는 '사원주주제'가 확립되지 않았다면 외환위기를 극복할 수 없었을 것이다. 내일신문은 위기에서 빛이 났다.

나는 1997년 초부터 한국경제에 외환위기가 들이닥칠 것이라고 주장하고 있었다. 전공이 경제학이었고 비록 주간신문이지만 정보들이 쌓여 외환위기가 닥칠 수 있겠다는 짐작을 할 수 있게 되었다.

외환위기를 예감한 계기는 대략 이렇다. 1996년 10월경 전북 익산의 '하림' 닭고기 가공공장을 가보게 되었다. 나는 공장에 가보는 것을 좋아한다. 공장에 가면 회사의 실제 내용을 알 수 있다. 예를 들어 사장과 함께 걸어갈 때 직원들이 어떤 자세, 어떤 눈빛으로 대하는지를 보고서 그 회사의 미래를 점칠 수 있다.

당시 하림공장에는 나이 많은 직원들이 많았는데 자신들보다 젊은 사장을 바라보는 눈빛에 존경이 담겨 있었다. 이 회사의 미래가 밝다는 생각을 했다. 하림사장은 대학을 안 나왔지만 초등학교 때부터 닭에 미쳐 닭과 함께 살았다. 스스로를 닭이라고 생각한다고 농담했다. 그렇지만 몇 번 실패했는데 닭은 잘 알지만 경영은 잘 몰랐기 때문이라고 했다. 실패를 거듭한 뒤 하림사장은 비로소 경영에서 마케팅이 중요하다는 것을 깨달아 불철주야 뛰어다녔고 나를 만날 당시는 비교적 성공한 경영자로 올라선 뒤였다.

내가 방문한 하림공장은 전북 익산에서도 깊숙이 들어간 시골에 있었다. 저녁에 그곳을 가는 도중 지방 공단을 지나게 되었다. 가는 도중 세어본 공장이 18개였는데 불이 켜진 곳은 단 한 군데뿐이었다. 하림공장을 견학한 뒤 나오니 그 한 개 공장의 불빛마저 꺼져 있었다. 불 꺼진 공장들이 흉물스럽게 솟아 있는데 너무나 을씨년스러웠다. 물어보니 모두 수출하거나 대기업에 납품하는 하청 회사들인데 다 망했다고 했다. 납품공장들이 이렇게 망하고 있으니 국가 경제의 잔뿌리가 썩어가는 셈이었다. 나뭇등걸마저 넘어갈 것이라는 직감이 들었다.

나는 서울로 올라와 당시 여권의 실세의원을 만나 이 이야기를 했다. 환율문제와 지방공단의 어려움을 이야기하며 빨리 시정하지 않으면 큰일 난다고 얘기했다. 그 분도 걱정은 했지만 그렇게까지 심각하게 생각하지는 않는 것 같았다.

무엇이 문제인지 곰곰이 생각했다. 문제는 환율이었다. 당시 달러 대비 환율은 850원이었는데 IMF나 외국의 많은 경제학자들은 한국 경제의 수준으로 볼 때 1000원이 정상이라고 이야기할 때였다.

원화가 이렇게 고평가되면 수출업체는 흑자에서 적자로 돌아서고, 적자가 난 수출업체들은 1차 협력업체에게 적자를 전가하려 하고, 1차 협력업체는 하청단가를 더 깎아서 2차 하청업체에게 전가하는 식으로 위기를 모면하려 한다. 그 결과 가장 밑바닥에 있는 납품업체들은 생존할 길이 없게 되는데 이 상황이 거의 모든 국내 하청업체에 이어지고 있었다. 당연히 경영이 어려운 1차, 2차 협력업체들에서 불량이 많이 나오게 되고 수출단가를 제대로 받을 수 없는 상황으로 내몰리게 된다. 이런 이유로 지방공단은 예외 없이 비슷한 형편에 놓이게 되고, 처음에는 하나 둘 쓰러지던 기업들이 연쇄적으로 문을 닫으면서 급기야는 지방공단 전체가 무너지는 양상이 된다.

왜 이렇게 되었을까? 당시 김영삼 대통령이 우리도 선진국에 들어가겠다는 정치적 목표에 집착하여 사실상 환율조작을 통해 인위적으로 국민소득을 1만 달러로 끌어 올렸고 이 과정에서 경제현실을 외면했기 때문이다. 외환위기는 YS의 무리수가 낳은 작품이라는 것이 나의 생각이다.

경제학자들 가운데 현실경제를 객관적으로 살펴본 사람들은 당시 원화가 고평가되었음을 알고 있었다. 즉 1달러에 1000원 하던 환율을 850원까지 인위적으로 끌어 내리니 국제수지가 악화되고 외환보유고가 줄어 자칫하면 국가부도가 날 수 있다고 염려하기 시작했다. 경제학계에서 당시 환율은 1달러에 1000원이 정상이라는데 이론의 여지가 없었다. 그렇지만 그럴 경우 YS 임기 내에 국민소득 1만 달러를 달성하기 어렵다는 것이 문제였다. OECD 가입과 국민소득 1만 달러 달성을 공언한 YS는 자신의 정치적 공약을 달성하기 위해 보이지 않게 달러 대비환율을 850원으로 묶었다. 나누기가 1000에서 850으로 줄어드니 계산상으로는 1만 달러를 넘게 되었다. 그러자 국민들과 기업 사이에 장밋빛 환상이 심어지기 시작했다. 현실과 유리된 정치인과 경영인들이 이 환상에 빠져 흥청망청하기 시작했다. 환율의 문제점을 잘 알고 있는 일부 공직자들이 위기를 느끼고 있었으나 입을 열 엄두를 못 내고 있었다.

당시 나도 한국은행의 외환관리담당 과장으로부터 "이러다간 큰일 납니다. 외환보유고가 얼마밖에 없는데 줄어드는 속도가 너무나 빠릅니다"라는 걱정과 함께 구체적인 데이터를 들은 적도 있다.

상대적으로 달러가 싸니 금융기관이나 대기업들은 외국에서 달러 빚을 엄청 들여와 투자를 늘리니 부채비율은 400% 이상이 되고 더구나 외화부채가 급증하게 되었다. 설상가상으로 종금사 등에서 단기외화부채를 들여와 상황을 더 악화시켰다.

지금은 누구나 아는 일이지만 당시는 장밋빛 환상에 빠져 이 문제를 제기하는 것조차 '왜 우리경제를 부정적으로 보느냐'하며 대단히 불온시 했다. 나는 광고주인 기업인들에게 외환위기의 가능성을 말하곤 했다. 당시 나의 말을 믿는 사람은 극소수였다. 이 경험을 계기로 그들과 친해졌다.

 사원주주제와 동시에 모든 경영지표를 전 직원에게 공개하는 공개투명의 원칙이 확립됐다. 사실 적자가 심할 때는 경영 상태를 공개해봐야 사기만 떨어지고 망한다는 공포감만 확대될 것 같아 공개하지 않았다. 그러나 흑자가 나면서 또 사원주주제로 바뀌면서 수당 등 모든 급여까지 세세하게 공개했다. 처음에는 일부에서 반발이 있었다. 특히 사생활 침해라고 월급공개에 반대했다. 그렇지만 설득을 통해 월급까지 공개하기로 만장일치로 합의했다. 사원주주제는 공개투명의 원칙으로 갈 수밖에 없다.
 투명경영을 하니 결단을 내려야 할 문제가 나왔다. 지역판들이 계속 늘어났고 거기에서 적자가 계속 났기 때문이다.
 우리 구성원들은 운동권 출신이다 보니 흑자보다는 정치민주화가 더 중요하다고 생각하는 경향이 있었다. 특히 1997년 말 대통령선거에서 평화적 정권교체를 해야 한다는 열망이 높았다. 지역판 발행지역을 급격히 늘렸다. 부수도 늘렸다. 당연히 적자가 누적되었다. 선거가 끝나고 구성원들이 바라던 대로 김대중 정부가 들어섰지만 지역판은 위기였다. 또 외환위기가 오자 경영이 가장 중요하다는 사실이 다시 부각됐다. 망해버리면 아무것도 아니다. 밥줄도 끊기고 일터도 없어지고 꿈도 사라진다는 사실을 확인하게 해준 계기가 바로 외환위기였다.
 1998년 6월, 33개 지역판 대표자 회의가 대전 계룡산에서 있었다. 이 회의에서 지역을 3~4개씩 묶어 본부체제로 만들기로 결정했다. 본부장은 그 중 가장 경영성적이 우수한 지역에서 맡기로 했다. 또 앞으로 2년간 적자를 내면 지역팀장을 교체하고 3년간 적자가 나면 그 지역판을 폐간시키기로 결정했다. 구조조정을 예고한 것이다. 또 외환위기 이므로 당분간 지역판을 더 늘리지 않기로 결정했다. 그리고 흑자 내는 데에 온 힘을 쏟기로 했다.

이제까지 지역판의 중심이었던 정책광고에서 탈피해 생활광고 중심으로 하기로 결정했다. 지방자치단체 등에 의한 정책광고는 극히 제한적이었다. 유료판매도 한계가 있었다. 생활광고가 없이는 지역판 흑자경영은 불가능했다. 병원, 학원, 음식점 등이 지역판 광고의 중심이 되었다. 생활광고 중심이 되니 컬러면이 많이 필요했다. 유료였던 지역판을 무료로 하고 부수를 훨씬 늘렸다. 잘하면 성공이고 잘못하면 적자가 더 엄청나게 된다. 경영적 어려움은 가중되었지만 승부수를 띄워야 했다.

컬러면을 하려면 디자인의 질을 높아야 한다. 들쭉날쭉인 지역판들의 디자인 수준을 통합하는 것이 효율적이었다. 그러기 위해서 디자인 전문회사를 만들어야 했다. 지역판 디자이너들 중 원하는 사람들은 서울 본사로 올라와 '디자인내일'이라는 회사를 창업해 그 소속이 되었다. 물론 내일신문과 간부들, 디자인내일 직원들의 사원주주회사이다.

컬러면 광고가 늘면서 지역판의 면수도 늘어났다. 아파트를 중심으로 배포망을 만들기 시작했다. 아파트 주부가 주 독자가 되었으므로 기존의 기자 대신 주부 리포터들이 기사를 쓰기 시작했다. 기자가 쓴 행정·정치 기사는 줄고, 주부들이 원하는 교육·생활·문화·건강이 주 내용이 되었다. 음식점·학원·병원 광고가 정책광고를 대신하고, 매출은 급상승하기 시작했다. 분당판, 일산판, 강남판 순으로 흑자가 나왔다.

5.
생활인 기자운동,
리포터제도

　한국에서는 구조조정을 대량해고라고만 이해한다. 그러나 원래 뜻은 구조를 다시 편성한다는 뜻이다. 외환위기를 거치면서 구조조정(Restructuring)의 일환으로 우리는 대학생매체를 내기로 결정했다. 1999년에 대학생을 위한, 대학생에 의한 '대학내일'을 창간한 것이다. 대학내일을 창간할 때도 반대가 있었다. '인터넷시대인데 활자인쇄로 대학생매체를 낸다니 시대에 뒤떨어졌다. 가뜩이나 광고시장이 어려운데 어떻게 생존할까' 내부에서부터 회의가 심했다. 당시는 외환위기가 아직 끝나지 않은 때였다.

　나는 '그래도 책을 제일 많이 보는 사람들이 대학생이다. 인터넷이 있기는 하지만 동시에 활자 인쇄도 앞으로 존속할 수 있다. 대학생들이 스스로 만들고 그들의 요구에 맞는다면 열독률이 높아질 것이고 광고는 온다' 등의 논리로 설득했다. 그리고 "생활인 기자운동으로서의 리포터제도를 잘 만들면 성공할 수 있다"고 주장했다.

사실 내일신문을 창간할 때 우리의 목표 중 하나는 '생활인 기자운동'이었다. 언론은 국민대중이 참여할 때 생명을 발휘하고 혼이 깃든다고 믿는다. 지난날 전문성을 지나치게 중시하다 보니 자칫 전문가주의로 흘러 대중으로부터 유리되고, 독자는 그런 언론을 멀리하게 되었다. 리포터제도는 그러한 문제점을 극복하기 위해 도입한 생활인기자제도이다.

우리는 시험적으로 내일신문의 자매지인 '대학내일'에서부터 이 제도를 도입하기로 했다. 대학내일은 기존잡지의 기자전담제를 채택하지 않고 대학생들이 직접 글을 쓰는 방식의 리포터제도를 도입했다. 수많은 대학생매체가 난무하던 당시로서는 위험한 시도였다.

대학내일은 리포터제도를 통해 매체의 독자층 자신이 주체가 되는 시스템을 만들었다. 리포터제도 운영방식은 대학생 가운데 다수의 리포터가 있어 그들이 스스로 아이템을 내고 직접 현장인 대학교를 발로 뛰며 인터뷰하고 취재하여 쓴 기사를 대학내일에 싣는다. 리포터들이 기사를 보내오면 편집장과 기자들은 그 글을 중심으로 편집한다. 대학내일에서 일하는 상근기자는 직접 취재하고 기사를 쓰는 경우는 드물고 에디터에 더 가깝다. 또 6개월마다 평가를 통해 무성의한 대학생 리포터는 교체하고 적극적이고 유능한 리포터를 새로 받아들여 최상의 리포터 시스템을 구성하고자 했다.

기존의 대학매체들은 대부분 전문기자나 교수들이 필진으로 구성되어 있었다. 그런 매체는 교수 등 전문가들이 그들의 입장을 대학생들에게 알리는 매체가 될 수밖에 없어 대학생들의 호응이 약했다.

대학생 리포터들은 빠르게 변화하는 대학 트렌드를 전달하고 학생들의 의견을 정확히 반영하는 장점을 가지고 있었다. 리포터끼리 선의의 경쟁을 통해 기사의 질을 높이는데도 유리한 시스템이었다. 이 경험을 통해 우리는 대학내일을 만드는 주체는 대학생 자신이며 편집장 등 기자는 이들을 도와주는 역할을 함으로써 리포터 제도가 진정 독자중심의 매체를 만드는 시스템이라고 확신하게 되었다. 이것은 생활인기자운동이라는 내일신문 창간원칙을 대학생 매체에 적용시킨 것이라 할 수 있다. 대학내일은 기존 학보나 대학 매체를 넘는, 대학생매체 시장에서 압도적 1위로 자리 잡았다.

대학내일에서 성공한 리포터제도는 지역판 주간내일신문에도 적용했다. 지역주간내일신문 역시 초기에는 기자제도가 중심이었다. 이 지역기자는 지역행정과 정치 분야에서는 뛰어났지만 지역생활과 교육 등에는 한계가 많았다. 대학내일에서 리포터제도가 성공하면서 지역내일신문에도 변화는 빠르게 진행되었다. 이제까지 전문기자 중심에서 지역의 주부리포터가 중심이 되고 전문기자가 리포터를 돕는 시스템이 되었다. 지역리포터제도가 되면서 지역판 에서는 정책광고보다 학원, 병원, 음식점 등 생활광고가 중심이 되었다. 그 결과 매출이 3배에서 10배로 늘어나 만성적인 적자에서 흑자로 반전되었고, 지역판 발행부수도 급격히 늘어났다.

내일신문은 무수한 시행착오를 겪었다. 시행착오 차원의 실패는 많을수록 좋다. 그러나 회사의 근간을 뒤흔드는 결정적인 실패를 해서는 안 된다. 특히 빚을 내서 한곳에 집중투자 해 실패하면 회생하기가 쉽지 않다. 중소기업의 경우는 더욱 그렇다. 나의 경험으로는 총 축적자본의 3분의 1 이내로 신규투자를 하는 것이 좋다고 본다. 시장에는 항상 너무나 많은 돌발변수가 있기 때문이다. 자금이 부족하면 외부차입보다는 가능한 구성원들의 신규증자를 통해 자본을 확보하는 안정적인 방식이 가장 좋다. 물론 흑자를 많이 내서 투자한다면 이보다 좋은 것은 없다.

6.
일간지의 비전을 제시하다

외환위기가 내일신문을 돋보이게 했다. 신문사 경영이 어려운데도 내일신문은 빚이 없는 회사로 흑자가 난다는 사실이 서서히 알려지기 시작했다. 또 아침 일찍 출근하고 태도가 겸손하다는 소문도 났다. 50만 원 기본급을 88만 원으로 인상하고 핸드폰 등 통신료도 회사가 부담했다. 구독을 500부 이상 추천한 직원에게는 자동차를 제공하고 기름 등 모든 경비를 회사가 부담하기로 했다. 300부 이상 추천자에게는 기름 값만 지급했다. 인센티브와 상여금, 배당을 합치면 어느 곳 못지않은 연봉이 되었다. 이 모든 것은 흑자가 났기 때문이다. 그리고 사원이 주인인 사원주주회사이기 때문이다.

뿐만 아니라 나는 1998년 주주총회에서 2년 뒤인 2000년 10월 9일에 주간지를 일간지로 전환, 재창간하자고 선언했다. 다들 놀랐다. 언론계의 원로들은 일간지는 최소 몇 백억 원의 자금을 필요로 한다며 만류했다. 적어도 첫해에 100억 원은 까먹을 생각을 해야 한다고 했다. 그처럼 많은 돈을 넣고도 일간지시장은 대부분 좋지 않았던 것도 사실이다. 자본금 6억짜리로 시작해 겨우 9억에 불과한 콩알만 한 회사가 다시 일간지를 한다니 정신이 돌았다고 말했다. 그리고 이번에야말로 반드시 망할 것이 분명하다고 했다. 그러나 100% 망한다던 주간신문이 4년 만에 배당까지 한 것이 사실이다. 내부에서는 신문사가 견실해지고 있으니 혹시 일간지가 성공할지도 모른다는 생각도 좀 있었다.

그럼에도 일간지로 전환하겠다는 선언은 구성원들을 다시 흔들리게 했다. 일간지 전환을 위해 자본금을 늘리려 했으나 그 증자는 목표에 미달했다. 사람들의 불안이 반영된 것이다.

위기는 기회가 될 수 있다. 위기를 기회로 만드는 것은 사람이다. 열정을 가진 사람만이 위기를 기회로 만들 수 있다. 이 열정을 가진 사람들의 모임을 만드는 일, 그리고 계속 열정을 갖게끔 시스템을 만드는 일이 매우 중요하다. 열정은 새로운 일을 할 때 특히 자신이 주인·주체가 되어 자주적으로 참여할 때 나타난다. 직장의 주인·주체가 되는 시스템은 사원주주형회사를 만드는 길이다.

보통은 창업자가 열정을 갖고 기업을 일으킨다. 기업이 지속되면서 창업자는 사라지고 후임사장이 이어받는데 창업자보다는 그 열정이 약한 것이 일반적이다. 직원들은 창업자나 사장보다 대개 열정이 적다. 간부들도 평직원보다는 열정이 높지만 창업자보다는 낮다. 만일 참여하는 사람들이 다 사장이고 창업자들이라고 한다면 열정은 무척 커지게 된다. 아무리 어려운 일도 극복하게 된다. 단 열정을 가진 사람들이 분열·갈등하여 싸우면 망할 수밖에 없다. 사원주주제는 좋은 제도이지만 사원주주들끼리 파벌을 지어 갈등하게 되면 어려워진다. 위기를 극복하려면 열정을 불어넣고 갈등을 줄이는 시스템을 만들어가야 한다.

주간신문에서 일간지로 전환은 우리사회의 변화속도가 빨라지고 있기 때문이다. 지식과 정보를 빠르게 알지 않으면 뒤처진다고 역설했다.

그래도 다들 벅찬 제안이라고 생각했다. 힘겹게 흑자를 내고 이제야 겨우 숨을 돌리려고 하는데 우리 같은 작고 경험도 일천한 회사가 어떻게 일간지를 할 수 있느냐고 회의적이었다. 당시는 운만 띄웠지만 주간지보다 일간지가 더 좋지 않으냐고 하면 "되면 좋지요. 그러나 가능할 까요?"라는 사람들이 많았다. 사실 취재처·출입처에서 주간지 기자는 무시당하기 일쑤여서 마음 한편에서는 일간지를 원했을 것이다. 보통이라면 주간지에서 일간지로 넘어가기는 힘들다. 일간지는 돈이 엄청 많이 들기 때문이다. 그렇지만 사원주주회사라면 사정은 다를 수 있다고 생각했다. 미래의 비전을 제시한 것이다. 비전이 없으면 열정도 사라지고 침체하게 되어 매너리즘, 관료주의에 빠지게 된다. 이 매너리즘, 관료주의를 없애려면 부단히 개혁을 해야 한다.

일찍이 이율곡 선생은 임진왜란을 앞두고 선조에게 올린 상소문에서 "개혁을 하면 나라가 흥할 수도 망할 수도 있지만 개혁을 하지 않으면 나라는 반드시 망합니다"라고 했다. 개혁(改革)은 가죽(革)을 벗기는 일이니 무척 아프다. 그렇지만 비전이 있으면 아픔도 즐거움이 될 수 있다. 개혁이 성공하려면 한 차원 높은 비전을 제시해 구성원들이 희망을 가지도록 해야 한다.

이럴 때 정부로부터 당시 빚이 많고 적자가 심한 뉴스전문 케이블TV인 YTN의 사장을 맡아달라는 제의를 받았다. 아마 내일신문이 빚이 없고 외환위기 중에도 흑자를 냈기 때문이었을 것이다. 또 내가 1973년 '김대중씨 납치사건의 진상은 이렇다'라는 유인물을 뿌린 사실 때문에 정권 쪽에서 우호적으로 본 것도 작용했을 것이다.

당시 YTN은 자본금이 300억 원인데 설립 4년 만에 은행 빚이 1100억 원이었다. 자본잠식은 물론 월급도 6개월째 못주고 사장도 공석인 상황이었다. 외환위기의 직격탄을 맞은 대표적인 공기업이었다. 정부가 YTN 경영진단을 했는데, 그 보고서는 YTN이 흑자를 내려면 매출을 3배 이상 높이고 경비를 2분의 1 이하로 줄여야 한다고 지적했다. 누가 이 일을 할 것인가. 고심 끝에 정부는 나에게 YTN을 맡아 빚을 없애고 흑자를 내달라고 요청했다.

처음에 나는 거절했다. 그러자 소문이 났는지 정치권과 또 나의 선배인 금융감독위원장까지 나서 가라고 재촉했다. 사면 복권도 되지 않았는데 말도 안 되는 얘기를 하지 말라고 했다. 그러다 1998년 광복절에 사면 복권이 되었다. 다시 접촉이 왔다. 어떻게 할까 망설여졌다. 주위에서는 YTN에 가면 사람을 자르고 월급을 줄이고 심한 구조조정 등 악역을 해야 하므로 가지 말라고 말렸다.

당시 청와대 수석이 이렇게 설득했다. "외환위기를 극복하려면 우리나라가 정보화 사회로 나아가야 한다. 정보화 사회를 만들려면 전국에 케이블망을 깔아야 한다. 케이블산업에서 유일한 공기업이 YTN이다. YTN이 죽으면 케이블망을 깔 수 없다. 케이블 고속도로는 만들어 놓았지만 케이블 고속도로에서 각 가정으로 가는 망은 YTN을 비롯한 케이블산업에서 담당할 수밖에 없다. 정부가 모든 것을 다 할 수는 없기 때문이다. 그렇다고 YTN에 재정 지원을 정부가 할 수는 없다. 은행도 제 코가 석자라서 말을 잘 듣지 않는다. YTN 스스로 살아야 한다. 정부가 공기업을 통해 1100억 원을 증자해 은행 빚을 갚을 수는 있지만, 지금처럼 1년에 300억 이상씩 계속 적자가 나면 불가항력이다. 관계부처에서도 YTN은 도저히 살릴 수 없다고 판단하고 있다.

그렇게 보고서에 나와 있다. 흑자를 내면 YTN을 살리고 아니면 문을 닫을 수밖에 없다는 것이 정부 방침이다. 내일신문은 흑자가 나지 않는가. 그 실력을 YTN에서 보여주기 바란다. 나는 장 사장이 가는 거 반대했다. 그런데 대통령께서 장 사장에게 부탁하라고 해서 왔으니 답을 달라"

설득 당했다. 가기로 결정했다. "지식정보화사회를 만들어야 하니까 YTN을 살려야 한다는 데는 동의한다. 단 내가 사장이니 나에게 일체 간섭하지 말라. 사람을 자르건 말건 내가 알아서 한다. 그런데 나는 사람백정이 아니다" 당시는 '구조조정=모가지 자르기'로 통하던 시대이다. 특히 공기업에서는 더욱 그랬다. 사실 그것이 보이지 않는 정부의 방침이었다. 아니, IMF의 요구였다. 나는 이런 구조조정에 반대하는 입장이었다. 그는 좋다고 했다. "뭐든지 알아서 해 달라" 나는 "청와대가 끼면 될 것도 안 된다. 내가 알아서 하겠다. 여하튼 빚 없애고 흑자내서 회사를 살리면 되지 않는가"했다.

청와대 수석은 은행 빚 1100억은 주주인 공기업들의 증자를 통해 갚아주겠다고 비공식적으로 약속했다. 문제는 당시가 IMF 관리 상황이라는 것이다. 정부도 돈을 빌려주라고 은행에 압력을 더 이상 넣을 수가 없었다. 스스로 자력갱생하는 길만이 유일한 방법이었다. 그러나 당시는 순진하게 그 약속이 쉽게 이행되리라 믿었다. 증자되기까지 그런 우여곡절을 겪을지는 몰랐다.

4부

낙하산 인사는
공수특전단이다

YTN의 회생

1.
방송은 있었지만 경영은 없었다

　　YTN은 1998년 당시 자본금 300억 원에 은행 빚 1100억 원을 합쳐 빚이 1350억 원이었다. 4년 반 동안 연간 평균 300억 원씩 적자가 난 셈이었다.
　　YTN은 세계화 정보화 바람에 따른 케이블산업의 총아로 케이블TV의 대표주자였다. 특히 YTN은 공기업으로 인터넷망을 구축하는 역할을 하고 있어서 이 회사가 무너지면 우리나라 인터넷산업 자체가 흔들릴 위험도 있었다. 정보화고속도로를 놓는 것이 정부 몫이라고 한다면 고속도로에서 가정을 연결하는 지선들은 케이블산업이 담당하도록 되어 있었다. YTN이 바로 그 산업의 중심에 있었다. 외환위기가 터져 이자율이 폭등하고 환율이 치솟자 빚이 많은 기업, 외환리스가 많은 기업은 치명타를 입었는데 YTN이 대표적인 사례였다. 더 이상 생존이 희박해 보였다.
　　1998년 9월 14일 YTN 임시주주총회에서 나는 대표이사로 선임되었다. 4개월 간 공석이던 자리였다. 주총에서 대표이사에게 배정한 연봉은 1억 5000만 원이었고 판공비는 1억 2000만 원, 월 1000만 원이었다. 500만 원은 카드고 500만 원은 현금이었다. 적자나는 회사에서 대표가 그렇게 큰돈을 받는다는 것은 말이 되지 않는다고 생각했다. 주주총회에서 월급을 받지 않겠다고 선언했다.

주총이 끝난 후 간담회에서 한 이사께서 "비록 우리 주식이 모두 휴지조각이 되었지만 장 사장도 YTN에 왔으니 주식을 가져야 한다. 내 주식을 액면가 20분의 1로 싸게 줄 테니 책임경영을 하기 바란다"고 말했다. 당황했다. 어쩔 수 없이 2000만 원을 주고 주식을 샀다. 그 이사님은 불만이 많았다. 몇 번이나 '세게 하라'고, 과거처럼 해서는 안 된다고 말했다. 그 분은 YTN이 흑자가 나는 과정에서 나를 적극 지원해 주었다.

다음날 YTN에 출근했다. '낙하산 인사를 환영 합니다' 노동조합에서 붙인 대자보였다. 그리고 '우리의 요구' 등이 적혀 있었다. 보통 낙하산 인사라고 하면 그 뒤에는 '반대 한다'라고 쓰여 있다. '환영 한다'니 비꼬는 뉘앙스였지만 내가 노동운동을 했으니 노동조합이 환영한다고 썼겠지, 좋은 쪽으로 해석하기로 했다.

다음과 같이 취임사를 읽었다.

취 임 사

존경하는 YTN 가족 여러분!
지금 우리나라는 6·25 이후 최대의 국난이라고 하는 IMF 사태를 맞이하여 생존이냐 죽음이냐 하는 절체절명의 국가적 위기에 직면해 있습니다. 수많은 기업들이 총체적 부실과 경쟁력 상실로 쓰러지고 있습니다. 실업자는 벌써 200만을 넘었으며 대학을 졸업한 젊은이들의 70%가 일자리를 구하지 못해 거리를 방황하고 있습니다. 뼈를 깎는 구조조정과 수출 드라이브로 활로를 모색하고 있지만 우리는 헤어 나오기 어려운 고통의 수렁 속으로 점점 빠져 들어가고 있습니다. 흡사 우리는 식량이 떨어지고 기관고장을 일으킨 난파선에 갇힌 채 망망대해에서 배고픔과 폭풍우에 대적해야 하는 선원들처럼 절박한 심정으로 지금 이 시대를 살아가고 있습니다.

YTN 가족 여러분!
우리의 언론 환경도 최악의 상황을 맞이하고 있습니다. 많은 언론들이 무절제한 차입경영과 내수경기 침체로 인한 광고시장 위축으로 고단한 하루하루를 이어가고 있습니다. 자금력이 없는 군소언론들은 문을 닫고 있으며 유능한 언론인들이 한참 일할 나이에 직장을 떠나고 있습니다.

YTN은 21세기 정보화 사회의 총아라고 하는 케이블TV의 리딩 채널로써, 시시각각으로 급변하는 현대사회를 선도하는 전문 보도채널로써 3년 전 이 땅에 모습을 드러냈습니다. 기존 방송계에서 뛰어난 언론인들이 중심이 되고 미래를 향한 꿈과 도전의지를 품은 젊은 엘리트들이 참여하여 숱한 어려움을 딛고 오늘에 이르렀습니다. 하지만 YTN은 한마디로 존폐의 기로에 서 있습니다. 생사의 갈림길에서 일부 동료들이 직장을 떠나고 있습니다. 주위에서는 걱정스런 눈길로 우리를 지켜보고 있습니다. 하지만 그동안 YTN은 방송의 위상을 높이는 데 큰 역할을 했습니다.

우리 사회의 오피니언 리더 속에서 전문 보도채널로서 존립가치를 확인 받았습니다. 먼저 저는 그동안 여러분들이 이룩한 큰 성과에 대하여 진심으로 경의를 표하는 동시에 경영적 어려움 속에서도 많은 분들이 고통을 참으며 방송에 대한 강한 애정으로 의연히 방송국을 지켜주신 것에 대하여 깊은 감사를 드립니다.

YTN 가족 여러분!

지금 우리 YTN은 다 아시는 것처럼 경영적으로 대단히 위험한 지경에 처해 있습니다. 지난 정부의 그릇된 방송정책 탓도 있고 나라경제의 어려움 탓도 있지만 무엇보다 YTN이 이렇게 절망적인 상황에 처하게 된 이유는 지난날 YTN의 경영실패에 있다고 생각합니다. 한마디로 말해서 저는 지난날 YTN에는 방송은 있었지만 경영은 없었다고 확신합니다. 경영이 없는 방송은 앞으로는 존립할 수도 없고 존립해서도 안 됩니다. 모든 분들이 지금 제2창사의 획기적 전환점이 마련되어야 한다고 생각하고 있습니다. 그러기 위해서는 무엇보다도 경영 정상화를 위한 일대 결단이 필요합니다. 경영의 관점을 근본적으로 바꿔야 합니다.

첫째로 공개투명경영의 원칙을 확고히 세웁시다. 모든 경영실태는 유리알처럼 맑게 해야 하고 전 사원에게 명명백백히 공개되어 모두가 경영에 관심을 가지고 참여해야 합니다.

둘째로 마케팅을 경영의 최우선의 방침으로 하며 내부 조직의 효율을 높여 경쟁력 있는 시스템으로 개조합시다. 셋째로 경영 정상화를 바탕으로 현시대가 요구하는 방송의 역할을 충실히 수행하여 미래를 선도하는 국민의 방송, 방송 중의 방송으로 거듭나도록 합시다.

이 방향에 동의하는 사람은 함께 일할 것이고 동의하지 않는 분들은 함께 할 수 없다는 것을 분명히 밝힙니다. 모든 구성원들이 합심, 단결해야 합니다. 지금 이 시기에 내부 갈등은 바로 죽음입니다. 내가 손해 본다고 불만을 토로하고 단합하지 않으면 YTN의 미래는 없다고 저는 단언합니다. 경영은 많이 벌고 적게 쓰는 것입니다. 적자를 극복해서 흑자로 나아가는 것입니다. 팀플레이를 통해 효율을 2배 이상으로 높이고 마케팅을 3배 이상으로 강화해야 합니다. 이렇게 해서 매출을 늘리고 경비를 반 이하로 줄여야 적자에서 흑자로 바뀔 수 있습니다. 이제까지와 마찬가지로 계속 정부나 주주에 의존하면 빚이 늘어나고 국민에게 고통만 주게 되며 결국 망하게 됩니다. 나라가 망하는 것처럼 우리 YTN도 망할 수밖에 없습니다. 흑자야말로 지금 YTN의 최고의 선입니다. 올바른 방송도 흑자가 나지 않으면 이루어질 수 없습니다.

YTN 가족 여러분!

저는 YTN의 경영 정상화를 위해서는 정신혁명이 필요하다고 믿고 있습니다. 올바른 방송은 올바른 정신에서 나옵니다. 이 정신자세에서 기가 나오며 기가 펄펄 넘쳐흐를 때 이 시대가 요구하는 새로운 방송언론의 사회적 사명을 다할 수 있습니다. 과거의 그릇된 관행과 관습으로부터 빨리 벗어납시다. 아울러 방송언론인의 긍지는 생활이 어렵더라도 방송언론인으로서의 자존을 지킬 때 얻을 수 있다는 점을 강조해 두고자 합니다.

YTN의 역할에 대해서 말씀드리겠습니다.

YTN은 첫째, 국민에게 봉사하는 방송이어야 하며 둘째, 국난극복의 선봉장이 되어야 하며 셋째, 의식개혁의 전파자가 되어야 한다고 저는 믿고 있습니다. 이러한 사회적 사명을 수행하기 위해서는 우리 모두가 주인·주체가 되어 뜻과 의지를 하나로 모아야 합니다. 저는 흑자가 날 때까지 월급을 받지 않고 무임으로 뛰겠으며, 상근 임원도 저 이외에는 공석으로 두겠다는 것을 밝혀둡니다. 아울러 YTN 가족들의 의견을 수렴하기 위한 특별기구로서 '제2창사를 실현하는 위원회'를 조속한 시일 내에 구성하겠습니다.

저는 방송을 모릅니다. 부족한 것이 많습니다. 여러분께서 많은

> 제안을 해주십시오. 그러면 저는 좋은 제안을 즉시 실천하는 실천가의 모습으로 화답하겠습니다. 증자를 추진하고 광고·협찬을 유치하며 새로운 매체로의 진출 등 YTN의 현안을 해결하는 데 제가 앞장서겠습니다. 마케팅을 최우선의 원칙으로 세우고 흑자경영을 이루는 데 최선을 다하겠습니다. 그리하여 YTN의 존재의 이유를 찾고 사회적 사명을 다하는 방송, 21세기를 열어나가는 방송 중의 방송이라는 새로운 지평을 열어나가도록 합시다. 총화단결, 일대쇄신으로, 우리 힘으로 우리의 미래를 개척해 나가도록 합시다. 좌절과 죽음의 바다를 건너 서광이 비치는 미지의 신대륙을 향하여 힘차게 나아갑시다. 감사합니다.
>
> 1998. 9. 15
> 사장 장 명 국

그리고 "대자보에 붙어있는 것처럼 저는 낙하산으로 왔습니다. 그러므로 공수특전단입니다. 그래서 세게 하고 빨리 끝내고 빨리 가겠습니다"라고 선언했다. 그리고 되풀이했다. "YTN에는 방송은 있었지만 경영은 없었습니다. 경영 없는 방송은 존립할 수 없고 존립해서도 안 됩니다. 특히 공기업이 적자를 내는 것은 세금 내는 국민에 대한 범죄입니다. 저도 이제 여기에 발을 담갔습니다. 제 사전에 해고는 없습니다. 그러나 사표는 받을 수 있을 것입니다. 제가 앞장서서 매출을 3배 높이겠습니다. 물론 여러분들의 힘없이는 불가능합니다. 비용을 2분의 1로 줄여 우리 모두 하루빨리 흑자를 만들어냅시다!"라고 하니 박수가 터져 나왔다.

그날 오후부터 간부사원들을 면담했다. 한 사람당 한 시간 이상씩 했다. 맨처음에 여성 중견간부를 면담했다. 무엇을 원하느냐고 물었다. 그는 여기자를 한 명이라도 정치부나 경제부에 배치해주기를 간절히 원했다. 전체 여기자들의 염원이라고 했다. 나는 아주 쉬운 일이라고 생각했다. "아니, 그렇게 쉬운 일이 왜 안 되었죠?" 물으니 그는 "그건 매우 어려운 일입니다. 언론계에서 오직 중앙일보 정치부에만 여기자가 한 명 있을 뿐입니다"하고 답했다. 나는 언론계의 현실을 잘 몰랐다. 인사 때 반드시 그렇게 하리라고 마음을 단단히 먹었다.

광고부장과의 면담은 너무나 충격적이었다. 바라는 것이 무엇이냐고 물었다.

"우리 회사에는 카스트제도가 있습니다. 사장님께서 이 카스트제도를 반드시 깨주시기 바랍니다."

"아니, 카스트제도는 인도에 있는 것 아닙니까? 브라만, 크샤트리아, 바이샤, 수드라 이런 단어가 어떻게 우리 회사에 있을 수 있습니까?"

"브라만은 볼펜기자이고 크샤트리아는 찍새고 바이샤는 사무직이고 수드라, 즉 노예는 영업직입니다."

"나도 내일신문에서 영업직이었는데 그리고 광고부장은 나랑 나이가 같은데…"

꼭 그렇게 하겠다고 약속하면서 나도 부탁이 있다고 했다.

"경비를 2분의 1 이하로 줄여야 하는데 전기료 등은 반으로 줄이기 어렵지 않습니까. 평직원의 월급은 2분의 1로 줄이고 부장급 이상의 간부들은 70%를 줄이면 좋겠습니다"라고 했다. 그는 내 말을 잘못 이해하고 "30% 줄이는 건 할 수 있습니다"라고 했다. 그게 아니라 30%를 받는 거라고 했다. 그는 "카스트제도만 없어진다면 저도 사장님처럼 월급을 받지 않겠습니다"라고 눈물을 글썽이며 말했다. 부인이 직장은 다니느냐고 물으니 아니라고 했다. 월급 안 받으면 부인 머리카락 팔아 쌀을 사려느냐라고 하면서 30%는 받는 게 좋다고 했다. 부장급 이상들은 속으로는 불만이었겠지만 분위기 때문에 70% 자진반납에 동의했다.

다음날 출근하니 여러 사람이 왔다. 은행 지점장들이었다. 나에게 은행 빚 1100억의 보증을 서라는 것이었다. 황당하고 당황했다. 그들은 대표이사가 바뀌었으니 대신 보증을 서주어야 한다고 했다. 규정에 있어서 하는 거라 했지만 회사가 잘못되면 그대로 뒤집어 쓰는 것이다. 이래서 빚 있는 회사에 함부로 갈 게 아니구나 싶었다. 그들은 사인을 받기 전에는 이 자리를 떠날 수 없다고 했다. 아내 얼굴이 떠올랐다. 아내는 "왜 남의 회사에 가서 욕먹을 일을 하려고 하느냐"면서 YTN 가는 것을 절대 반대 했었다. 이제 천문학적 액수의 빚에 개인보증이라니, 아내가 들으면 기절할 일이었다. 어쩔 거냐. 에잇, 죽기 아니면 까무러치기다. 어차피 온 것, 도장 찍고 세게 할 수밖에 없다고 각오를 단단히 했다. 한편으로는 정부에서 은행 빚이야 어떻게 해 주겠지 하는 마음도 있었다. 한 시간 지난 뒤에 한 사람씩 만나 사인을 했다. 아무하고도 상의하지 않고 독자적으로 결정했다.

노조 간부들을 만날 때 반농담으로 "진정 노사가 대등하다면 노조간부들도 함께 사인해야 하는 것 아니냐"라고 말하기도 했다. 그러나 책임은 대표이사

사장이 전적으로 질 수밖에 없으니 무조건 흑자를 내고 빚을 갚아야 그 보증에서 벗어날 수 있다고 생각했다.

이틀 뒤인 9월 17일 '제2창사 실현위원회'를 노조위원장 등 평사원 대표 3명, 차장급 대표 3명, 부장급 대표 3명 등으로 구성했다. 이 위원회에서 중요한 결정들을 내렸다. 아침 7시 출근, 무급휴직자 전원 복귀, 사무실 대폭 감축, 출연료 절감 등을 결정했다. 마케팅 분야를 강화하기 위해 외주를 받는 영상제작팀을 신설하고 인원을 늘렸고 지원 부서들은 축소했다. 경비를 50% 이하로 줄이기 위해 CNN 등의 외신 사용료도 50% 삭감하기로 했다. 경비를 50% 줄이자는 데는 모두 동의했지만 반발은 월급을 절반으로 줄이자는 데서 나왔다. 당연히 노조 대표들이 반발했다. 이런 약속을 할 수 없다는 것이었다. 나는 "그제 전 직원이 모인 자리에서 경비를 2분의 1로 줄여 흑자를 내자고 모두 박수치고 사실상 만장일치로 동의하지 않았느냐. 경비 중에서 가장 큰 부분이 월급 아니냐. 월급을 반으로 줄여도 매출을 세배로 늘려야 흑자가 나서 우리가 살 수 있지 않느냐. 부장급 이상들은 70% 반납을 할 수밖에 없는 것이 현실이다"하고 설득했다. 월급을 안 줄이면 매출을 6배 높여야 하는데 그것은 불가능했다. 사실 매출을 3배 높이는 것도 막막한 것이 현실이었다.

노조에서는 이 문제로 논의가 심각했다. 노조는 긴급대의원대회를 열고 나를 소환했다. 전체 대의원 앞에서 나는 거의 심문에 가까운 질문을 받았다. 당시 직원들은 이미 6개월간 월급이 체납되어 생활이 말이 아니었는데 여기에 월급이 50% 이하로 떨어지니 충격이 아닐 수 없을 것이다. 격앙된 대의원들 앞에서 나는 냉정하게 말했다.

"저는 돈을 벌기 위해 불려온 사람입니다. 그래서 돈을 버는 데 앞장서고자 하니 노조는 돈을 덜 쓰는 데 앞장 서 주십시오. 그래야 우리 회사가 살아납니다. 방법이 없습니다. 경영진단보고서에 나온 대로 매출을 3배 늘리고 경비를 2분의 1로 줄이지 않으면 방법이 없다는 사실을 저보다 여러분들이 더 잘 알지 않습니까. 저는 월급도, 판공비도 일체 받지 않기로 했으니 경비를 더 줄일 수가 없습니다. 여러분들이 어렵지만 결단을 내려야 합니다. 이 시간에 저는 약속이 있습니다. 돈 버는 약속입니다. 우리는 하루에 이자만 860만 원을 내야 합니다. 하루에 860만 원을 못 벌면 다시 이자가 이자를 낳습니다."

대의원들이 술렁거렸다. 한 대의원이 "만약 우리가 월급을 반 이하로 깎는다면 진짜 매출을 3배 올릴 수 있겠느냐. 아무리 생각해도 회의적이다"라고 반문했다. 구체적으로 매출을 3배 올리는 방법을 얘기해 보라고 했다.

사실 뾰족한 방법은 없었다. "마케팅과 세일즈는 다릅니다. 우리가 세일즈를 하면 30% 매출을 높일 수 있지만 마케팅을 한다면 매출을 3배로 높일 수 있습니다. 마케팅이란 마켓에 ing를 붙이는 것입니다. 바로 시공간의 4차원 개념인데 저는 감옥에서 아인슈타인의 4차원 개념을 깨닫게 되었습니다. 제가 앞장서서 마케팅을 하겠습니다. 그러면 우리는 매출을 3배로 올릴 수 있습니다. 저를 믿어보십시오"라고 했다.

사람들은 혹시 그럴 수도 있겠다고 생각했는지 아니면 생소한 얘기라 헷갈렸는지 조용히 듣고만 있었다. 계속해서 "내일신문을 보십시오. 사람들이 다 망한다고 했습니다. 그런데 흑자가 나고 있습니다. 빚도 없습니다. 그것 때문에 제가 여기에 온 것 같습니다. 내일신문은 브랜드네임이 없습니다. 거기서도 해냈습니다. 우리는 모르는 사람이 거의 없으며 또 공기업이기도 합니다. 여러분들은 KBS, 연합통신 등 유수한 언론사에서 스스로 한국의 CNN을 만들기 위해 오신 분들 아닙니까. 왜 해낼 수 없다고만 생각 하십니까"라고 하니 정적이 흘렀다.

한 대의원이 정적을 깨고 이렇게 이야기했다. "우리는 너무 어렵습니다. 월급이 안 나와 식구들을 시골 고향으로 보냈습니다. 언제까지 이렇게 살아야 합니까. 언제 매출이 3배 올라 흑자가 날 수 있습니까? 언제 월급이 다시 원위치될 수 있습니까?"

"4차원에는 불확정성의 원리라는 것이 있습니다. 불확정성 원리는 언제라고 딱 찍어 말할 수 없다는 뜻입니다. 모든 것을 확률 범위 추세로 이야기할 뿐입니다. 우리가 열심히 노력하면 빨라질 것입니다. 제 임기가 3년인데 노력해서 1년 이내로 앞당겨봅시다. 그런데 지금 시간이 많이 흘렀습니다. 약속시간에 한 시간 반이나 지났습니다. 늦는다고 양해를 구했지만 더 있을 수는 없습니다. 가서 돈을 벌어야 합니다. 대단히 죄송합니다. 여러분들이 깊이 생각하고 결정해 주십시오."

그리고 그곳을 나왔다. 대의원들은 네 시간 이상 토론한 뒤에 만장일치로 월급을 50% 이하로 줄이기로 했다. 위대한 결정이었다. 그 결정 덕분에 YTN은 그로부터 3개월 뒤에 흑자가 나는 신화를 만들었다.

'제2창사 실현위원회'에서는 월급 자진반납 문제로 논의가 계속되었다. 평사원은 50%, 차장급 60%, 부장급 이상 70%를 반납하기로 합의했지만 그렇게 하다 보니 실무에서는 차장보다 많은 평사원이 생기고 부장보다 많은 차장이 생기는 이상한 형태가 되었다. 나는 간단하게 맨 아래를 80만 원으로 하고 맨 위를 200만 원 미만으로 하면 어떻겠느냐고 제안했다. 모두가 동의했다. 임금차이별로 줄을 쭉 그어 선형으로 결정하는 방식이다. 잘못된 임금격차는 매우 민감한 문제이다.

YTN은 위기상황이었다. 빠른 시일 내에 여러 가지를 결단하지 않으면 안 되었다. 맞다고 생각하고 동의절차를 밟으면 바로 밀어붙여야 했다. 우선 여기자를 정치부에 한명, 경제부에 한명을 배치했다. 정치부 여성 배치에 간부들이 심하게 반대했다. 그러나 강행했다. 간부들에게 물었다. "왜 여성은 정치부를 할 수 없느냐. 여기자가 오히려 취재하는 데 유리하지 않겠느냐. 정치인들이 여기자면 더 잘 이야기해줄 것 같은데…" 반론은 간단했다. '여기자들은 가정이 더 우선이다. 키워놓아 봐야 결혼하면 소용없다'는 논리였다. 여기자들에게 가정보다 직장을 더 우선시 해달라고 다짐을 받았다. 여기자들은 그렇게 하겠다고 했다. 그 후 대부분의 언론사에서 정치부에 여기자를 배치하고 있다.

인사를 하려 하니 여러 군데에서 전화가 왔다. 나보다 더 센 권력층에서 온 전화는 무조건 반대로 했다. 좋다는 취재부서 대신 누구도 가기 싫어하는 이른바 아오지탄광이라고 하는 내근부서로 배치했다. 그렇지만 권력과 거리가 먼 곳에서 온 지인들의 전화는 참고로 했다. 압력이 아니라 추천이었기 때문이다. 두 번째 인사 때는 청탁전화가 한 군데서도 오지 않았다.

2.
예외는 없다
모든 경비는 절반 줄인다

경비를 반으로 줄여야 하니 우선 사장실을 줄이기로 했다. 사장실 옆에 응접실이 있었는데 이를 사무실로 내 났다. 반으로 줄인 것이다. 손님이 오면 사장실에서 만났다. 그리고 노조에게 요구했다. 노조사무실을 반으로 줄이는 것이 어떻겠느냐고. 외부 출연자들이 사용하는 분장실이 구석 쪽 아주 작은 공간밖에 없어 불편했다. 노조사무실을 작은 데로 옮기고 기존 노조 사무실을 분장실로 하자고 했다. 당연히 반대였다.

"노사는 대등한데 사장실을 반으로 줄였으니 노조사무실도 반으로 줄이는 것이 합당하지 않느냐" "우리는 사람이 많으니 줄일 수 없다. 사장은 혼자이니 줄일 수 있다" 노조의 답이었다. 곰곰이 생각했다. YTN 같이 직원들의 자부심이 높은 곳에서 경비를 반으로 줄인다는 것은 정말 힘들다. 그러므로 이런 목표를 세웠을 때는 예외를 두면 안 된다. 그러면 이런 저런 이유가 다 튀어 나온다. 다 나름대로 합리적일 것이다. 무조건 모든 부문에서 다 집행해야

4부 낙하산 인사는 공수특전단이다

한다. 결단해야 했다. 밤 10시부터 새벽 4시까지 작업을 해 노조사무실을 2분의 1 크기로 다른 곳으로 옮겼다. 본래의 큰 사무실은 분장실로 만들었다.

다음 날 노조간부들이 방으로 몰려왔다. 어이없어 하며 "어떻게 민주화 운동, 노동운동을 한 사람이 이럴 수 있느냐"며 항의했다. 대답은 간단했다. "나는 노동운동이나 민주화운동을 하러 이곳에 온 것이 아니라 흑자 내서 빚을 없애고 회사를 살리러 왔을 뿐이다. 낙하산으로 왔기 때문에 빨리 끝내고 빨리 가려고 한다"

사무실도 한 층을 줄였다. 사무실이 작아지니 책상 수도 줄일 수밖에 없었다. 일부 기자들의 경우 사무실에 거의 없기는 하지만 한 책상을 두 명씩 쓰게 된 사람들도 있었다. 미안했지만 할 수 없었다. 욕먹을 각오를 했다. 사장 차인 그랜저 승용차도 반납했다. 아무도 안타서 방치되어 있던 작은 차 누비라를 탔다. 그랜저 차를 팔려고 했더니 외환위기가 극심해서 280만 원밖에 주지 않아 당분간 놔뒀다. 대신 직원들의 관혼상제 때 사용했다. 3개월 뒤인 1998년 12월에 870만 원(?)에 팔았던 것으로 기억한다. 이러한 생활 속의 모범이 노조간부들의 마음을 조금은 녹였던 것 같다. 크거나 작거나 모든 경비를 2분의 1로 줄이기 위해 필사의 노력을 했다. 생수도 유료에서 아는 사람을 통해 무료로 받았다. 일부에서 무료생수는 품질을 믿을 수 없다고 생각하고, 화가 나서인지 생수통에 라면스프를 넣는 사건까지 있었다. 항의의 표현이었다.

구매도 기존 가격보다 20% 이하로 싸게 살 수 있는 거래처로 바꾸었다. 이렇게 독하게 경비절감을 집행하니 욕하는 소리만 들려왔다. 인터넷에 비난 글이 많이 올랐다. 심한 욕설은 기본이었다. 그 중에는 사실과 다른 내용의 비난도 많았다. 어떤 간부들은 누가 했는지 조사해서 잡아내자고 했다. 나는 반대했다. 그들도 극에 달한 스트레스를 풀어야 한다. 사장 욕이라도 해야 스트레스가 조금이라도 풀릴 것 아니냐고 했다. 오해도 받을 수 있다. 또 가격을 낮추다보니 질이 떨어지기도 할 것이다. 싼 게 비지떡 아닌가. 내가 지나가면 옆에서 바닥에 침을 뱉는 경우도 있었다. 나에 대한 불만과 분노의 표시였다. 나도 사람이라 기분이 안 좋았다. '욕은 먹겠다. 하지만 좋게 좋게 넘어가면 결국 문 닫아야 할 판인데 그럴 수는 없다.' 속으로 그렇게 되뇌며 참았다.

경비절감은 생각은 쉽지만 실행하기는 어렵다. 특히 월급이나 후생복지에서는 더욱 그렇다. 취재비도 없애고 후생복지비 모두가 제로였으니 수많은 욕을 먹었지만 이러한 비난들도 사장의 경영정책에 대한 찬반투표에서 86%의 지지가 나오면서 사그라졌다. 옳다고 생각한다면 어려울 때 투표를 하면 된다. 투표는 불만과 선동을 없애고 갈등을 줄이고 민의의 방향이 어디에 있는지 분명히 보여준다.

자재비로 제일 많이 들어가는 것이 필름이었다. TV필름은 소니에서만 나왔다. 당시 환율도 높아 값이 많이 올랐다. 나는 비용을 줄여야 하니 필름을 재생해서 쓰자고 주장했다. 모두 결사반대였다. 재생필름은 화면의 질이 떨어진다는 것이다. 내가 보기에는 별 차이가 없었다. 그래서 꾀를 냈다. 재생한 필름으로 찍은 화면과 새 필름으로 찍은 화면을 놓고 TV에서 찾아내게 하는 블라인드 테스트를 했다. 사람마다 다 달랐다. 재생필름인지 새 필름인지를 잘 분간 못했다. "전문가인 여러분들도 잘 모르는데 시청자가 분간할 수 있겠는가" 필름 경비가 10분의 1로 줄었다. 그랬더니 원(原)필름을 저장해야 하는 문제가 걸림돌이었다. 그래서 아카이브시스템을 개발해야 하는 문제가 있었다. 아카이브시스템 개발은 돈이 많이 든다. 마침 방송영상산업진흥원 이경자 원장께서 아카이브시스템을 만들고 있었다. 우리 YTN의 영상자료를 진흥원의 아카이브시스템을 통해 활용하면 될 수 있어 이 문제를 깨끗이 해결했다.

또 프롬프터를 사는 문제도 있었다. 새로 사려면 억대의 돈이 필요했는데 이것을 우리 기술진에게 스스로 만들자고 주문했다. 처음에는 다들 불가능하다고 했지만 못 만들 이유가 없다고 생각했다. 결국 10분의 1의 비용으로 만들어 냈다. 모두 YTN 구성원들이 참여하고 노력해서 이룬 성과들이다.

가장 많이 드는 비용이 전기료였다. 24시간 방송이기 때문이다. 전기료를 2분의 1로 줄이기 위해 한국전력 사장을 만나러 갔다. 아는 재무부 후배가 미국에 연수 갈 때 "뉴욕대학 장영식 교수라는 분이 외환위기가 오기 전 동아일보에 우리나라가 환율문제로 위기가 올지 모른다는 칼럼을 썼는데 훌륭하니 찾아가보라"고 권한 적이 있었다. 그 후배는 눈이 무척 많이 오는 날, 뉴욕시내에서 멀리 떨어진 시골의 장 교수 집을 방문해서 내 얘기를 했다고 한다. 그 뒤 장영식 교수가 한국전력 사장으로 부임하면서 나를 만나자고 하여 한번 만난 적이 있었다. YTN의 대주주가 한전산하 계열사인 KDN이었기 때문에 YTN입장에서 한전은 매우 중요했다.

"YTN이 살려면 매출을 3배 높이고 경비를 2분의 1로 줄여야 하는 것은 잘 아시지 않습니까. 경비 중에 인건비를 제외하고 전기료가 제일 많이 듭니다. 전기료를 반으로 깎아 주십시오."

"(웃음) YTN을 농어촌 업종으로 바꾸면 깎아줄 수 있지만 방송업은 불가능합니다."

"그러면 YTN은 끌 수밖에 없습니다."

사실 YTN은 개국 4년이 지나도록 재정이 엉망이어서 그동안 전기료를 한 번도 낸 적이 없었다. 결국 전기료는 깎지 못했다. 대신 광고와 협찬을 해주기로 했다. 그때까지 그 달치 월급을 마련하지 못했다. 이번 달 월급을 줄 형편이 못된다고 하니 협찬과 광고를 밀어주었다. 정말 고마웠다.

외신사용료 50% 절감도 쉽지 않았다. CNN부터 협상을 시작했다. 우리는 배수진을 쳤다. 흑자가 나면 원상회복 시켜줄 터이니 밀린 사용료 원금과 새 사용료를 흑자가 날 때까지 반으로 깎아달라는 거였다. 그렇지 않으면 CNN을 끊을 수밖에 없는 경영상의 실정을 상세히 써서 보냈다. 다행히도 CNN은 밀린 것까지 반으로 깎아줄 테니 연말까지 반드시 달러로 지불해 달라는 조건이었다. 협상은 대성공이었다. 간부들이 나를 믿기 시작했다. 우리는 50% 깎아주지 않는 외신은 끊기로 했다. 12개사 중 8개사와 계약을 해지했다. 그런데 로이터는 끊을 수가 없었다. 그들은 30% 만 깎아줄 수 있다고 버텼다. 오랫동안 실랑이를 했다. 결국 30% 안을 받아들이고 대신 로이터가 송신기를 설치해주는 것으로 타협했다. 대신 AP에서 70%를 깎았다.

그런데 연합통신이 문제였다. 대표적인 불평등 계약이었다. 1997년 3월까지는 월 1억 원이었다. 1998년에는 월급도 못 주는 형편인데도 월 1억 5000만 원으로 올려서 계약되어 있었다. 이 협상은 무척이나 힘들었다. 연합통신 노사 양 측에 모두 호소했다. CNN 등 외신들도 50%를 깎아주었다고 호소했다. 장모님의 임종도 못 지키고 그 시간에 연합통신 노조 간부들에게 매달려 전재료를 50% 깎아달라고 애원했지만 허사였다.

결국 중대한 결단을 내렸다. 취임 두 달 뒤인 11월 17·18일 사장의 경영방침에 대한 찬반투표를 실시했다. 그때 투표에 붙인 경영방침 중 가장 중요한 사항은 정부가 약속한 증자가 되지 않으니 우리 YTN 직원 스스로가 증자에 참여하자는 방안이었다. 또 빠른 시간 내에 매출을 3배 올려야 한다며 내가 시간에 쫓겨 밀어붙이는 방식에 대한 찬반투표였다. 사실 이 밀어붙이는 방식에 대한 불만이 무척 높았다. 그 다음이 '연합통신기사 수신중단' 문제였다.

과반수가 반대하면 사임하기로 했다. 99.8%가 투표에 참여해 '경영방침'에는 86%가, 연합통신기사 수신중단에 80%가 찬성했다. 연합통신과의 관계는 중단되었다. 월 1억 5000만 원이 절감됐다. 흑자가 난 이후 다음해 3월에 전재료를 반값으로 깎아 연합통신과 관계를 회복했다. 밀린 전재료도 50% 깎아 지불하여 우리의 원래 요구대로 되었다.

시간에 쫓겨 밀어붙이는 방식은 정부가 비공식적으로 약속한 증자가 이루어지지 않으면서 갈수록 강화되었다. 경영방침 투표에서 비록 86%가 찬성했지만 그 고통은 심했고 욕도 참 많이 먹었다.

3.
증자가 이렇게 어려울 줄이야…

내가 YTN 사장으로 간다는 기사에 정부가 공기업을 통해 1100억 원을 증자하여 은행부채를 해결하기로 했다는 내용이 들어 있었다. 나 역시 한전을 필두로 담배인삼공사(현 KT&G), 마사회, 한국통신(현 KT), 포스코, 하나로통신 등등이 각 100억씩 증자에 참여할 것으로 알고 있었다. 이들 공기업 사장들이 이미 청와대에 불려가 증자 약속을 했다고 들었다. 1100억 빚을 갚고 나면 경비를 2분의 1로 줄이고 매출을 3배만 높이면 되려니 했다. 그래서 마치 빚 받으러 가는 채권자처럼 이들 사장들을 만났다. 내가 세상을 너무 몰랐던 것이다. 청와대를 너무 믿었던 것이다. IMF 외환위기가 무엇인지를 몰랐던 것이다.

과거 대통령들은 물론이고 1998년 외환위기 때도 대통령의 힘이 상당히 셌다. 최초의 평화적 정권교체에다 하루빨리 외환위기를 극복해 주기를 바라는 국민적 염원이 더해졌고 더구나 금모으기 운동으로 대통령이 국민들의 전폭적인 지지를 받을 때였다. 그럼에도 청와대 말은 쉽게 먹히지 않았다. 세상이 바뀌고 있었다.

한전 사장은 걱정하지 말라고 했다. 안심했다. 그런데 당연히 되리라고 봤던 한국통신(현 KT)에서 문제가 생겼다. 사장을 만나러 가니 사장 대신 부사장이 나왔다. 부사장은 "노조가 반대해서 어쩔 수가 없다. 노조위원장을 설득해 보라"고 했다. 노조위원장은 어디 있느냐고 물으니 파업을 했기 때문에 감옥에 있다고 했다. 서울구치소에 가서 노조위원장을 만났다.

"YTN 증자에 노조위원장이 반대한다는데 사실입니까?"

"그렇지 않습니다. 나는 그런 얘기 자체를 모릅니다."

"처음 뵙지만 제 이름을 잘 아시죠?"하니 고개를 끄덕였다. 나는 호소했다. "제가 YTN 사장으로 간 것이 한국통신노조에게 그리 해가 되지 않을 것입니다. 한국통신은 케이블산업의 사실상 동업자입니다. 사실 YTN이 살아야 한국통신도 인터넷이라는 새 사업을 할 수 있습니다. 잘 아시잖습니까" 그도 동의한다 했다. "그러면 사장님께 YTN 증자에 적극 찬성한다는 편지를 써주십시오" 그러나 노조위원장이 편지를 보냈는데도 결과는 실패였다. 다시 찾아가니 또 사장 대신 부사장이 나와 검토하겠다는 답만 했다. 부사장에게 "다음에 찾아와도 또 검토지요?" 했더니 그는 웃으면서 "아마 또 그렇게 답할 수밖에 없을 겁니다" "내년에도 검토지요?" 하니 "예. 그렇습니다" 언론인 출신인 그 분은 솔직하게 답해주었다.

나는 주간내일신문을 하면서 당시 마사회 회장을 잘 알게 되었다. 그분은 별 넷 대장 출신으로 나에게 호감을 갖고 있었다. 당연히 증자가 되리라고 믿었다. 사무실을 찾아가니 흔쾌히 응낙했다. 그런데 며칠 후 전화가 왔다. 감사를 설득하라는 것이었다. 감사는 특별히 힘이 있다고 알려진 사람이었다. 나는 큰 문제가 없으리라 생각하고 감사를 만났는데 그분은 "규정상 마사회는 YTN같은 곳에 증자를 할 수 없다"는 것이었다. 그것이 고문 변호사의 자문이라며 문건을 보여주었다. 그러면 다른 법무법인에서 '마사회도 증자할 수 있다'는 유권해석을 받아오면 가능하냐고 물었다. 그는 참고는 할 수 있겠지만 결정은 자신이 한다고 냉정하게 답했다. 나는 놀랐다. 감사가 안 된다고 거부하면 회장도 어쩔 수 없다는 것을 알고 있었다. 그러나 YTN 증자는 사실상 청와대가 약속한 것이었다. 감사는 권력과 아주 가까운 사람으로 알려져 있어 이상했다. 뭔가 석연치 않은 느낌이었지만 일단 그 규정의 법적 유권해석을 문서로 받으면 마사회 고문변호사의 자문을 뒤엎을 수 있지 않을까 기대했다. 제일 큰 로펌인 김&장을 선택해서 마사회가 증자에 참여해도 된다는 유권해석을 받았다. 이 유권해석은 결과적으로 아주 중요했다. 만약 이 유권해석이 없었다면 YTN이 이후 3개월 만에 흑자를 내었어도 투자형식으로 증자에 참여할 수 없었을 것이다. 마사회 회장은 아마 고심이 컸을 것이다. 그러나 나중에 그 분은 크게 결단하여 정부가 부여한 100억 증자를 넘어 200억 증자에 참여하게 된다. 그렇지만 당시는 낙담이 컸다.

나는 그때까지도 세상을 잘 몰랐다. 담배인삼공사 사장을 만났다. 그는 주간내일신문과 내일여성센터가 벌인 외산담배반대운동 때문에 잘 알게 된 사이였다. 이번에는 저녁을 먹자고 했다. 아무래도 사무실에서 만나면 깊이 있는 이야기가 나오지 않을 것 같아서였다. 한국통신에서의 경험 때문이었다. 역시 식사는 중요하다. 같이 밥을 먹은 식구가 되니까.

사장은 나의 순진함이 안쓰러웠는지 진실 된 이야기를 해주었다. "이 증자는 할 수가 없을 것 같습니다. 왜냐하면 YTN은 자본잠식이 다 되었고 또 적자 상태인데 증자에 참여하면 이는 법률상 배임입니다. 누가 배임으로 재판정에 가려고 하겠습니까? 청와대 방침이니 이 정부 하에서야 넘어갈 수 있지만 다음 정부에서 반드시 문제가 될 것입니다"

나는 크게 당황했다. '앗! 증자가 물 건너가는구나. 큰일 났네'라고 생각했다. 바로 검찰에 있는 친구에게 물어보았다. "자본잠식이 되고 적자가 나는 기업에 증자 참여를 하면 배임인가?"라고 물으니 그는 '똑 떨어지는 배임'이라고 답했다. 담배인삼공사 사장은 그렇지 않아도 자신이 증자를 검토하겠다고 했다가 상급기관에 불려가 야단을 맞았다고 했다. 그는 대신 방안을 알려주었다. "반드시 흑자를 내야 한다. 그러면 증자가 아니라 투자로 할 수 있다. 아마도 서로 투자하려고 난리일 것이다. YTN은 미래가 있기 때문이다" 너무나 고마운 조언이었다. '흑자만이 살 길'이라는 각오를 다시 다졌다.

나는 담배인삼공사의 사실상 상급기관인 재경부 차관을 만났다. 우리가 흑자를 내면 담배인삼공사가 증자가 아니라 투자를 해도 괜찮으냐고 넌지시 물었다. 그는 흑자만 낸다면 자신도 투자에 도움을 주겠다고 약속했다. 미리 다짐을 받아 놓아야만 했다.

그 다음 하나로통신 사장과 점심을 했다. 그분 역시 솔직했다. 담배인삼공사 사장과 같은 이야기를 했다. "제가 이 나이에 재판정에 서야 하겠습니까? 청와대에서 강압적으로 하라면 어쩔 수 없이 할 수밖에 없겠지만, 그런 일이 일어나는 것은 불행한 일이죠. 안하고 싶습니다" 솔직히 말해주어서 감사하다고 했다. 그 분은 대신 너무나 고생을 하니 적지만 광고를 주겠다고 했다. 그저 고맙다고 했다.

포스코 회장도 만났다. 사무실로 찾아갔다. 앉자마자 "왜 왔는지 잘 알고 있다, 고생이 많다"고 했다. "우리는 증자를 할 수 없습니다. 왜냐하면 외국인 이사에게 각서를 써 주었습니다. 다른 언론사에서도 증자를 요청했는데 이것이 이사회에서 말썽이 나서 다시는 언론사 증자에 참여치 않기로 각서를 썼습니다. 나도 청와대에 가서는 어쩔 수 없이 증자를 하겠다고 했습니다만 이사회에서 목이 날아갈 수도 있습니다" 마음이 아팠다. "안되리라고 알고 왔습니다. 자칫 잘못하면 배임이 되지요?" 그분 왈, "아, 그렇습니까?" 우리는 허허 웃었다. 그분은 대신에 광고나 협찬을 주겠다고 했다. "고맙습니다" 하며 허리를 90도로 굽혔다.

청와대가 뭐라 하건 1100억 증자는 사실상 물 건너갔다. 청와대를 탓할 일이 아니었다. 물론 공기업 사장들에게 불평할 일도 전혀 아니었다. 시장경제가 가동된 것이다. 청와대에 대한 공기업의 목소리는 비록 작았지만 명령이 그대로 통하지는 않는 여건이 된 것이다. 민주주의에서 권력에 대한 작은 목소리가 나온 것이다.

어떻게 해야 할까, 고민이 깊어졌다. 스스로 살 길을 찾아야 했다. 당장 쓸 돈이 한 푼도 없었다. 통장은 사실상 제로였다. 어음을 쓸 수 있겠지만 취임 다음날 어음장을 가위로 잘라 없애 버렸다. 어음은 빚이다. 빚을 내지 않겠다는 결단을 표현한 것이다. 당장 쓸 돈을 마련해야 했다.

마침 실낱같이 가는 붙잡을 지푸라기가 하나 있었다. 내가 취임하기 이전인 1997년 12월 8일 당시 이사회에서 추진한 100억 원 증자안이 있었다. 이때 연합통신 대신 새로 제1대 주주가 된 한국전력 자회사 KDN이 30억 원을 증자하겠다고 했는데 나머지 주주들이 70억 원을 출자하지 않아 30억 원이 유예된 건이 있었다. 방송법에는 한 회사가 30% 이상의 지분을 소유할 수 없으므로 KDN이 70억 원을 보태 100억 원을 낼 수도 없었다. 나머지 주주들은 누구도 증자에 참여하지 않았다. YTN의 미래가 불투명했기 때문이다.

70억 원 중 반 정도는 우리 YTN 직원들이 직접 증자에 참여해야 한다고 나는 굳게 마음먹었다. 그래야 나머지 돈을 외부 증자하고 KDN의 30억 원을 받을 수 있다. 이것이 앞에서 이야기한 '사장의 경영방침 찬반투표'의 핵심이었다. 86%의 압도적 지지를 받아 직원 스스로의 증자는 동의를 받았다. 그런데 현실은 그렇게 쉽지 않았다. 우선 모두가 돈이 없었다. 6개월 간 월급이 나오지 않았으니 대다수가 빚을 지고 있었다.

그래도 우리의 운명은 스스로 해결하겠다는 자주적인 정신이 새롭게 움터 올랐다. 나는 2000만 원을 내겠다고 선언하고, 가능한 한 모두 만 원에서 2000만 원 이하로 참여해 주기 바란다고 제안했다. 강제할 수는 없었다. 기억하기로는 한 명을 빼고 모두 참여했다. 사실 경영방침 찬반투표에서는 10%가 반대했고 4%가 기권을 했었다. 나는 반대한 10%는 용기 있는 사람들이고 문제는 기권한 4%라고 했다. 직원들이 증자로 32억 5000만 원을 약정했다.

동시에 70억 원의 대략 반 정도를 건실한 중견기업들에게 증자에 참여해 달라고 호소했다. 당시는 외환위기가 한창일 때여서 재벌은 물론 중소기업들도 모두 제 코가 석자였다. 자본잠식이 다 되고 빚 1100억 원에 적자인 YTN에, 더구나 청와대가 말해도 공기업이 증자하지 않는 YTN에 어떤 기업이 참여할까.

그때 고려아연 최창걸 회장님이 아니었다면 최초의 100억 YTN 증자는 이루어질 수 없었을 것이다. 최창걸 회장님과는 일찍이 우리나라에 외환위기가 덮칠 것이라는 점에 공감대를 형성하면서 마음이 통한 바 있었다. 또 내일신문처럼 최창걸 회장님 역시 빚을 줄이고 위기에 대비하고 있었다. 그분은 결단했다. 장 사장도 돕고 외환위기를 극복하려면 케이블산업이 발전해야 한다는 데도 동의했다. 그 분께서 친구인 녹십자 허영섭 회장님을 설득했다. 그래서 함께 15억씩 30억을 내어 증자에 참여하기로 했다. 허영섭 회장님도 대단한 결단을 하신 것이다. 또 이 분들은 세아제강과 이건산업 회장님들에게 같이 증자에 참여하자고 설득했다. 세아제강은 1억 5000만 원, 이건산업은 1억 원을 내 증자에 참여했다.

그래도 5억 원이 부족했다. 백방으로 뛰었지만 역부족이었다. 그 때 귀인이 나타났다. 공정위 부위원장 출신인 한국카프로락탐 사장이 이런 얘기를 듣고 전화를 걸어왔다. 자신이 오너는 아니지만 오너들을 설득해서 5억 원 증자에 참여하겠다고 했다. 너무나 반갑고 고마웠다.

그렇게 어렵사리 중견기업의 돈 37억 5000만 원은 들어왔는데 YTN 임직원의 증자 금 32억 5000만 원은 한 번에 마련되기가 어려웠다. 6개월간 월급을 못 받고 빚쟁이인 현실에서 돈이 나오기는 어려웠다. 70억 원을 한 번에 마련해야 KDN이 30억 원의 유예를 풀고 증자금을 낼 수 있었다. 대학친구인 주택은행 김정태 행장에게 SOS를 쳤다. 직원들이 개별적으로 신용보증을 설 테니 먼저 32억 5000만 원을 빌려주면 증자가 된 후 이틀 뒤에 갚겠다고 했다. 간신히 해결했다. 100억 원의 증자가 이루어지니 회사가 돌아가기 시작했다. 그러나 매출이 오르지 않으면 안 되었다.

4.
어떻게 매출을 3배 늘릴까?

경비를 2분의 1로 줄이는 것은 마음을 독하게 먹으면 할 수 있다. 일체유심조(一切唯心造)라는 말도 있지 않은가. 속으로야 불만이었겠지만 YTN에서는 직원들이 경비를 줄이는 데 동의했다. 노동조합의 결정은 존경스러웠다. 위원장 등 간부들은 심적 고통이 컸을 것이다.

나는 4차원의 장(場)을 만들면 매출이 3배 올라간다고 생각했다. 아인슈타인을 믿고 부처님, 예수님을 믿기 때문이다. 어떻게 4차원의 장을 만들까? 장은 분위기이다. 직장에 갈등·대립·차별이 있어서는 장이 만들어질 수 없다. 분위기가 나쁘게 된다. 당시 YTN은 분위기가 나빴다. 적자가 나고 월급이 안 나온 것도 있지만 더 근본적인 문제는 앞에서 이야기한 카스트제도와 같은 차별이 존재했다. 오죽했으면 광고부 책임자가 볼펜기자니, 찍새니, 바이샤니, 수드라와 같은 말을 할까.

나는 각오를 단단히 했다. 내가 몸담고 있는 YTN에는 적어도 카스트제도를 없애겠다, 조선시대 사농공상의 차별을 반드시 없애겠다고 생각했다. 차이는 인정하고 차별을 없앤다면 통일되고 화합된 분위기가 만들어질 수 있다고 믿었다. 내용이 다양하고 풍성하면서 하나가 될 수 있다고 믿었다. 내일신문의 경험이 있었기 때문에 자신이 있었다. 영업팀 직원에게 인센티브제도를 도입했다. 외주를 받는 영상제작팀을 신설했다. 사기를 높이기 위해 영업팀 간부들과 경제부 간부들은 나와 함께 매일 회의를 하기로 했다. 또 광고부를 마케팅실로 명칭을 바꾸어 팀제로 운영하기 시작했다. 관리파트인 기획조정실은 부를 팀으로 축소하고 인원을 반으로 줄여 영업 인력에 충원했다.

정치부는 대다수 기자들이 가고 싶어 하는 부서이다. 고등학교 후배인 유능한 정치부 기자를 마케팅실로 보냈다. 당시 경기고등학교가 개교 100주년이 되었는데 그 기자를 영상제작팀에 보내 100주년기념영상물을 만들기 위해서였다. 1억 원짜리 프로젝트였다. 그는 처음에 불만이었지만 간곡히 부탁하니 승낙했다. 1년 뒤에 다시 원위치 시키겠다고 약속했는데 그 약속을 지키지 못하고 내가 10개월 만에 그만두었다. 지금도 그에게 미안하다.

마케팅을 강화하고 영상마케팅사업단을 만들고 그 산하에 영상제작팀을 두었다. 경기고 100주년기념 영상물을 만든 것처럼 각 학교나 업체들의 영상물을 만드는 일을 해 매출을 올리자고 했다. 광고도 우리가 직접 만들 수 있다고 주장했다. 우리는 기자재와 인력과 기술을 가지고 있지 않으냐고 했다.

또 신규사업단을 신설했다. 신규사업단장인 조봉환 부국장은 국회의원들의 의정활동을 영상으로 제작해 무료로 제공했다. 서비스였다. 이만섭 국회의장이 감동하여 국회도서관에서 5000만 원을 제작비로 지원해 주었다. 그 결과로 국회도서관에 수십 명 의원의 의정활동이 CD로 보관되어 있다. 이런 것이 바로 마케팅이다.

그러나 역시 영업에서의 중심은 광고이다. 어떻게 광고를 늘릴까 고민했다. 나는 내일신문에서 광고영업을 한 경험이 있어 부딪히면 해 볼 수 있다고 생각했다. YTN은 내일신문보다 훨씬 브랜드네임이 높고 훌륭한 인력도 있다.

우선 YTN의 광고를 유심히 살펴보았다. 대우자동차의 마티즈가 눈에 띄었다. 당시 YTN은 주로 오피니언 리더가 보는 매체였다. 오피니언 리더들이 마티즈를 타는가? 아니다. 그들은 쌍용의 체어맨이나 현대의 다이너스티나 그랜저나 기아의 엔터프라이즈를 주로 탄다. 이것은 잘못되었다고 판단했다. 김우중 대우회장을 만나러 갔다. 마침 쌍용자동차를 대우가 인수했을 때이다. 자동차에서 대우는 항상 현대에 밀렸다.

힐튼호텔 꼭대기 층 김우중 회장 방에서 대화가 오고 갔다.

"YTN이 적자가 심해서 꺼버려야 할 지경입니다. 도저히 흑자 날 길이 막막합니다. 매출을 세 배 높여야 하는데 이 엄동설한 외환위기에 방법이 없을 것 같습니다."

"YTN을 끄면 안 됩니다. 어떻게 도우면 되겠습니까?"

"YTN을 보니 마티즈 광고가 나오는데 사실 YTN은 오피니언 리더들이 많이 보지 않습니까? 제 생각에는 마티즈 대신 체어맨을 광고에 넣어야 하지 않을까요? 한번 체어맨을 세게 밀어 다이너스티를 이겨보면 어떨까요?"

갑자기 김 회장은 전화기를 들고 홍보실장을 대라고 했다. "YTN에 마티즈 들어가는 거 알아? 마티즈가 YTN에 맞아? 정신이 있어? 체어맨을 넣으란 말이야!" 바로 전화를 탁 끊었다.

"죄송합니다. 체어맨 광고를 지금보다 두 배 정도 올려주시면 어떨까요?" 라고 말하니 김 회장은 "뭐가 죄송해요? 이왕 이렇게 된 거 체어맨 광고를 세 배로 늘려 한번 일등 해 봅시다."

결과는 체어맨이 다이너스티를 이겨 여러 신문에 보도되었다. 그때가 대우자동차가 제일 잘 나갈 때였다. 또 김우중 회장이 직접 마티즈를 몰고 다니면서 판매도 할 때였다.

마케팅실 광고팀은 신이 났다. 광고할 수 있는 기업체들의 사장을 만나보라고 재촉했다. 간부들은 만남을 주선했다. 만나기 전에 간부들과 그 업체가 흑자가 났는가 등의 재무 상태와 경영전반에 관해 분석했다. 재무상태가 나쁜 기업에 찾아가 광고 달라고 해봤자 효과가 없기 때문이다.

열한 군데 공기업에서 100억씩 1100억 증자가 무산된 이후 이들 공기업들은 내가 더 이상 증자에 대해 이야기하지 않으니 성의껏 광고를 지원해 주었다. 조금 미안하기도 했을 것이고 그들도 YTN의 필요성은 인정했기 때문이었다.

기업들은 가입자 수에 관심이 많았다. 내가 처음 취임했을 때 가입자가 82만 명이 조금 넘었다. 물론 유료였다. 나는 전 직원 부인들에게 편지를 썼다. '반상회에 적극 참여하여 이웃들에게 YTN의 실상을 알리고 YTN에 가입해 달라고 호소했으면 한다'는 내용의 편지였다. 부인들은 적극적이었다. 나도 두 구좌를 가입했다. 모친이 한 구좌만 가입해도 되는데 왜 두 구좌냐고 반문했지만 사장이니 매출을 2배로 해야 한다고 했다. 친척들에게도 가입을 강하게 권했다. 가입자가 많아야 일반기업에서 광고가 들어오기 쉽다. SO 사장단들을 만나 YTN시청자들을 늘려달라고 간곡히 부탁했다. YTN직원들과 SO들의 노력으로 외환위기에서도 시청자가 늘 수 있었다. 강연을 다니면서도 YTN가입자가 되어주기를 부탁했다. 내가 그만둘 때는 10개월 만에 가입자 수가 3배인 250만 명이 넘었다.

노력의 결과로 광고가 계속 늘어났다. 마케팅실에서 요구하는 것은 무조건 들어주었다. 마케팅실은 기가 살아났다. 인센티브까지 있으니 더 좋았을 것이다. 광고매출액이 그해 8월에 7억 5000만 원이었는데 매출이 늘면서 9월 매출이 14억 3000만 원으로 급증했다. 매출이 올라가니 전체적으로 분위기가 살아났다. 틈만 나면 여러 부서의 사람들과 회식을 했다. 간부들이 각 기업체나 정부 부처의 교육을 요청받아 왔다. 외환위기와 구조조정에 대한 주제였다. 특히 해고를 하지 않고 월급을 줄이는 구조조정에 관심들이 많았다.

강연료가 나오니 이것을 회식비로 썼다. 갈수록 강연이 늘어났다. 강연을 하면 광고와 협찬이 늘어난다. 강연이 끝나면 기관장이나 사장들과 만나 대화를 하게 되고 당연히 YTN의 이야기가 나오고 그러면 광고와 협찬이 뒤따라왔다.

모 그룹 사장단 모임에서 강연요청이 왔다. 외환위기와 YTN의 구조조정에 대한 강연이었다. 강연이 끝난 후 그룹 오너가 자기 그룹에 와서 일하면 어떻겠느냐고 제안했다. 웃으면서 YTN을 살리는 것이 더 중요하니 YTN에 광고를 넣어주시면 어떻겠냐고 했다. YTN은 앞으로 잘 될 것이고, 오피니언 리더들 중심으로 시청자도 늘어나니 광고효과도 좋을 것이라고 이야기했다. 당연히 광고가 실리게 되었다.

서울경찰청에서 교육했을 때이다. 교육을 마친 후 식사시간에 경찰간부가 "저는 젊은 기자들보다 스무 살 정도 나이가 많은데 술을 먹거나 하면 기자들이 거의 반말로 대하니 화도 나고 분하기도 하다. 제발 이것을 고쳤으면 좋겠다"고 토로했다. 크게 느낀 바 있었다. YTN직원들은 취재원이 열 살 이상 연장자이면 반드시 존댓말을 쓸 것을 사장으로서 강력히 요구했다. 일부에서 반발이 있었다. 기자들은 취재원, 특히 정부부처 사람들에게는 대개 엉거주춤한 반말을 했다. 처음에는 권력에 굴종하지 않는다는 뜻으로 시작되었겠지만 점점 기자들의 오만을 키우는 나쁜 습관이 된 지 오래라고 봤다. 반발인지 이런 질문까지 있었다. "사형수에게도 존댓말을 써야 합니까?" "사형수도 나이가 많으면 존대하는 것이 좋겠습니다"라고 했다.

겸손은 기자들에게 매우 중요한 덕목이다. 권력이냐, 서비스냐의 잣대이다. 나는 이때부터 인사를 90도로 하기 시작했다. 사장부터 모범을 보여야 하기 때문이다. 겸손하면 서비스가 잘 되고 서비스가 잘 되어야 시청자도 늘고 광고도 늘어날 수 있어 우리가 망하지 않고 회생할 수 있다. 겸손이 회생의 첫 단추라고 생각했다.

일찍 출근하고 월급을 50% 이하로 반납하고 존댓말을 쓰고 인사를 잘하는 등 서비스마인드 분위기가 확산되면서 YTN을 둘러싸고 있는 광고여건이 좋아지기 시작했다. 공기업들이 광고와 협찬에 적극적으로 되기 시작했다. 사기업들도 차츰 광고에 관심을 갖기 시작했다. 당시는 사기업은 광고하기 무척 어려웠다. 외환위기 아래에서 자신의 생존여부가 불투명했기 때문이다. 그럼에도 불구하고 YTN의 구조조정 방식에 대해 관심이 많았고, 특히 오피니언 리더들에게 정책광고를 하려고 하는 기업에서는 적극적으로 광고를 하기 시작했다.

광고 증가와 시청자 증가는 서로 영향을 주고 시너지 효과를 낸다. 경영에서는 어떻게 터닝 포인트를 만드는가가 중요하다. 이 전환점은 리더와 구성원들이 한 마음으로 미래의 비전에 공감할 때 만들어진다. YTN의 경우는 살아야 한다는 절박감과 구성원들의 자존심이 흩어져 있던 마음을 하나로 모으면서 이 전환점이 나타났다.

사실 매출이 3배로 오르는 데는 최소 1년이 걸릴 것으로 생각했다. 그런데 예상치 않게 3개월 만에 사실상 전체 매출이 3배로 올랐고 경비도 2분의 1 이하로 줄어 12월 중순이 되자 흑자로 돌아섰다.

5.
새로운 소통기구와 업무평가시스템

내가 YTN에 가자마자 처음에 한 조치는 조직 내 파벌과 분열을 없애고 통일장의 분위기를 만드는 것과 이 위기를 극복할 수 있다는 자신감을 심어 주는 것이었다. 그래서 먼저 '제2창사를 실현하는 위원회'를 만들어 비용을 2분의 1로 줄이는 역할을 하도록 했다. 기구에서 회의를 통해 3분의 2 이상의 동의를 얻어내는 과정은 매우 중요하다. 당시 어느 누구도 경비를 2분의 1 이하로 줄인다고 생각하지는 못했던 것 같다. 특히 공기업에서는 더욱 그렇다. 그러나 YTN에서는 해냈다. YTN 구성원들의 결단의 결과이다.

경영이 어려우면 갈등이 심하고 파벌까지 나타난다. YTN도 예외는 아니었다. 신설회사였던 YTN에는 KBS 출신과 연합통신 출신이라는 두 그룹이 있었다. 경영이 어려우니 이 두 그룹이 파벌로 나타났다. KBS 출신은 또 원KBS와 TBC 출신으로 갈라졌다. 여기에 영·호남 등 지역갈등까지 얽혀 복잡한 양상을 띠고 있었다. 갈등은 소통을 갉아먹는다. 소통이 안 되니 분위기가 나쁠 수밖에 없었다. 시간이 촉박했다. 공기업이므로 회계연도를 생각해야 했다. 가능하면 12월 31일까지 매출을 3배 높여 흑자를 내는 것이 이 갈등을 해소할 수 있는 길이라고 생각했다. 그러나 분위기를 바꾸지 않으면 매출이 올라가지 못하니 달걀이 먼저냐 닭이 먼저냐였다.

고민 끝에 결단을 내렸다. 우선 파벌을 만드는 근거가 되는 모임을 하지 않도록 강력하게 요구했다. 마치 포고령과 같은 것이었다. 동문회도 종교모임도 흑자가 날 때까지 하지 말기를 요구했다. 지나친 것은 알지만 어쩔 수 없었다. 당시 이런 모임들이 갈등의 씨앗이 되었다. 하루는 몰래 모임을 하고 있다는 정보가 들어왔다. 그 모임의 이름은 목청주회라고 했다. 목요일에 청진동에서 술을 마시는 모임이라고 했다. KBS 중견기자 출신들의 모임이었다. 중심은 당시 청와대 출입 기자였다. 나는 정치부장을 불러 내일 아침 9시까지 그 모임을 해체하지 않는다면 청와대 출입 기자를 인사조치하겠다고 강하게 말했다. 그리고 이유를 설명했다. 정치부장은 내 말에 동의했는지 다음 날 그 기자와 함께 찾아와 그 모임을 해체했다고 말했다. 아마 워낙 분위기가 살벌했기 때문이었으리라.

나는 어떻게 하면 모든 사람이 함께 만남과 대화의 장을 마련할까 구체적으로 고민하기 시작했다. 그리고 이를 시스템으로 제도화해야 한다고 생각했다. 그 중심이 내일신문에서의 경험이었다. 사원주주를 만들어야 한다고 생각했다. 이를 기반으로 주주사원운영위원회가 필요하다고 보았다. 더구나 YTN은 공기업 증자가 실현되지 않자 스스로 자신의 운명을 자주적으로 개척하기 위해 사원주주제를 결단한 바 있다. 나는 이 사원주주들의 의견을 수렴하고 또 이사회 등과의 원활한 소통을 위해 주주사원운영위원회 설치를 제안했다.

처음에는 일부에서 반대가 있었다. 노동조합이 약화된다는 이유에서였다. 나는 반대로 생각했다. 노동조합은 주주총회나 이사회에 큰 영향을 미치기가 쉽지 않다. 그러나 주주사원운영위원회는 상당한 영향을 미칠 수 있을 뿐 아니라 YTN의 주주사원이 YTN의 운명에 가장 중요하다는 선언 그 자체이다.

이 조직은 노동조합의 대의원 선거처럼 전 주주사원이 직접 비밀무기명 투표를 통해 상임위원 6명과 운영위원 22명을 선출했다. 80%가 노동조합대의원들이나 상급간부들이 선출되었다.

주주사원운영위원회는 노동조합과 차원이 다른 조직이다. 노동조합이 근로조건의 유지개선이 중심이라면 주주사원운영위원회는 YTN의 '소유·경영·노동'을 통일시키는 한 차원 높은 조직이다. 이 조직이 만들어지면서 YTN의 분위기는 새롭게 변하기 시작했다. 사실 사장의 경영방침에 대한 찬반투표중의 핵심이 사원들이 증자에 참여해 주주사원이 되는가 여부였기 때문에 이 투표에서 86%의 찬성을 해 줌으로써 그때부터 분위기가 바뀌게 된 것이다.

이 주주사원운영위원회에서 중요한 결정을 했다. 새로운 경영시스템을 안정적으로 유지시키려면 사원 개인업적 평가시스템을 도입하지 않으면 안 되었다. 그래야 경영혁신과 내실경영이 뿌리내릴 수 있다. 평가제는 많은 노동조합에서 반대한다. YTN 노조도 이 평가 제도를 반대했다. 그런데 80%의 노조 대의원이 개별적으로 참여한 주주사원운영위원회에서는 이 평가제도를 만장일치로 의결했다. 차원이 다른 조직이기 때문이 아닐까. 사실 나도 과연 이 제도가 운영위원회에서 통과될 수 있을까 의심했다. 그런데 한 명의 반대도 없이 만장일치 통과여서 너무 놀랐다. 개인 업적 평가시스템에 대한 구체적인 세부계획이 세워졌다. 일반사원은 차장과 부장이 1, 2차 평가를 하고

국·실장이 최종 평가하며, 차장은 담당부장과 실·국장이 1,2차 평가자였다. 부장은 실·국장 평가에 이어 사장이, 실·국장은 사장이 평가했다. 평가 방법은 직급별, 팀별로 상대적으로 평가했다. 상위 10%와 하위 10%는 의무배정이었다. 당시 우리나라 언론사에서 최초로 팀제를 운영했다. 팀플레이를 강조했기 때문이다.

하향식 평가제에 대한 반론도 있었지만 언론사는 특히 강한 집행력이 필요하고 시간을 다투는 보도가 중심이기 때문에 하향식 평가제를 하기로 했다. 평가에 따라 이듬해에 상반기 보너스를 차등 지급했다. 노조가 강한 사업장에서 보너스를 차등지급하는 것은 대단히 어려운 것이 현실이다. 차등을 어떻게 설명할까. 차별은 나쁘지만 차이를 인정하는 조직이 경쟁력 있는 조직이 된다는데 구성원들이 동의했다. 획일과 평등은 다른 것이다. 획일은 하향 평준화이다. 그러나 평등은 차이를 인정하는, 내용이 풍부한 하나로 나아가게 된다. 아마 주주사원운영위원회가 없었다면 이 업적평가시스템과 보너스 차등제를 할 수 없었을 것이다.

이 평가시스템은 인사에도 반영되었다. 이 제도가 도입된 이후 인사는 사원이 1차 지망, 2차 지망의 희망부서와 그 이유를 적어 내어 담당 부서장이 희망자 가운데 자신이 일하고 싶은 사람을 적임자로 선발하도록 했다. 보도국의 경우 담당 부서장 이상의 간부들이 모인 자리에서 담당 부서장의 의견을 수렴해 공개적으로 적임자를 선택하도록 했다. 부서장급 이상의 간부들 인사는 내가 국장단과 상의하여 전권을 행사했다. 보도국은 한 명의 국장을 두는 대신 총괄 부국장과 경제담당 부국장과 편집담당 부국장의 세 명의 국장단을 두어 운영했다. 국장단 팀플레이였다.

흑자가 나고 빚을 갚은 후 다음 해가 되어 전격적으로 월급을 공개했다. 변화에는 타이밍이 중요하다. 모두 난리가 났다. 사생활을 보호하지 않는다는 것이 비판의 핵심이었다. 나는 우리가 공개투명의 원칙에 모두 합의했으니 당연히 월급도 공개해야 한다고 생각했다. 월급이 가장 중요하기 때문이다. 월급을 공개하지 않고 다른 재무제표만 공개한다면 그것은 반쪽밖에 공개하는 것이 아니라고 말했다. 내가 원칙을 강조하면서 강경하게 나오니 불만은 있었지만 사람들이 따라왔다. 자신의 호봉이 동료와 차이가 많이 나는 것을 받아들이지 못하는 사람들은 반박 이유를 문서로 제출해 그 타당성이 인정되면 올려주겠다고 했다. 일반적으로 호봉제는 자동으로 연공서열제인데 당시 YTN은 간부가 아래 직원의 호봉을 조정해 오고 있었다. 불만을 가진 사람들은 동료보다 호봉수가 높은 사람들이었다. 자신의 호봉이 깎일까 불안했기 때문이었는데 평균보다 낮은 사람은 올려주고 높은 사람은 그냥 두기로 했기 때문에 바로 불만이 없어졌다. 이것 역시 중대한 변화였다. 이른바 부당하게 찍혀서 동료보다 호봉이 낮은 사람들은 항상 불만이 있었다. 이러한 불만이 없어지니 분위기가 더 좋아졌다. 분위기야말로 매출 증가에 가장 중요한 요인이다. 시스템 변화는 분위기를 좋게 만들기 위한 것이다. 시스템 변화가 목적이 아니라 직장의 분위기를 좋게 만드는 것이 목적이다. 분위기는 4차원의 장이기 때문이다.

6.
흑자 내고 증자로
은행 빚 1100억을 갚다

당시 YTN의 자본금은 300억이었는데 누적적자는 1998년 말에 1354억 6000만 원이었다. 자본잠식이 다 되었고 은행차입금만 1100억이었다. 이자는 이자를 낳고, 높은 연체이자율과 리스장비에 대한 환율급등으로 적자는 가중되었다. YTN의 대주주는 연합통신이었다. 그래서 YTN의 이름도 연합텔레비전뉴스(Yeonhab Television News)였다. 그 약자로 YTN을 썼는데 YTN의 적자가 심하니 연합통신이 대주주 자격을 한전으로 넘겼다. YS정부 말 정권 차원에서 그렇게 결정되었다. 구성원들 사이에는 연합텔레비전뉴스라는 정식명칭을 YTN으로 바꾸고 그 약자의 의미를 'Yesterday, Tomorrow, Now'로 하자는 의견이 지배적이었다. 나는 전적으로 동의했다. YTN구성원들의 시간의 의미를 강조하는 생각은 4차원 경영으로 나갈 수 있는 큰 힘이 된다고 생각했다.

매출이 3배로 늘고 경비가 절반 이하로 줄자 재무제표는 흑자로 반전되었다. 그러자 한전, 담배인삼공사 등에서는 YTN에 투자성격의 증자에 참여하기로 결정했다. 이제까지 증자에 참여하지 않기로 했던 공기업들이 서로 투자를 강조하면서 증자에 참여하겠다고 했다. 나는 가려서 하기로 마음먹었다. 억지로 할 필요는 없게 되었다. 원래 100억씩 하기로 했지만 서로 100억 이상을 하겠다고 했다. 1대 주주는 30% 이상을 못 가지므로 450억 원이 한도였다. 우선 한전부터 450억 원을 하겠다고 했다. 담배인삼공사도 450억 원을 하겠다고 했지만 제1대주주는 한전이 맡아야 했다. 그래서 담배인삼공사는 440억 원을 하기로 했다. 마사회도 200억 원을 하기로 했다. 채권은행인 한국상업은행은 남은 160억 원을 출자전환하기로 했다.

처음 증자를 요청하러 뛰어다닐 때와는 180도 달랐다. 흑자 나는 것이 이렇게 중요하다는 것을 뼈저리게 깨달았다. 이제는 우리도 강요에 의한 증자가 아니라 투자의 필요성에 의한 증자라는 것을 당당히 이야기할 때가 왔다고 보았다. 한전의 경우는 장영식 사장의 의지가 강해 쉽게 결정되었다. 한국전력은 30대 기업인 데다 정관을 바꿔야 하는 등 어려움이 있어 자회사인 한전 KDN이 대주주가 되기로 했다.

그러나 다른 공기업들의 증자 결정은 그리 순탄치 못했다. 담배인삼공사는 내외에서 보이지 않는 반발이 있었다. 내부 구성원들의 반발은 내가 대전의 담배인삼공사에 가서 회사간부들과 노조간부들 앞에서 YTN 구조조정에 대한 강연을 해서 해소할 수 있었다.

당시 나의 강연내용을 요약하면 다음과 같다.

"담배인삼공사가 지금은 이익이 많이 나지만 미래에 새로운 회사로 도약하려면 한 차원 높아져야 한다. 4차원의 회사로 발돋움해야 한다. 빠르다와 느리다와 같은 시간의 탄력적 개념이 있어야 3차원 공간에 시간이 달라붙어 4

차원이 된다. 4차원 산업에는 빠르다를 대표하는 정보통신산업과, 느리다를 대표하는 생명공학산업이 있다. 케이블산업인 YTN이 바로 정보통신산업이고, 인삼공사나 제약 같은 산업이 생명공학산업이다. 그러므로 YTN에 투자하는 것은 미래지향산업에 투자하는 일이다. 우리 YTN은 이제 흑자가 되었고 앞으로 흑자폭이 늘어날 것이므로 지금 투자하는 것이 담배인삼공사에는 도움이 되면 됐지 손해는 보지 않을 거라고 생각한다."

그렇지만 그것만으로 끝난 것은 아니었다. 담배인삼공사 이사회에서 몇 이사들이 지금은 흑자가 났더라도 만일 다시 적자로 돌아서게 되면 결국 이사들이 그 적자에 대한 책임을 질 수밖에 없다고 문제를 제기했다. 꼭 증자참여를 하려면 회사가 이사에 대한 책임보험에 가입한다는 조건부 승인으로 간신히 통과했다. 한 분은 이 문제에 대한 청와대의 의견을 들어보겠다고 청와대에 팩스까지 넣었다. 이러한 우여곡절을 거쳐 담배인삼공사는 440억 원을 결정했다. 증자이기는 하나 사실상 투자였다.

마사회의 경우도 담배인삼공사와 비슷했다. 오영우 회장은 할 의사가 있었으나 청와대와 가까운 감사의 반대가 심했고 자체 고문변호사로부터 YTN 증자에 참여하기 힘들다는 법률자문을 받아놓은 상태였다. 법률은 법률로 설득할 수밖에 없으므로 가장 큰 김&장 법률사무소로부터 법률자문을 받았다. 김&장으로부터 가능하다는 문서를 받았다. 이 문서를 가지고 설득하기 시작했다. 특히 감사의 설득에 공을 들였다. 노조에도 YTN의 주요주주가 되면 어떤 혜택이 있는지 설득했다. 결국 마사회는 이사회를 열어 정관을 변경해 증자에 참여하기로 하였다. 정관을 변경하려면 주무부처인 문화관광부의 승인을 받아야 했다. 주무부처의 체육국장을 만나 협조를 구하고 승낙을 받았다.

　한전의 증자도 한전만으로 결정되는 것은 아니다. 한전의 주무관청인 산업자원부의 승인을 받아야 했다. 공기업은 그렇다. 간부들은 장관을 만나서 해결하라고 제안했지만 나는 그 반대로 했다. YTN 간부들은 YTN 사장의 위상이 있으니 아랫사람들은 기자들이나 간부들이 만나면 된다고 했다. 그러나 사실은 그렇지 않다. 지금 YTN은 명백한 을이다. 을의 입장에서 높은 사람부터 만나면 될 것도 안 된다는 나의 경험 원칙이 있었다. 물론 높은 사람이 반대하면 안 된다. 그러나 높은 사람이 하라 하더라도 아랫사람이 틀면 되는 일이 없다. 아랫사람은 안 된다고 말하지 않는다. 계속 연기될 뿐이다. 국장 차관보 차관 장관 이렇게 순차적으로 만나니 일이 풀렸다.

　1998년 11월 27일 열린 YTN 이사회는 1100억 원을 증자하기로 하고 주금 납입일을 12월 18일로 정했다. 한전은 YTN 증자를 위한 이사회를 12월 16일에 열기로 했다. 그런데 돌발 상황이 일어났다. 한전의 사외이사인 기획예산처 국장이 증자에 반대한 것이다. 증자안건 처리가 보류되었다. 사실 나에게 잘못(?)이 있는 것 같다. 당시 기획예산처 장관은 나와 가까운 사이였다. 같은 대학 과 선배이면서 서클 선배였다. 모든 공기업 구조조정 담당 부처가 기획예산처였는데 증자에 관해서 맨 먼저 이곳에 인사하러 갔었다. 밑으로부터 인사를 해야 했는데 장관과 워낙 친하니 위로부터 인사한 것이 화근이 된 것 같았다. 또 당시는 '구조조정=모가지 자르기' 형식으로 진행되었는데 나는 그 방식에 반대했다. YTN의 경우 기획예산처로부터 인원삭감에 대한 연도별 계획서를 제출하라는 것을 나는 거절했다. 아마 이것도 못마땅했을 것이었다.

청와대 정책수석에게 전화를 걸었다. "YTN 증자를 기획예산처에서 부결한 것 같습니다. 흑자가 났는데 이렇게 비협조적이면 누가 YTN을 살리겠습니까? 올 연말까지 증자가 되지 않으면 회계연도 때문에 내년으로 넘어가고 그러면 더 어렵습니다"

기획예산처 장관에게도 전화를 걸었다. "이럴 수 있습니까? 무엇이 문제입니까? 모가지 안 잘라서 그렇습니까? 그만큼 빌었으면 됐지 얼마나 더 빌어야 합니까? 해도 너무합니다. 제가 YTN 사장 안하려고 했던 거 잘 아시잖습니까" 있는 대로 화를 냈다. 그러다가 다시 빌었다.

"아까는 너무 화가 나서 그랬으니 용서해주십시오. 선배님께서도 이 상황이면 아마 저처럼 화를 냈을 것입니다. 후배가 이러는 것, 다 YTN을 위해서 하는 것이니 너그러이 용서해 주십시오" 전화를 하면서 계속 머리를 조아렸다.

배수진을 쳤다. 12월 17일 긴급이사회를 열고 주금 납입일을 12월 30일로 연기했다. YTN의 주무관청인 문화관광부 장관으로부터 12월 24일 오후에 비공개모임을 하자는 연락이 왔다. 가보니 재정경제부장관, 기획예산처장관, 산업자원부장관, 문화관광부장관이 모여 있었다. 이분들에게 YTN의 현황을 보고하고, 증자에 주무 부처들이 협조해줄 것을 간곡히 부탁했다. 그들은 기존 주주의 감자 없이는 공기업이 증자를 할 수 없다는 입장을 표명했다. 당시 박태영 산자부장관은 감자 없이 증자하자고 했지만 재정경제부 장관은 이제까지의 모든 구조조정은 최소 10분의 1로 감자하고 증자를 하는 것을 원칙으로 하고 있다고 했다. 참으로 난감했다. 나는 사원들이 월급을 50% 이하로 줄이고 없는 돈에 32억 5000만 원을 내서 증자했을 뿐 아니라, 공기업이 증자에 참여하지 않아 고려아연, 녹십자 등 민간 기업이 어려운 중에서도 한 달 전에 증자에 참여했는데 어떻게 감자를 할 수 있느냐고 항변했다. 꼭 한다면 최근에 증자한 사람들은 두고 구 주주들을 감자해야 하지 않느냐고 했다. "사실 구 주주 중 제1대 주주는 연합통신인데, 연합통신은 이미 빠져나갔지 않으냐. 제1 책임은 그곳에 있다. 또 YTN은 공기업이므로 구 주주로 참여한 사람들이 무슨 책임이 있겠느냐. 그리고 같은 주주 중에 누구는 10분의 1로 감자하고 누구는 감자하지 않는 것이 현실성이 있느냐"고 의문을 제기했다. 그들은 대안으로 다시 적자가 나면 구 주주들은 감자를 감내 하겠다는 각서와 향후 3년간 흑자가 날 수 있는 구체적 방안을 가져오라고 하면서 증자에 찬성했다.

구 주주들로부터 모두 각서를 받고 향후 3년간 흑자방안을 마련하여 장관실로 찾아갔다. 장관은 웃으면서 각오를 단단히 하라는 뜻이었다고 하였다. 감자 없이 증자한 최초의 공기업이라고 했다. 구 주주들은 좋아했고, 특히 한전에서는 만일 구 주식이 감자되었다면 실무자들이 감사를 받아 경고 딱지를 받았을 것이라고 하면서 기뻐했다. 한전은 증자를 위한 이사회를 다시 개최해 기존 120억 자본금에 더해 '330억 증자안'을 통과시켰다.

이제야 모든 것이 끝나는가 싶었는데 장애물이 또 나타났다. 마사회의 증자 참여에 문화관광부에서 제동을 걸고 나왔다. 승인을 해줄 수 없다는 긴급 전화였다. 12월 30일에 증자금이 납입되지 않으면 내년으로 넘어가 처음부터 다시 해야 한다. 속이 탔다. 12월 30일 오전에 나와 신규사업단장이 문화관광부장관실로 찾아가 간신히 승낙을 받았다. 그러나 한전KDN, 담배인삼공사 등은 주금을 납입했지만 점심시간이 지나도 장관승인서가 아직 마사회에 도착하지 않았다. 나는 다시 문화관광부장관을 찾아 호소해 승인장을 받앗다. 은행 마감시간이 지났지만 팩스로 승인장을 마사회의 거래 은행으로 보내 입금과 동시에 증자는 완료되었다. 그 해 업무의 마지막 날인 12월 30일, 피를 말리는 하루를 보내야 했다. 주금납입으로 비로소 은행차입금과 이자 등 금융비용은 모두 청산되었다.

증자한 YTN 주주구성 (단위:억원, %)

주주명	출자액	출자율	주주명	출자액	출자율
한전KDN	450	30	일동제약	9	0.6
한국담배인삼공사	440	29.3	제일산업	8	0.5
한국마사회	200	13.3	신동철	6	0.4
한국상업은행	160	10.7	장규찬	3	0.2
(주)쌍방울	30	2	고려아연(주)	15	1
남양금속(주)	30	2	(주)녹십자	15	1
하이트맥주(주)	30	2	한국카프로락탐	5	0.3
건대의료원	21	1.4	(주)세아제강	1.5	0.1
성원토건(합)	15	1	이건산업, 이건창호	1	0.06
이정일(전남일보)	15	1	YTN 임직원	36.5	2.4
한림제약합(김재윤)	9	0.6	합계	1500	100

📝 **episode**

여기자에게 '아가씨'라니?

나는 노동자들과 오랫동안 어울리면서 말투가 이른바 '노가다 식'으로 변했다. YTN에 가자마자 보도국을 지나는데 젊은 여기자가 "사장께 질문이 있습니다"라고 하여 "아 그래요? 아가씨"라고 답했는데 이것이 문제가 되었다. 기자한테 아가씨라고 했으니 그는 아가씨가 뭐냐며 항의했다. 나는 아가씨가 아니면 아줌마냐고 무심코 말했다. 그는 자신도 이름이 있다고 강하게 항의했다. 나는 "내가 머리가 나빠 기자들 이름을 다 외울 수가 없다. 이름표를 달고 다니면 알지도 모르지만 이름표도 없는데 어떻게 아느냐"고 하니 그는 화가 나서 펄펄 뛰었다.

옆의 간부들이 나에게 빨리 사장실로 가라고 했다. 뒤따라 들어오면서 큰 일 났다고 했다. 그는 노조 여성부장이고 이대 사회학과를 나온 대단히 활동적인 여성이라고 했다. 당황했다. 그런데 무엇을 잘못했는지 여전히 잘 몰랐다. 간부들은 나에게 언론사에서는 아가씨라는 말은 절대로 써서는 안 된다고 알려 주었다. 언론사뿐만 아니라 아가씨라는 호칭이 기분 나쁜 것이라는 사실을 나중에야 알았다. 고민이 되었다. 첫 단추를 잘못 끼우면 인상이 나빠지고 고생하는데 이 일을 어떻게 해야 하나. 그러나 부임 후 맨 처음 면담자를 여성으로 했고 여기자를 정치부 경제부로 배치해 여성들이 나에 대해 그리 나쁜 느낌은 갖지 않았을 것이라고 생각했다. 잘 문제를 풀면 전화위복이 될 수 있다고 생각했다. 여기자 간부를 만나 여기자들의 고민이 무엇이냐고 물었더니, 결혼한 후 근무가 바쁘고 하여 임신이 안 되는 것이라고 했다. 내가 들은 아이 낳는 법을 이야기 해 주면 문제가 좀 풀리지 않을까 생각했다. 마침 점심이 끝난 후 여기자들이 커피를 마시고 있을 때 결혼 후 5년이 되어도 아이를 갖지 못한 여기자와 이야기를 나누게 되었다. 스트레스가 많으면 임신하기 어려우니 남편과 함께 한 달간 숲속으로 휴가를 가라고 했다. 남편은 EBS에 다니고 있었다. 다행히 EBS에서도 휴가를 낼 수 있어 한 달간 휴가를 숲속으로 가서 임신을 하고 출근했다. 이것이 '아가씨'라는 말로 상처 입었던 여기자들의 마음을 좀 다독인 것 같다.

사실 사무전문직에서 일하는 도시 젊은이들은 임신이 어려운 경우가 많다. 스트레스가 많기 때문이다. 스트레스를 줄이는 가장 좋은 방법은 숲속에 자주 가는 것이다. 숲은 생명력을 높인다. 옛날 선조들은 임신이 안 될 때 젊은 부부가 10~20리 떨어진 절에 가서 백일기도를 하면 아기를 낳는다고 했다. 이것은 숲속을 하루 한 두 시간씩, 100일 이상을 걸으면 생명력이 높아져 임신 가능성이 높아진다는 사실을 말해주고 있다. 생물리학에서도 인정하고 있다.

몇 년 후 어떤 여성이 나에게 인사를 해서 누구냐고 물었더니 "저는 그때 그 YTN 기자인데 지금 아이가 둘이고 행복합니다"라고 했다. 나도 무척 기뻤다.

7.
낙하산 인사의 역할이 끝나다

나는 YTN 취임인사에서, 낙하산인사로 왔고 낙하산은 공수특전단이므로 세게 하고 빨리 끝내고 빨리 가는 것이 원칙이라고 이야기했다. 내가 해야 할 임무는 경비를 2분의 1 이하로 줄이고 매출을 3배로 높여 흑자를 만들어내고, 이를 기반으로 증자를 통해 1100억 원의 빚을 없애는 것이었다. 이 임무는 3개월 만에 사실상 달성했다. 1999년 12월 30일, 은행 빚 등 부채를 다 갚았고 흑자가 나기 시작했다. 이제 앞으로 6개월간 계속 흑자가 나는가가 관심이었다. 시스템을 바꾸는 것이 중요했다. 주주사원운영위원회를 통해 평가시스템을 만들었고 SO와의 유대를 강화시켰으며 가입자도 250만을 넘기면서 계속 늘어났다. 그러나 원맨시스템은 검토만 하고 시행하지 못했다.

당시 영업을 하려니 매일 점심, 저녁에 술을 먹게 되었다. 특히 저녁에는 폭탄주를 많이 마셨다. 토요일은 물론 일요일까지 폭탄주를 먹는 날도 많았다. 사실 나는 술을 잘 먹지 못했다. 소주 반 잔이 정량이었다. 거의 매일 오바이트를 하며 지냈다. 불쌍했는지 모 검사장이 술 먹는 법을 가르쳐주었다.

술 한 잔에 물 한 잔씩 먹고 저녁 술자리 전에 반신욕을 하면 건강을 유지할 수 있다는 자신의 비법을 말해 주었다.

  오후 5시 반이면 목욕탕에 갔다. 1월 중순의 어느 날 같은 건물에 있던 초등학교 후배 연합통신 간부가 욕탕에서 YTN에 특정인 전무가 온다는 말이 있는데 아시냐고 했다. 사장인 내가 모르는데 말도 안 되는 소리라고 했다. 이제 막 흑자가 나 간신히 빚을 갚았는데 당분간은 임원을 둘 수가 없다. 잘못된 소문이라고 말하니 그는 방송계에 말이 파다한데 자기 말이 맞을 것이라고 했다. 기분이 언짢았다.

  며칠 후 청와대 비서관으로부터 특정인을 전무로 받으면 어떻겠느냐는 전화가 왔다. 나는 이제야 막 흑자가 나기 시작했지만 아직도 어려운 재정 상태를 고려해 누구도 채용하지 않는데 임원이 증원되는 것은 올바른 경영원칙이 아니라고 거절했다. 대신에 CNN과 합작해 해외마케팅 회사를 만들고 그곳에서 일하면 되지 않겠냐는 제안을 했다. 괜찮은 제안이라 생각했는데 당사자들은 그렇게 보지 않았다. 꼭 YTN 전무를 하겠다는 입장이었다. 나는 그 특정인에 관해 잘 몰랐다. 간부들에게 물었더니 그는 청와대 비서관의 고등학교 동창이고 연합통신 간부였으며, 미국으로 이민 갔다가 정권이 바뀌니 다시 돌아온 분이라고 했다. 다시 전화가 왔다. 이렇게 말했다. "국민이 뽑은 대통령께서 그 분을 YTN 전무로 임명하시겠다면 응하겠다. 그렇지만 대통령의 지시 없이는 할 수 없다"라고 거절했다.

  나는 이것이 그리 큰 문제라고 생각하지 않았다. 그러나 YTN 구성원들은 내가 이 문제를 어떻게 처리하는가를 유심히 본 것 같다. 몇 몇 간부들은 나의 안위에 대해 걱정했다. 공기업에서 청와대 의중에 반하는 행동을 할 수 없다는 생각에서였다. 나는 그렇게 생각하지 않았다. 공기업은 국민의 이익을 위해 봉사하는 기업이고 대통령을 국민이 뽑았으니 대통령이 지시하면 해야 한다는 생각이었다. 대통령의 지시가 아닌 다른 사람들의 지시를 그냥 따르면 자칫 국민의 이익에 반하는 결과를 가져올 수 있다. 또 대통령도 잘못 생각할 수 있다. 그럴 때는 설득을 통해 다시 한 번 숙고하는 과정을 거쳐야 한다고 생각했다. 언론사까지 인사가 흔들리면 나라가 흔들릴 수 있다. 사람들은 이 문제 때문에 내가 사표를 냈다고 추측한다. 전혀 아니다. 또 당시 수석비서관이 나를 만나 그 인사 요구는 전혀 자신의 뜻이 아니며 아직 임원을 충원할 단계가 아니라는 사실을 잘 알고 있다고 했다.

나의 보도방침 때문에 간부들이 걱정을 한 경우도 있다. 당시 야당대표의 연두기자회견을 생중계하라고 지시했다. 간부들은 걱정을 많이 했다. 방송 역사상 그러한 경우는 없었다는 것이다. 대통령이 여당대표를 겸하고 있고 대통령의 연두회견을 생중계했으니 야당대표의 연두기자회견도 생중계하는 것이 형평성 원칙에 맞는다는 것이 나의 소신이었다. 이 생중계 후 야당대표가 고맙다는 전화를 해 와서 참으로 이상하게 생각했다. 고마울 것이 없고 형평성 원칙을 지키려는 소신에 불과하다고 답했다. 특히 정치 분야에서는 가능한 한 여·야를 형평성 있게 보도하는 것이 원칙이다.

1/4분기 실적도 좋았다. 2/4분기도 점점 실적이 좋아졌다. 떠날 때가 되었다고 생각했다. 2/4분기 경영실적이 나온 후 7월 4일 간부회의에서 낙하산으로 왔으니 떠날 때가 되었다고 말했다. 다들 놀랐다. 그리고 말렸다. 흑자가 나고 빚이 없어졌으니 낙하산 공수특전단은 떠나고 대신 보병사령관이 와야 할 때가 되었다고 말하니 믿지 못하겠다는 눈치였다. 임기가 3년이고 어려운 시기가 지났으니 이제는 누릴 때가 되었는데 떠난다는 것을 이해할 수 없다는 것이었다. 진짜 이유가 무엇이냐고 물었다. 나야말로 이해가 안 된다

고 했다. 21세기를 6개월 앞둔 우리가 말한 것을 지키지 않으면 어떻게 새천년을 맞이할 수 있겠느냐. 신용사회를 어떻게 뿌리내릴 수 있겠느냐. 내 뜻에는 변함이 없다고 말했다. 하도 이해가 안 된다고 하여 장자의 소요유(逍遙游)를 들었다. 소요유가 무엇이냐고 묻기에 선문답 식으로 자유인으로 놀려는 것이라고 간단하게 얘기했다. 직원들 사이에서는 권력과 부딪혀서 나가는 것 아닌가 하는 말들도 오갔다.

반신반의한 간부들은 즉시 직원총회를 소집했다. 이 자리에 불려나간 나는 이렇게 말했다. "그동안 정말 고생을 많이 시켰습니다. 큰 절을 하겠습니다…(큰 절)… 여러분들의 부인들에게 드리는 절입니다. 부인들께 잘 말씀드려 주십시오. 퇴임사를 써서 부치려면 돈이 드니 큰 절을 올렸습니다" 사장실로 들어오는데 한 직원이 "어디로 가십니까. 안 됩니다"라고 소리쳤다. 그는 나에게 야단을 맞았던 기자였다. 직설적인 면에서 그의 성격과 나의 성격이 비슷해 부딪혀서 야단도 맞았지만, 한편으로는 뜻을 알아주었나 보았다.

청와대 비서실장에게서 전화가 왔다. "장 사장, 이런 법이 어디 있습니까? 사표는 안 됩니다" "실장님은 판사님을 하시지 않았습니까? 헌법에 직업 선택의 자유가 있습니다. 정부가 준 임무를 저는 다 했다고 생각합니다. 지금이 나갈 때입니다" "다시 한 번 생각해 보십시오. 아직 할 일이 많이 있습니다" "이제 좀 자유롭게 살고 싶습니다. 옆에서 도와드리겠습니다" 청와대 수석을 지낸 문화관광부 장관으로부터 전화가 왔다. "장 사장, 들어올 때보다 나갈 때 더 어려운 것이 여기입니다. 열 달 만에 나갈 수 없습니다" "대통령께 잘 말씀드려 주십시오. 그리고 좋은 사람 추천해 주십시오. 하루빨리 이사회를 열어 사표를 수리해주십시오" "장 사장이 그만두면 내가 오해를 받습니다. 내가 압력을 넣어 그만뒀다고 사람들이 생각할 것이니 절대 안 됩니다" "할 일을 다 끝냈으니 떠나는 것입니다. 계속 붙잡으면 출근하지 않을 것입니다"

보름 가까이 출근을 안 하며 버티니 김대중 대통령이 밤 10시 30분경에 전화를 하셨다. 왜 퇴임을 하려느냐고 물으셨다

"매출을 3배 높이고 경비를 1/2로 줄여 흑자를 내게 되었고 증자도 성공했으므로 제 역할은 다했다고 봅니다. 이제 저는 동서 지역감정을 줄이는데 역할을 하려고 합니다. 또 내일신문을 더 잘 운영해보려고 하니 사표를 승인해 주십시오" 한동안 침묵이 흘렀다. "건강하십시오"하니 전화가 끊겼다. 그 후 한광옥 비서실장이 공중파 사장이나 고위공직을 제안했지만 모두 거절했다.

그런데 사임의사 표시와 함께 이상한 말이 돌기 시작했다. 무슨 비리에 얽혔기 때문에 들통이 나기 전에 튀는 것이라는 소문이 돌았다. 급기야는 몽골에 외화를 도피한 혐의로 수사를 받고 있다는 소문이 들어왔다. 참으로 해괴한 소문이었다. 소문은 꼬리를 물고 이어간다. 귀에서 귀로 은밀하게 퍼져 나간다. 상식적으로 말이 안 되는 이야기인 데도 사람들은 이상한 소문을 좋아할 뿐만 아니라 자신이 그러한 정보를 알고 있다고 하면서 우쭐해 한다.

몽골에 외화를 도피할 사람이 누가 있을까. 이 소문을 듣고 묻는 사람들에게 그렇게 반문했다. 그러면 "아, 그건 그렇군요"한다. 외화를 도피하려면 스위스나 최소 미국 정도는 돼야지. 몽골이라는 나라는 외환거래가 쉽지 않다. 조금만 생각 하면 될 상식이었다. 더구나 일부 언론인들이 그 말을 믿고 소문을 퍼뜨리고 있었다.

왜 이런 소문이 날까 생각해 보았다. 나는 1979년 인삼장사를 할 때 미국에 가 본 이후 해외에 나간 적이 없었다. 그러다 YTN 사장이 된 후 몽골을 방문한 적이 있다. 그 전 주간내일신문에 있을 때 몽골의 유력 언론인을 만난 적

이 있었다. 그는 한국에서 신문제작기계를 사가려고 했다. 몽골은 인구가 적은 나라이므로 작은 언론사에 관심이 많다며 나를 만나게 되었다. 나는 성심껏 그를 도왔고 이후 좋은 관계를 유지했다. 내가 YTN 사장이 되고 김대중 대통령이 러시아를 방문한다는 이야기를 듣고 그 몽골 언론인은 무척 화를 내면서 나에게 말했다.

몽골 대통령이 노태우 대통령 때 한국을 방문했는데, 한국이 대통령 답방을 약속해 놓고 노태우 대통령은 물론 김영삼 대통령도 오지 않았다고 했다. 몽골 대통령의 딸은 서강대에 유학까지 왔다. "지금 몽골 사람들은 한국에 화가 많이 나 있다. 몽골 대통령이 일본 갈 때 서울을 거치지 않고 갈 정도이다" 심지어 "진짜 이러면 한국 대통령이 탄 비행기가 몽골 상공을 지나가는데 쏠 수도 있다"라고까지 흥분하며 말했다. "북한의 김일성은 기차를 타고 울란바토르까지 왔다. 한국은 얼마나 잘 났냐"고 했다.

한국이 몽골을 너무 무시한다고 했다. 얼굴이 뜨거웠다. 나는 여러 경로를 통해 대통령이 모스크바에 갔다 오는 길에 몽골을 방문하면 어떠냐고 제안했다. 그런데 예상외로 반대가 심했다. 몽골은 북한과 수교한 나라이고 또 전두환 때 버마 랭군에서 암살폭발사건도 있었는데 장 사장이 책임질 수 있느냐는 말까지 들었다. 당황했다. 정부부처는 방문에 반대라서 그런지 소극적이었다. 할 수 없이 내가 몽골에 가서 대통령이하 검찰총장까지 만났다. 한국 대통령의 몽골 방문동안 북한대사관 사람들을 단속 하고, 몽골 경찰관들이 소지한 총의 공이를 모두 회수해 불상사가 일어나지 않도록 보장해달라고 요구했다. 그렇지 않으면 한국 대통령이 올 수가 없다는 것을 말했다. 이런 활동은 모두 비공개로 했다.

다행히도 김대중 대통령은 몽골을 방문했다. 나는 김 대통령의 방문 때 울란바토르에 갔다. 두 번 간 것이다. 이것이 유일한 해외 출국 이었다.

말이 안 되는 이야기가 유포되고 외화도피 때문에 사표를 낸다고 하니 화도 나고 어이가 없었다. 내가 설명을 하면 그제야 오해를 풀곤 했다. 상당히 피곤한 일이었다. 자리에 대한 집착들이 너무 많다고 생각했다. 내가 권력에 너무 가까이 갔다고 봐서 견제 하는 것이라는 말을 하는 사람도 있었다. 또 청와대 공보수석과의 갈등 때문에 그만두었다는 설도 끊임없이 나돌았다. 이것 역시 사실이 아니다. 보도문제 때문에 견해차가 있을 수 있다. 청와대와 언론사의 입장은 차이가 있을 수밖에 없다. 차이가 없으면 언론사가 아니다. 나는 언론사의 보도원칙은 객관적이며 중립적인 입장을 견지해야 한다고 생각한다. 중립에 대한 생각이 차이가 있을 것이고 물론 섭섭할 때도 있었겠지만 내가 태도를 분명히 하면 큰 문제가 되지 않았다.

YTN 회생이 시중에 회자되었다. 3년 임기 중에 1년도 안되어 그만두고, 또 계속하라는 것을 뿌리치고 나오는 모양에 "그래, 너 잘났다"는 비아냥거림도 있었다. 나가는 것이 이렇게 힘들 줄은 몰랐다. 나는 처음 부임할 때 직원들에게 한 공언을 이행한 것이 전부였다. 21세기는 사람과 사람의 만남이 소중하므로 신용이 무엇보다 중요한 시대이다. 신용의 '신(信)'자는 사람 인(人)자와 말의 언(言)자가 합친 뜻이다. 신용을 지키려면 자신이 한 말을 지켜야 한다는 생각이었다. 1999년 7월 16일 이사회에서 나는 사의를 표명했고 8월 3일 퇴임했다. 부임 10개월 만이었다.

episode

'자연보호중앙협의회'의 재정자립

　YTN에서 흑자경영을 실현하자 2000년 3월에 당시 경영이 매우 어려운 처지에 있던 (사)자연보호중앙협의회에서 회장을 맡아 달라는 제안을 했다. 자연보호중앙협의회는 1977년에 만들어진 조직이었다. 시·군·구 등 230여 개 기초단체에 각각 50~500여 명 정도의 회원이 있는, 대략 10만 회원의 큰 조직이다. 설립 당시 박정희 대통령이 민간자연보호단체와 연합해 국무총리를 위원장으로 이 조직을 가동시켰다. 1979년 10·26 이후에는 각 시·군·구별로 산이나 강을 정해 회원들이 자발적으로 쓰레기줍기 운동 등을 해 왔다. 중앙은 자연실태학술연구에 주력하며 현상유지에 머물렀다.

　과거 중앙협의회는 정부지원으로 유지되어 왔지만 정부지원이 끊기면서 재정적 어려움을 겪고 있었다. 사무실도 주택가에 있었고 직원 월급도 제대로 못 주었다. 정부지원 없이 자력으로 중앙협의회를 운영하는 것이 절실하게 되었다.

　나는 회장으로 취임하면서 제일 먼저 사무실을 시내 중심가로 옮겼다. 돈이 없어 내가 이사로 있던 한 재단의 빈 사무실을 아주 저렴한 전세금으로 해결했다. 일부 회원들은 당국의 지원금을 받았으면 했다. 나에게 회장직을 제안한 것은 정부지원을 받는 데 역할을 해 주기를 기대한 것이었다. 나는 그렇게 해서는 이 단체가 활성화될 수 없다고 생각하여 거절했다. 사단법인은 사람들이 모여 법인조직을 만드는 것이므로 당연히 회비가 물적 토대의 가장 큰 근원이 되어야 한다. 사단법인은 또 공공적 목적을 위해 열심히 노력할 때 후원금 등 지원을 받을 수 있다고 생각했다. 나는 재정자립 없이는 단체가 계속 성장·발전할 수 없으므로 이 기회에 재정을 스스로 자립시키자고 방안을 제시했다. 기존회원들은 물론 스스로 자립하는 것이 최선이지만 그것이 어렵기 때문에 어쩔 수 없이 정부지원을 받았다고 했다. 정부지원이 끊긴 것은 직전 간부들이 대선에 너무 깊숙이 관여한 후과였다.

사실 일반 회원들은 지난 20여 년간 말없이 산과 강에서 쓰레기줍기 운동을 해온 숨은 일꾼들이었다. 그러나 관 주도의 자연보호운동이라 하여 관변단체로 비난받는 것이 이분들에게 가장 가슴 아픈 부분이었다. 나는 이 부분에 주목했다. 정부지원에서 탈피해야 자긍심을 갖게 된다. 나는 위기는 기회라는 생각으로 이 기회에 십시일반의 정신으로 자주적인 재정자립의 기틀을 마련하기로 결심했다.

먼저 중앙회 간부인 회장부터 회비를 연 1000만 원 내기로 하고 부회장들도 300만 원씩 내고 이사들은 100만 원씩 내기로 결정했다. 이사의 수를 50명으로 하면 간부들의 회비가 7000여만 원이 된다. 모든 회원은 연 1만 원을 회비로 내고 시·군·구 7000원, 시·도 2000원, 중앙회에는 1000원을 분배하기로 회의에서 결정했다. 그러면 이론적으로 중앙회에는 중앙회 간부회비 7000만 원과 10만 회원×1000원=1억 원, 합계 연 1억

7000만 원의 회비가 들어올 수 있다. 이 안건을 전국 대의원 대회에서 통과시켰다. 통과시킬 때의 분위기는 아주 좋았다. 이제까지의 관에 의존한 단체가 아닌 자주적인 민간자연보호단체로 거듭나자는 의지가 표현되었다.

물론 현실은 만만치 않았다. 회원들이 연 1만 원을 내는 조직과 그러지 못하는 조직의 차이가 드러났다. 1만 원을 내는 회원이 많은 조직은 활성화되었다.

중앙회와 16개 시·도 조직, 230개 시·군·구 조직을 모두 인터넷으로 통합하여 회의 결과를 서로 알 수 있게 했다. 참으로 힘들었다. 연세가 높은 분들이 많아 인터넷에 약했기 때문이다. 그래도 중앙회의 회의나 재정 상태는 항상 투명하게 공개했다. 이것이 회원들의 신뢰를 얻은 가장 큰 요인이 아닌가 생각한다. 그리고 매달 나를 포함, 중앙회 간부들과 자연보호학계분들이 지역의 산들을 등산하면서 쓰레기 줍기 운동을 계속한 것도 좋은 효과를 가져왔다고 생각된다. 간부들의 모범이라고 보았던 것 같다.

재정이 열악한 조직은 그 지역 단체장들을 만나 쓰레기 줍기 운동 등을 통해서 지원을 요청했다. 경기도를 위시하여 전국적으로 새봄맞이 농촌 폐비닐, 농약빈병수거 캠페인을 벌였다. 오랫동안 쓰레기 줍기 운동을 해 와 자연보호정신이 체질화된 분들이 많았다. 일산에서는 무려 세 트럭이나 모아 자원재생공사로 보내기도 했다. 이런 활동을 통해서 지자체의 지원을 받았다. 자연보호중앙협의회는 회원이 많으므로 지방자치 단체 등 정부 행사에 적극 참여하여 지자체와의 관계도 새롭게 정립했다.

이러한 분위기 속에서 2000년 9월에는 21세기 (사)자연보호중앙협의회비전을 위한 대토론회도 개최했다. 재정이 안정되면서 산업계의 협력을 얻어 학계와 함께 한·몽 공동 자연실태종합학술조사 등과 학술토론회도 하게 된다.

　나는 자연보호 환경운동에 그 전부터 마음은 있었지만 구체적인 활동은 처음 해보게 되었다. 처음 제안을 받았을 때 완강히 거절했다. 회원은 할 수 있지만 회장은 말도 안 된다고 했다. 자연보호활동 경험도 없고 환경문제도 잘 모르는 사람이 하는 것은 경우에 맞지 않다고 했다. 그렇지만 경험과 학식 있는 사람은 많지만 재정자립 등 경영을 할 사람이 중앙협의회에 절실히 필요하다고 하여, 그러면 잠시만 하겠다고 약속했다. 1년이 지나 재정자립도 어느 정도 되었고 나 또한 참으로 많은 경험을 했다. 공공적인 일을 하더라도 재정자립 없이는 단체가 활성화될 수 없다는 사실도 새삼 확인했다. 이 단체에는 20여 년간 활동한 회원들, 학식과 덕망 있는 분들이 많아 일할 분들이 있었다. 많은 사람들이 반대했지만 회장임기 4년을 2년으로 단축해 사임했다.

5부

다시 일간지 창간의 힘난한 길로

석간내일신문은 순항할 수 있을까

1.
첫해부터 흑자 못 내면 망한다

YTN 회생 사례는 상당기간 인구에 회자되었다. 강연요청이 쇄도했다. 고용이 중시되는 한국 현실에서 해고 없이 월급을 반 이하로 줄인 것, 1100여억 원의 빚을 안고 3개월 만에 매출을 3배 이상 올려 흑자를 낸 일도 모두 화제였다. 이 과정에서 내일신문을 몰랐던 사람들에게 이름이 좀 알려지게 됐다.

나는 YTN 사임 즉시 내일신문에 복귀했고 앞에서 말한 대로 일간지 창간을 준비했다. 주위 사람들은 하나같이 일간지 창간을 만류했다. 일간지는 반드시 망한다는 것이었다. 망한다는 근거는 세 가지로 압축된다.

첫째, 자본규모가 너무 작아 신문사로서는 초영세 기업이므로 다른 신문들과 경쟁이 안 된다는 것이었다. 당시 자본금은 9억 3000만 원이었다. 일간지를 하기 위해 선배 언론인들을 만나 자문을 받았다. 그 분들은 모두 처음 몇 년간은 계속 적자가 나게 되어 있으니 자본금을 크게 늘려야 한다고 했다. 한겨레신문도 자본금이 약 300억 원이었다. '자본금은 늘리면 된다'라고 생각했다. 주간지 때와 달리 이제 좀 자신이 있었다.

둘째, 중앙일간지 10개사 중 3분의 2 정도가 적자를 면치 못하는 터였다. 메이저 신문사들도 재정상태가 안정되어 있지 않았다. 초미니 신문사가 그들과의 경쟁 속에서 흑자를 내기란 불가능하다는 것이었다. 사실이 그랬다. 그래서 첫 해부터 흑자를 내야 한다고 생각했다. 적자가 계속 나면 망할 수밖에 없다. 주간지보다 일간지는 규모가 크므로 적자규모도 주간지보다 '0'을 하나 더 붙인 숫자일 것이다.

셋째는 케이블, 위성방송, 인터넷 등 뉴미디어가 새로운 시장을 형성하는 여건 속에서 신문구독과 광고는 갈수록 줄어드는 현실을 타개할 수 없다는 진단이었다.

이 세 번째가 제일 중요했다. 신문만의 고유한 가치와 역할을 높이는 길만이 신문이 살 길이다. 신문에서 가장 중요한 역할은 신뢰이다. 독자들로부터 믿음을 얻으면 신문은 성공할 수 있고 광고도 늘 수 있다. 그러면 일간지는 생존할 뿐만 아니라 성공할 수도 있다.

먼저 쉬운 일부터 실행에 옮겼다. 우선 새천년을 맞는 2000년 10월 9일 한글날을 일간지 재창간일로 정했다. 주간지를 계승·발전하기 위해서였다. 10월 9일에 맞추어 재창간의 의지를 독자들에게 선언하자는 것이다.

사실 처음 주간지를 시작할 때보다는 훨씬 여건이 좋았다. 주간지에서 흑자가 나 배당까지 주어 망하지 않았다는 실증을 보였고 내가 YTN에서 경영능력을 인정받았기 때문이다. 외환위기도 끝나가고 있어 자본금을 늘리기가 훨씬 수월했다. 2000년 일간지 창간 전 두 차례에 걸친 증자로 9억 3000만 원이 된 자본금을 40억 원으로 늘렸다.

동시에 사옥을 주간지를 발행하던 신촌에서 서울의 중심가인 광화문 근처

경희궁 앞으로 옮겼다. 일간지로 거듭나기 위해서는 중앙일간지들 근처로 옮기는 것이 중요하다고 판단했다. 모양새도 필요했다. 1998년 말 외환위기 때 현대그룹에서 구조조정 차원으로 팔려고 내놓은 5층짜리 아담한 빌딩을 이미 그 때 매입해 두었다. 일간지를 하기 위한 준비였다.

일간지 사업은 인력이 많이 필요하다. 그래서 모든 분야를 다루기보다는 내일신문이 잘 할 수 있는 분야에 집중해야 한다고 생각했다. 차별화 전략만이 살 길이다. 어떻게 차별화할까를 구체적으로 고민하면 활로가 열릴 수 있다. 일간지의 성격을 '정치·경제를 중심으로 하는 종합일간지'로 잡았다. 인력도 정치경제를 중심으로 편제할 계획을 세웠다. 스포츠면이나 연예면 등을 두지 않기로 했다.

조간이냐, 석간이냐에 대한 논의도 있었다. 기존 10개 일간지 중 9개가 조간이었고 석간은 문화일보 하나였다. 우리는 석간을 하기로 했다. 석간에서 컬러가 다른 두 신문이 있다는 것은 독자에게 좋은 일이 될 수 있다. 만장일치였다. 나는 석간이므로 주 5회만 신문을 내자고 제안했다. 많은 논의가 있었다. 일부에서는 6일을 내야지 5일만 내는 일간지는 없다고 했다. '우리는 주 6일의 광고를 채울 수가 없고 석간이므로 사무실에서 받아보는 사람들은 토요일 오후에 신문을 볼 수가 없다'고 주장했다. 당시는 아직 주 6일 근무였다. 그리고 '선진국에서 이미 주 5일 근무제를 시행하고 있으니 우리도 최초로 주 5일 근무제를 한 번 해보는 것도 어떻겠느냐'고 제안했다. 전체 투표에서 압도적 다수가 주 5회 발행에 찬성했다.

그러나 일간지를 하는 것은 좋은데 '과연 될까'하는 불안감이 여전히 상존해 있었다. 특히 외부에서는 '주간지는 성공했다 해도 주간지에 불과하고,

YTN은 정부가 도와주어서 살아났고, 일간지는 다르다'라는 시각이 강했다. '일간지가 너무 많아 탈인데, 또 하나 늘면 늦게 생긴 것이 망하지 앞의 것이 망하겠느냐' 라는 외부의 회의론이 구성원들의 마음을 흔들고 있었다. 이 과정에서 외부에서 영입한 일간지 기자들이 몇 달 못 가 다른 곳으로 가버렸다. 내일신문 시스템이 낯설고 힘든데다 망한다는 말을 많이 들으니 쉽게 떠났다. 일부 신규 입사자들도 흔들려 떠나고 말았다. 기존 주간내일신문 구성원들도 '쓸데없는 모험을 해야 하는가'하고 자신 없어했다. 이런 상황에서는 첫 해부터 흑자를 내지 않으면 아주 어렵게 될 수밖에 없었다. 마음을 굳게 먹었다. 모두에게 첫 해부터 흑자를 내자고 독려했다.

경영자의 가장 중요한 역할이자 의무는 구성원들에게 비전과 확신을 심어주는 일이다. "주간지는 일주일에 1번 내지만 일간지는 일주일에 5번 낸다. 매출은 5배, 이익도 5배 늘릴 수 있다"라고 힘주어 말하곤 했다. 나아가 "YTN에 가서 3개월 만에 매출을 3배 올렸는데 5배를 올리지 못한다는 법이 있느냐. 주간지에 비해 일간지는 광고받기가 훨씬 좋고, 구독을 늘리기도 쉽지 않으냐. 또 우리 기자들 위상도 높아지지 않으냐"고 설득했다.

기자들의 실력도 처음 주간지 할 때보다는 많이 늘었다. 일간지 창간을 2개월 앞두고 2000년 총선 후 검찰과 청와대가 선거사범의 범위를 조율했음을 폭로한 문건특종이 있었다.

2000년 8월 당시 집권당이던 민주당 윤철상 의원이 '선거법 위반 의원 중 봐주고 있는 사람이 열 손가락은 된다'고 말한 적이 있었다. 우리 기자는 이 말에 주목해서 끈질긴 취재 끝에 검찰이 작성해 청와대에 보고한 '선거법위반 수사기록'을 입수했고, 이 문건을 전면 공개했다. 이 보도로 내일신문 최초로 기자협회 주관 '이달의 기자상'과 한국신문방송협회 주관 '한국언론대상'을 수상했다. 이 보도 후 정치권에서는 '일간지를 해도 충분한 역량'이라는 평가가 있었고 편집국에서도 작으나마 자신감을 가진 계기가 되었다.

일간지 창간 첫 해부터 흑자를 내야 한다는, 남들이 불가능하다는 일을 반드시 해내야 하는 것이 우리에게 주어진 조건이었다. 적자가 나면 바로 '그것 봐라, 일간지는 안 된다니까'라는 부정적 기운이 안팎으로 퍼지면서 회사가 밑동부터 흔들리게 될 것이었다. 흑자를 내려면 많이 벌고 적게 쓰면 된다. 많이 벌려면 사장이 마케팅의 선봉에 서고, 마케팅실에 힘을 실어 주고, 전 구성원들이 마케팅에 관심을 갖게 해야 한다. 적게 쓰려면 최소의 인력으로 효율을 높여야 했다.

타사들은 8~12명의 논설위원이 있는데 우리는 상임 논설위원을 1~2명으로 하기로 했다. 대신 퇴직하신 원로 언론인들을 객원논설위원으로 모시기로 했다. 그리고 2~3개의 무기명 사설 대신 한 개의 기명 시론을 길게 쓰기로 했다. 또 신문 뒤쪽으로 오피니언 면을 옮기기로 했다. 원로 언론인들과 외부의 자문언론인들은 사설 없는 신문이란 무의미하고, 사설은 그 신문의 얼굴이므로 맨 앞면에 싣는 것이라고 했다. 우리는 기존신문들의 사설이 짧아서 논지의 이해와 설득에 도움이 되지 않는다고 반론을 폈다. 독자가 판단하게끔 우리의 주장을 사실과 근거를 가지고 제시하는 시론이 더 적합하고, 그러자면 적어도 원고지 10~11매는 돼야 하며 무기명 사설 보다는 자기 글에 책임을 지는 실명이어야 한다고 주장했다. 그 시론면도 앞 쪽보다는 뒤쪽에 배치해야 한다고 설득했다. 이미 뉴욕 타임즈 등은 사설을 뒤쪽으로 배치했다고 하여 논란을 매듭지었다. 이것은 기존일간지와 커다란 차별화였다. 지금은 모든 일간지가 사설과 오피니언 면을 뒷면에 배치하고 있다.

동시에 보도자료성 기사는 가능한 한 연합뉴스를 쓰기로 했다. 사실 기존

일간지들에는 연합뉴스기사와 흡사한 기사들이 많았다. 연합뉴스가 전송한 기사를 그대로 혹은 조금만 손을 보아 넣는 것이다. 그래도 연합뉴스라고 밝히지 않거나 간혹 넣어도 연합기자의 이름은 넣지 않는 것이 관행이었다. 우리는 연합기사를 실을 때 연합기자 이름을 실었다. 외부에서 온 한 기자가 관습대로 연합뉴스기사를 조금 손 봐서 자신의 이름을 실어 내보냈다가 시말서를 쓰고 결국 퇴사한 경우도 있다. 연합기자들은 고맙다고 했다. 대신에 우리 기자들은 차별화된 심층기사나 예측기사를 중심으로 '주간지형 기사'를 쓰자고 했다. 이것 역시 차별화다. 당연히 인력이 덜 필요했다. 특파원도 미국에만 우선 두기로 하고, 미국 현지에서 프리랜서로 활동하고 있는 전직 특파원과 계약했다.

일간지 창간호에 김대중 대통령과 CNN의 테드 터너 회장을 인터뷰하여 싣기로 했다. 터너 회장 인터뷰는 내가 직접 하기로 했다. 터너 회장을 만나러 미국에 갔을 때 뉴욕에서 미국에 살고 있는 전직 한국 언론인 중 누가 내일신문에 적합한가를 수소문했다. 사람들이 한인방송 4개 지역에 매일 워싱턴 정가소식을 보내고 있는 한면택 기자를 추천했다. 그는 한국의 한 방송국의 특파원으로 나갔다가 이후 미국에서 언론인으로 활동하고 있었다. 그는 미국에 오래 살아 현지 사정을 잘 알고 매일 교포들에게 미국의 동향을 전해야 하므로 정치·경제·사회 등 중요 정보를 놓치지 않고 살피고 있었다. 전화인터뷰에서 서로의 마음이 통해 내일신문 특파원으로 일하고 있다. 이것 역시 차별화다.

내일신문의 장점은 자주관리형 사원주주회사라는 것이다. 스스로 고난을 이겨나가는 전통을 가지고 있다. 나는 '고난을 겪은 군대가 최후의 승리를 얻는다'라는 손자병법을 인용하곤 했다. 주간신문 때의 간부들은 어려움 속에서도 잘 견뎌나갔다. 외부에서 온 경력기자들이 그만 두면 지역 내일신문의 간부들을 본사로 불러 빈자리를 바로 메우곤 했다. 일간지는 주간지와 달리 매일 신문을 내야만 했기 때문이다.

또 우리는 마케팅을 가장 중요시했다. 일간지 시작과 함께 편집국 벽에 '마케팅=4차원의 장'이라는 표어를 붙였다. 4차원의 장, 즉 새로운 분위기를 만들면 성공할 수 있다고 생각했다. 구성원들이 주간지 때보다 더 4차원의 생각과 생활을 해야 하는데 외부에서 온 경력기자들이나 신입기자들은 4차원의 생각보다는 기자라는 직종의 전문성을 강조하면서 언론을 제4의 권력이라고 생각하여 우리와 견해차를 보이기도 했다.

내일신문은 창간 때부터 지역의 마케팅팀장들이나 지역기자들이 주주이자 핵심간부들이므로 어려울 때는 이들이 앞장서고 든든한 버팀목이 되어왔다. 그래서 마케팅실과 편집국과의 벽이 거의 없다. 일간지 마케팅실에 창간 멤버이자 가장 우수한 사람들을 배치해야 망하지 않는다는 분위기를 만들 수 있기 때문에 인력을 그렇게 배치했다.

사실 일간지를 시작하자마자 사람들은 내일신문이 언제 망할 거냐고 했다. 그런데 우리 마케팅실 식구들을 만나보자 만만치 않다고 생각한 듯 했다. 내공이 있기 때문이다. 우리는 지역을 기반으로 중앙과 통일을 이루어야 한다고 생각했으므로 다른 중앙일간지에 비해 지방대 출신이 많다. 지방대 출신들은 대체로 끈질기다. 신문경영은 시간과의 싸움이므로 이것이 특히 중요하다. 이런 조건은 내일신문이 지역소식을 타 신문사들보다 더 잘 알 수 있게 하는 근거가 되었다.

특히 선거가 있을 때면 유권자의 여론, 추이 등을 분석하는데 타 일간지보다 훨씬 뛰어난 예측력을 발휘해 왔다. 이는 지역판 때문이기도 하다. 지역판을 내자면 지역 유권자들과 계속 접촉해야 하고 그들의 생생한 여론을 매일 듣기 때문이다. 내일신문 정치면은 경쟁력이 있다고 우리는 자부한다.

일간지를 하기 위해 우리 시스템의 장점을 극대화하고자 했다. 이미 주간신문이 취재, 편집, 사진을 한 사람이 담당하는 원맨시스템으로 하고 있었으므로 이에 박차를 가했다. 매킨토시 컴퓨터에 의한 편집을 강화했고 프로그램 개발에 공을 들였다. 인트라넷 편집조판 시스템이었다. 이는 사실상 면 전담 데스크를 없애는 것이다. 간부들을 포함한 모든 기자가 취재, 편집, 사진을 함께 해 신문사 내의 상하 간 갈등을 없애고 효율을 높이는 획기적인 제도라고 생각한다.

우리는 인트라넷에 의한 전자편집으로 하기로 하고 인력을 최소화했다. 처음에는 기자들이 인트라넷에 익숙하지 않아 따로 전담인원을 여러 명 두었다. 그러나 기사 내용을 잘 모르는 디자이너들이 인트라넷 편집을 하니 기자들이 더 스트레스를 받았다. 답답해하는 기자들은 디자이너를 제치고 직접 했다. 차차 직접 조판하는 기자가 늘면서 전담인원들이 필요 없게 돼갔다. 결국 전담인원을 한 명만 두기로 했다. 물론 기자들도 처음에 인트라넷 조판에 익숙하지 않아 힘들어 한 데다 독자들도 컴퓨터 편집이 눈에 낯설고 보기 싫다고 했다. 기자들의 스트레스도 심했다. 주간지 처음 때처럼 오탈자가 도로 늘었다. 독자로부터 불만이 쏟아졌다. 이때가 가장 어려운 시기였다.

일간지가 되니 가판을 해야 한다는 말들이 나왔다. 가판은 실제 수금은 거의 되지 않는다. 우리는 그럴 여유가 없었다. 가판보다는 정기구독으로 승부를 보기로 했다. 이미 주간지 때 가판을 하지 않고 정기구독으로 성공한 경험이 있었다. 우리의 방식으로 승부를 보겠다는 주간지의 모토를 일간지도 이어 받았다.

📝 episode

테드 터너 "지뢰 없애기 운동 같이하자"

　YTN에 있을 때 CNN 한국지사장이 연락을 했다. YTN사례를 미국 본사에 보고했다고 한다. YTN 직원들이 나를 '광화문 조폭'이라고 하는데 이 번역을 'SOB(son of bitch)at gwangwhamun in seoul'이라 했다고 한다. 그런데 CNN회장인 테드 터너의 별명이 SOB여서 터너가 흥미를 가졌다고 한다. 맥킨토시 CNN부사장이 한국에 왔으니 나를 만나고 싶어 한다는 것이다.

　맥킨토시 부사장은 "터너 회장이 장 사장을 애틀란타 CNN 본사로 초청하고 싶어 한다"고 전했다. 나는 YTN이 흑자가 나면 생각해 보겠다고 말하고, 대신 그런 호의가 있다면 YTN 기자들을 초청해서 CNN을 둘러보게 했으면 좋겠다고 하니 그는 흔쾌히 응낙했다.

　다음해 다시 그가 한국을 방문했다. 이번에는 CNN 앵커 여러 명과 같이 왔다. 한국에 관광차 왔다고 했다. 그는 나에게 미국을 방문할 계획이 없느냐면서 자기 집이 크고 멋있으니 방문해 주면 좋겠다고 했다. 나는 대단히 고맙지만 아직 YTN에 할 일이 많아 시간을 비울 수 없을 것 같다고 하며, YTN을 그만두면 그 때 터너 회장을 만나고 싶다고 했다. 그리고 "나는 집이 좁아 초대할 수가 없다. 대신 동해바다 옆 설악산 중턱에 땅이 무척 넓은 낙산사라는 큰 절이 있다. 이 절을 소개할 테니 그곳에 가서 한국의 풍치를 맛보면 좋겠다. 아마 당신의 집보다 더 넓고 경치도 좋을 것이다"라고 했다. 그는 크게 웃으면서 못 당하겠다고 해서 더 친해졌다.

이때의 인연으로 YTN을 그만두고 주간내일신문을 일간지로 전환할 때 테드 터너 회장과 인터뷰를 하기로 했다. 그는 당시 별거중인 부인 제인 폰다에 대한 질문을 하지 않는다면 인터뷰를 하겠다고 했다. 그도 나를 보고 싶다고 했다. 최초의 한국 언론 인터뷰라고 했다.

그가 한 얘기 중에 재미있는 스토리가 있었다. 처음 CNN은 적자가 아주 심해 그 적자를 커버 하려고 만화 케이블TV를 만들었는데 그것도 적자가 났다. 그래서 자신이 직접 만화영화를 만들기로 했다. 어린아이들에게 어필하려면 어린아이와 같은 마음이 생겨야 하는데 어려웠다고 한다. 그래서 한동안 다섯 살, 여섯 살 아이들과 지내고 놀았다. 그렇게 아이의 마음과 눈높이를 알게 되면서 만화 케이블TV를 운영하니 잘 될 수밖에 없었다. 거기서 돈을 많이 벌어 CNN에 넣었다고 했다. 크게 교훈을 얻었다.

그는 나에게 '지뢰 없애기 운동'을 같이하자고 제안했다. 한국은 왜 같은 민족인데 분단되어 싸우고, 휴전선에 지뢰가 그렇게 많은데도 방치하느냐는 항의성 발언을 했다. 자신은 자연보호운동을 위해 UN에 개인 돈 10억 달러를 기부했다고 자랑했다. 지뢰가 있는 지역에는 자연보호운동이 될 수가 없다고 덧붙였다. 나는 그 뜻에 동의하지만 한반도에 평화를 정착시키고 휴전선을 없애려면 통일을 해야 한다는 점을 강조했다. 하지만 이 복잡한 과제를 그가 이해할 수 있을까 생각했다.

  나는 그에게 CNN이 AOL(America On Line)과 합병한 것은 그리 좋은 방법이 아닌 것 같은데 왜 그런 결정을 했냐고 물었다. 그도 같은 생각이라고 했다. 자신은 AOL과의 합병을 반대했지만 CNN과 합병한 타임워너브라더스가 AOL과 합병을 하자는데 어쩔 수가 없었다고 했다. 타임워너브라더스가 주식지분이 더 많기 때문에 자신의 의견은 반영되지 못했다고 했다. AOL과의 합병당시는 AOL의 주가가 높았지만 그 후 주가가 많이 떨어져 결국 테드 터너 손에서 CNN이 날아가고 말았다.

2.
'배달'이라는 암초

 2000년 10월 9일 일간지 창간호 발간은 주간지 때와는 달리 비교적 순탄했지만 배달에서 크나 큰 암초가 나타났다. 구독자는 기존 주간지 구독자들이 있어 일단 기본은 되었다. 주간지는 우편배달이어서 큰 문제가 없었지만 일간지, 특히 석간의 배달 상황은 아주 달랐다. 조간은 여러 신문을 같이 돌릴 수 있고 새벽 배달이라 배달원 구하기도 상대적으로 쉽다. 그러나 야간 고등학교가 없는 요즘은 석간 배달원 구하기가 어렵다. 석간신문은 문화일보와 우리, 둘 뿐이니까 문화일보 배포망을 통해 신문을 배달하려고 했다. 문화일보와 함께 내일신문을 배달한다면 지국들 수입도 좋아질 것이고 실제 지국들은 그렇게 하겠다고 약속을 했다. 21세기는 상생의 시대이니까 윈윈이라고 생각했다. 우리가 너무 작고 약하므로 경쟁지라고 생각하지 않을 것으로 생각했다. 그러나 창간을 불과 며칠 앞두고 갑자기 지국들이 약속을 철회했다.
 갑자기 석간 일간지 배포망을 만든다는 것은 어려운 일이었다. 시내 중심가는 배포가 그런대로 되었지만 변두리나 군, 작은 시 등은 거의 배포가 되지 않았다. 시내 중심가 사무실이 배포의 중심이 될 수밖에 없었고 외곽의 가정 배달은 상대적으로 어려워졌다. 급히 '내일PD'라는 회사를 만들었다. PD는 Paper Delivery의 약자이다. 원주팀장을 급거 올라오게 하여 PD를 책임지도록 했다. 그들은 배달하느라 죽을 듯 고생하는데, 배달이 늦고 빠진다고 욕은 욕대로 먹을 뿐이었다.

나의 중대한 실책이었다. 일간이 어렵다는 것은 바로 배달, 즉 지국의 문제이다. 우리는 지국 대신 주간지 지역사업을 통해 일간지를 하기로 했다. 이것 역시 기존 언론과의 큰 차별화이다. 지국이 있는 나라는 일본과 한국뿐이다. 미국이나 유럽 등 언론 선진국에는 지국이 없다. 지국은 배달과 수금과 구독 영업을 하는 것이다. 그것만으로 지국들이 먹고 살기 쉽지 않다. 대부분 신문에 끼워 배달하는 전단지 수입에 힘을 쏟는다. 우리는 지국 대신 지역사업부가 지역판 발행과 구독영업만 하고 배달은 내일PD, 수금은 본사TM실에서 하기로 했다.

내일신문 일간지 창간과정에서 가장 어려웠던 문제가 바로 이 배달문제였다. 급할 때는 지역사업부의 팀장과 그 가족들이 움직일 수밖에 없었다. 배달이 안 되는 곳은 할 수 없이 우편배달을 시킬 수밖에 없었는데 이 때문에 주간지 시절의 독자들이 많이 떨어졌다.

3.
석간일간지, 지역주간지, 대학내일, 미즈내일

　사무실의 오피니언 리더들이 구독의 중심이 되면서 가정독자들의 불만이 높아졌다. 특히 우리 일간지는 정치·경제 중심이어서 주부들은 내일신문을 외면하기 시작했다. 사실 이 사태는 이미 일간지를 준비하면서 예견한 일이었다. 일간지 창간을 결정하고 나서 기존 주간내일신문 구독자들이 일간지 구독자로 많이 전환을 했다. 그러나 신문을 매일 배달해야 하는데 도저히 매일 배달을 할 수 없는 곳에 사는 기존 구독자는 어찌 할 것인가가 문제였다. 처음에 이들 중 일부는 2~3일 뒤에 받아 보는 한이 있어도 일간지를 보겠다고 하여 우편으로 며칠 치의 신문을 보냈다. 남은 구독자는 해약을 하지 않을 수 없었다. 그 때 대안으로 생각한 것이 여성주간지 창간이었다. 기존 주간내일 구독자들에게 "귀하가 거주하시는 곳에는 배달이 불가능해 신문을 못 보냅니다"라고 하기 보다 선택권을 주고 싶었다.

　여성을 위한 주간지 창간을 결심했다. 방침은 이미 일간지 창간 결정 때 정해진 것이었다. 거기다 이제 정치 경제 중심의 일간지를 외면하는 가정구독자를 놓칠 수 없다는 이유까지 더해졌다. 발행 시기는 2000년 11월 9일로 잡았다.

주간내일신문과 달리 30-40대 이상 연령의 여성을 타깃으로 한다는 방침을 정했다. 틈새시장은 주부를 위한 시사주간지라고 판단했다. 그렇게 정했는데 여성주간지의 콘셉트를 잡는 문제에서 논쟁이 벌어졌다. 다수가 기존 여성월간지의 주간지 형태를 생각했다. 여성들의 최대 관심사는 자녀 교육, 재테크, 패션, 음식, 인테리어, 유명인 스토리 등이라고 했다. 무조건 호화판이어야 한다고 했다. 유력 일간지 출신의 한 중견기자는 당시 갓 등장했던 두툼한 명품광고 잡지를 여성주간지 대표에게 갖다 주면서 '성공하려면 꼭 이 책처럼 해야 한다'고 강권하기도 했다.

나는 처음부터 여성을 위한 시사주간지라는 콘셉트를 갖고 있었다. 여성주간지 책임자도 그것 외에는 차별성이 없다고 동의했다. 여성들에게 이슈를 친절하게 설명해주는 주간지라는 콘셉트를 굳게 밀고 나갔다.

잡지의 제호에서는 내가 밀렸다. 나는 '여성내일'로 하고 싶었다. '내일신문'이 발행하는 매체들의 통합성을 위해서 여성내일로 해야 한다고 생각했다. 하지만 모두가 일치단결해서 '촌스럽다'고 반대했다. '북한잡지 같다', '70년대 스타일이다' 등 말들이 많았다. 어정쩡한 타협안으로 내일(NAEIL)의 영문발음 중 N을 따서 '미즈엔'을 제호로 정했다.

미즈엔은 기존 주간내일신문 구독자 중 일부를 흡수했다. 그들을 기반으로 부수를 늘리고 경비를 절약하며 석 달 만에 흑자를 냈다. 미즈엔 역시 분기마다 제반경비 정산 후 남은 흑자는 3분의 1은 내일신문에, 3분의 1은 미즈엔 구성원과 관련자들의 인센티브, 3분의 1은 유보로 남기는 원칙을 택했다.

미즈엔도 처음에는 편집장을 외부에서 구하려 했다. 유수 신문사나 월간

여성지에서 일한 중견들을 면담했다. 우리 형편으로는 과한 연봉도 제시했다. 그러나 하나같이 망설이다가 거절했다. 내일신문의 독특한 분위기가 낯설고, 여성 시사주간지 콘셉트를 이해하기 어렵고, 곧 망할 것 같다는 것이었다. 할 수 없이 미즈엔 대표가 편집장까지 겸할 수밖에 없었다. 그 역시 신문이라고는 대학시절 학보사기자를 했고 운동단체에서 소식지를 했던 경험뿐이었다. 그러나 미즈엔은 독자들로부터 시사문제, 각종 이슈들을 쉽게 잘 풀어낸다는 호평을 받았다. 여성문제를 쉽게 풀었기 때문에 남편들이 오히려 잘 읽는다는 독자들의 평가를 받았다.

내 마음엔 제호가 계속 불만이었는데 이후 다른 신문사들이 발행하던 주간지들이 속속 발행신문사를 제호에 넣었다. 기존에 발행신문사의 이름은 전혀 없이 독자적으로 지었던 이름을 다 바꾸었다. 우리도 '미즈내일'로 변경하는 결단을 내렸다. 내일이라는 네트워크 속에 있다는 것을 제호로 밝힌 것이다.

또 미즈엔 때는 전문기자가 중심이 되어 잡지를 만들었지만 미즈내일로 바뀌면서 리포터제도를 적극 활용하기 시작했다. 편집에서 전문기자 중심이냐 주부리포터 중심이냐는 대단히 중요하다. 전문기자가 중심이 되면 점점 주부들과 멀어지게 된다. 물론 전문기자는 필요하다. 그러나 전문기자는 주부리포터들을 도와주며 함께하고, 주부리포터들의 아이디어를 기사화하는 역할을 할 때만이 잡지가 성공할 수 있다고 나는 생각했다. 이렇게 되면서 지역판에서 미즈내일의 기사를 많이 가져다 쓰게 되었다. '원소스(one-source) 멀티유즈(multi-use)', 그만큼 비용이 줄게 될 뿐만 아니라 미즈내일과 지역내일이 함께 소통하게 된 것이다. 이것은 지역내일에도 좋은 자극제가 되어 품질이 단계적으로 높아지게 되었다.

2000년, 석간 일간지를 내면서 석간내일신문, 미즈내일, 지역주간내일신문, 대학내일의 체계가 만들어져 표에서 보는 것처럼 경영은 획기적으로 좋아졌지만 인터넷 모바일 등의 확산으로 내일신문도 변화가 필요했다. 석간내일신문도 단순한 종이신문에서 e내일신문 전면 유료화를 선언하고, 2013년 10월 on-off라인을 함께 하기 시작했다. 내일신문도 서울시와 함께 '서울내일'이라는 페이스북 채널을 만들어 2018년 7월부터 SNS의 대열에 뒤늦게 참여했다.

지금은 4차 산업혁명의 거대한 파고가 닥치고 있는 변혁기이다. 어떤 기업도 생존을 장담할 수 없는 시대가 되었다. 작지만 단단한 기업이 변화에 잘 적응할 수 있다는 신념으로 우리는 대학내일과 지역내일을 분사하기로 결정했다. 두 매체 모두 구성원들이 스스로 사원주주회사가 되어 자주관리 경영을 한다면 이 변화의 어려움을 오히려 유리한 기회로 삼아 더 발전할 수 있다고 확신한다. 표에서 보는 것처럼 2015년에 대학내일을 분사했고 지역내일은 2016년에 분할해 사원주주회사가 되었다.

내일신문 경영지표 추이 (단위:백만원)

연도	매출	순이익	배당률(%)
1998	3,475	273	20
1999	5,655	579	30
2000	12,802	1,057	15
2001	21,329	1,547	20
2002	28,220	755	15
2003	30,405	2,156	18
2004	33,360	3,646	20
2005	37,565	4,062	25
2006	44,496	5,561	26
2007	49,787	6,170	20
2008	52,100	6,662	20
2009	46,450	7,206	15
2010	51,652	6,425	15
2011	55,597	8,273	15
2012	57,525	8,857	10
2013	56,804	10,336	주1)5
2014	주2)41,957	10,104	10
2015	주3)38,257	10,084	15
2016	주4)28,017	5,650	20
2017	28,902	2,463	25
2018	28,455	7,638	25
2019	27,848	6,755	30
2020	27,580	5,415	25
2021	27,211	9,210	30
2022	28,578	10,047	30
2023	29,380	9,369	30
2024	28,956	8,208	30
(1993-2024)		주5)158,543	559

주1) 내일신문 사옥이 서울시의 뉴타운계획으로 수용되어 새로운 사옥을 마련해야 하므로 배당률을 낮추어 현금 보유금을 늘렸다.

주2) 2013년부터 2015년까지 단계적으로 대학판(대학내일)의 프로모션분야를 ㈜대학내일로 분사했고, 2016년 3월 31일에 대학판 자체도 ㈜대학내일로 양도했다. 지역판도 2016년 1월 4일자로 ㈜지역내일로 분할해 지역독립사업자들이 만든 ㈜엘엠씨와 합쳐 사원주주회사로 만들었다.

주3) 대학판의 프로모션분야 매출 248억 원(2014년), 291억 원(2015년)이 분사되어 그만큼 매출이 감소했다.

주4) 지역판(2015년 매출 80억 원)이 분할되고 대학판 매체(2015년 매출 21억 원)가 양도되어, 총 100억 원 정도의 매출이 줄어들었다.

주5) 누적순이익 1585억 − 누적현금배당 264억 = 약1321억 원

4.
'장시간 노동'과 '몸으로 때우기'

일간지 창간 후 닥친 어려움은 배달 문제 이외에 또 있었다. 자본금을 늘렸다 하더라도 다른 일간지에 비해 턱없이 부족했다. 또 실력과 경험부족이 문제였다. 외부에서 언론계 선배들을 모셔 왔지만 그분들을 잘 활용하려 해도 우리의 능력이 못 따라 간다는 것이 여실히 드러났다.

일간지는 브랜드네임이 중요한데 이 역시 없었다. 마음만으로 될 수는 없는 일이었다. 주간지 때와 같이 몸으로 때우기로 했다. 남들보다 2배 이상 오래 일하고, 팀플레이를 통해 다른 일간지보다 3배의 효율을 만들어 내야 했다. 자본투입이나 기술진보 없이 성공하려면 근면을 덕으로 삼아 새벽별보기 운동을 보람되게 하여야 한다. 자본과 노동이 나뉘어져 있는 경영체계에서는 이를 착취라 하겠지만 자신이 주인주체가 되는 사원주주회사의 자주관리경영체계에서는 일 자체가 자신을 위한 것이라 생각했다. 특히 주식 1% 이상을 가진 간부들은 적극적으로 아침 일찍 나와 밤늦게까지 부족한 부분을 몸으로 때웠다. 우리는 이때 농담처럼 이빨이 없으면 잇몸으로라도 매일 매일 신문을 내야 한다고 말했다.

밖에서는 내일신문의 노동착취가 심하다고 비난하는 사람들이 많았다. 인력이 적고 실력은 딸리고 아직 익숙하지 않은 원맨시스템이니 자연히 장시간 노동이었다. 주주사원들이 아닌 사람들은 내부에서도 그렇게 생각했을 것이다. 그러나 주주사원들은 일간지를 다시 창간하면서 보다 확고한 신념을 갖게 되었다. 자주관리경영이야말로 모든 난관을 극복하는 좋은 시스템이라는 사실을 터득해 가고 있었다. 내부 분위기는 점차 좋아졌다.

주간일 때는 규모가 작아서 그런대로 견뎠지만 일간지로 전환하면서 규모가 커지고 매출이 늘지 않으면 안 되었다. 외부에서는 견제가 심했다. 신문시장은 2000년 인터넷이 활성화되는 것을 계기로 서서히 내리막길을 걷고 있었다. 일간신문이 하나 더 창간되었다는 것은 대단히 좋지 않은 소식으로 여겨진 듯하다. 또 흑자가 나고 배당을 준 것이 문제였다. 특히 광고시장에서 견제가 심했다. 우리는 적극적인 광고유치전략 대신 이른바 숟가락 작전을 썼다. "남들보다 아주 조금만 도와주십시오. 석간은 두 개 있는 것이 서로 좋습니다. 선의의 경쟁이 되어야 하지 않습니까?" 우리들이 주로 한 말들이다.

그러나 '언제 망할까. 망해야 하는데 … 신문이 많아서 죽겠는데 또 신문을 만들어?'하며 광고주들이 사석에서 이렇게 이야기한다는 말들이 들려왔다. 충분히 일리 있는 말이다. '절대로 광고주와 싸워서는 안 된다. 우리를 견제한다고 해서 어떤 신문과도 싸우지 말자.' 이것이 방침이었다.

광고 쪽 뿐 아니라 편집국이 겪은 견제도 심했다 10대 일간지라는 벽은 두터웠다. 11번째 중앙일간지를 기업이나 관청에서는 잘 인정하지 않았다. 또 주요 취재처의 기존 언론사 출입기자들의 견제도 심했다.

당시 정부부처 출입은 기자단 소속 기자들만 가능했다. 문제는 기자단 가입이 쉽지 않다는 것이었다. 기자단 회원들이 다수 찬성해야 가입이 된다. 사실 외국에는 기자단 자체가 없다. 아마 처음에 사이비 언론들의 폐해를 방지하기 위해 시작했겠지만 이제는 신참 언론의 진입을 막고 있었다. 우리는 기자단 자체를 인정하지 않는 정서를 갖고 있었지만 현실은 어쩔 수 없었다. 각 부처 기자단마다 일일이 가입을 위해 참 많은 공을 들여야 했다.

5.
어떤 정권에서도 스스로 살아야 한다

  2001년 1월 말에 김대중정부는 중앙일간지에 대한 대대적인 세무조사 실시를 공표했다. 언론도 기업이므로 세무조사는 당연한 일이다. 그때까지 언론사에 대해 정기적 세무조사가 없었던 것이 오히려 문제였다. 따라서 우리는 세무조사 자체에는 아무런 이의가 없다. 세무조사는 중앙일간지를 대상으로 1999년부터 소급하여 5년간 한다고 했다. 내일신문은 이 조사기간에 주간지였음에도 불구하고 포함되었다. 현재 일간지이므로 일간지 대접을 한다는 것이 당국의 명분이었다. 일간 내일신문 조사인데 실제 조사는 주간지에 대한 것이 되었다. 이의를 제기하지 않고 세무조사에 응했다.
  처음 조사가 들어올 때 사무실을 내놓아라, 컴퓨터를 몇 대 제공하라 해서 말다툼을 하기는 했다. 그런데 세무조사 방식에 문제가 많았다. 특히 나에 대해 열심히 조사를 했다. 퇴직한 직원들을 밤에 몰래 만나 내일신문과 나에 대해 미주알고주알 캐물은 것이 속속 귀에 들어왔다. 퇴직한 사람들은 있던 회사에 불만이 많아 나갔으니 그들에게 물어보면 많은 정보가 있으리라고 생각했던 것 같다. 우리 직원들이 어떤 사람들인지 잘 몰랐던 것 같다. 그들은 신문사 초기에 너무나 일은 많고 월급은 적어 어쩔 수 없이 그만둔 경우가 대부분이었다. 남아있는 사람들에게 미안한 감정을 갖고 있는데 찾아와 물으니 그들이 원하는 답을 해주지 않았을 뿐 아니라 그런 사실을 우리에게 바로 알려주었다.

'이게 뭐지' 싶었는데 세무조사 중간에 현장책임자가 면담을 요청했다. 그는 나에게 이른바 '뻥광고'는 모두 대표이사 인정상여로 인정해 세금을 부과하겠다고 했다. 뻥광고는 실제로는 광고비를 1회분만 받고 서비스로 몇 회분을 플러스하는 방식이다. 당시에는 많은 신문사가 관행적으로 해오던 일이었다. 나는 신설 신문사의 경우 기업에서 별로 광고를 주지 않으므로 어쩔 수 없이 뻥광고를 낼 수밖에 없는 사정을 말했다.

"맨 뒷면에 광고가 없는데 그냥 백지로 낼 수는 없지 않느냐. 또 너무나 광고수가 적으면 마치 북한의 노동신문 같고 곧 망할 신문사 같으니, 이른바 서비스광고를 낼 수밖에 없는 것이 현실이다. 돈을 받은 게 아니니까 경리에서도 돈을 받지 않은 것으로 처리했다. 이것을 매출로 인정해 세금을 매기는 것은 말이 되지 않는다" 그는 "광고를 무료로 해 주었으니 대표이사가 광고주에게 증여한 것이다. 법대로 규정대로 할 뿐이니까 억울하면 소송을 하라"고 했다. 자신도 어쩔 수 없다고 했다. 각 지역판의 5년 치 뻥광고까지 합하면 인정금액이 너무 많아서 바로 망하게 될 판이었다.

이판사판이었다. 그들을 쫓아냈다. 공무집행방해라고 했다. 5공 때에도 사회과학전문 출판사들에 세무조사가 들어오고, 석탑출판사도 보복성 세무조사를 받다가 세무공무원들을 쫓아낸 적이 있다. 정당하다면 목숨 걸고 세게 나갈 수밖에 없다. 긴급 사원총회가 열렸다. 전 지역에서 모든 구성원들이 본사로 몰려왔다. 우리는 '감옥결단대회'를 했다. 긴급 총회 날 우리담당 기관원들이 정보를 캐서 상부에 보고하려고 분주하더니 청와대에서 전화가 왔다. 자초지종을 물었다. 사실대로 이야기했다. 그는 국세청 당국과 잘 협의하라고 하면서 세무조사를 계속 받는 것이 좋지 않으냐고 했다.

"세무조사를 안 받겠다는 것이 아니다. 해당기간에 우리는 일간지가 아니었는데도 이의제기 안하고 세무조사를 받아왔다. 하나뿐인 회의실을 한 달 반 동안 오직 이들이 사용했고 컴퓨터도 다 제공했다. 사실 이것도 말이 안 된다. 선진국이 어디 그러냐. 그런데 신생 언론사에서 광고가 없어 서비스광고를 낸 것에 대해 대표이사에게 그 모든 세금을 부과한다는 것은 그동안의 비판적 기사에 대한 보복으로밖에 볼 수 없고 언론탄압이다"라고 강하게 항변했다. 결국 '뻥광고'는 적용하지 않기로 했기 때문에 이틀 뒤부터 다시 세무조사를 받았다. 같은 처지의 다른 언론사들도 반겼다.

그 외에 우리가 잘못한 것들은 다 인정하고 부과 받은 추징금을 냈다. 우리 회계경리 담당들이 세무규정을 잘 모른 것도 있었고 부주의로 잘못한 것도 있었다. 사실 주간내일신문 초기에는 모든 것이 엉성할 때라 서류를 제대로 챙기지 못했었다. 세무조사 과정을 통해 그동안 제대로 정리되지 않았던 초기의 세무관련 자료를 총정리하게 됐고 세무회계 자료를 제대로 정리하는 계기가 되었다. 큰 공부였다.

그러나 이것만이 아니었다. 뒤이어 더 큰 문제가 터졌다. 당시 신문 관련법에 의하면 중앙일간지는 자체 인쇄소를 보유하거나 그렇지 않을 경우 타인쇄소의 특정기계를 그 신문사의 신문인쇄에만 사용한다는 전용계약을 맺도록 되어 있었다. 이 전용 개념이 문제였다.

당시 내일신문은 공기업인 서울신문사와 전용인쇄 계약을 맺고 있었다. 그런데 어느 날 밤 10시 경, 문화관광부 공무원들이 느닷없이 서울신문사 인쇄소를 방문해 우리와 전용인쇄계약을 맺은 기계를 담당한 인쇄공에게 "이 기계로 다른 신문을 찍는 경우도 있느냐"고 물었다. 인쇄공은 "내일신문을 찍지 않는 시간에 기계가 쉬고 있으니 가끔 스포츠서울을 찍은 적이 있다"고 대답했다. 그들이 빈 시간에 스포츠서울을 가끔 찍었는지 어쩐지 우리는 전혀 모르는 일이었다. 하루 종일 감시하고 있을 수도 없는 일이었다. 문화관광부 공무원들은 그 말을 적고 인쇄공의 서명을 받았다. 계약위반을 한 것은 서울신문사 인쇄소인데 문화관광부는 이를 근거로 내일신문에 대해 정간예고 조치를 취했다. 일정기간 신문을 발행할 수 없다는 예고 조치였다. 사실상 문을 닫으라는 소리나 마찬가지였다. 광고주로부터 전화가 빗발쳤다. 광고가 취소되었다. 정부가 내일신문을 곱게 보지 않는다는 것으로 그들은 받아들였다.

우리는 문화관광부 조치에 강력하게 항의했다. 청와대에도 항의했다. 신문을 접고 가두에서 언론탄압 유인물을 뿌리라는 신호로 받아들인다고 했다. "우리 직원들은 모두 신문하기가 가뜩이나 힘든데 잘 되었다. 다시 옛날로 돌아가자"한다고 말했다. 결국 문화관광부는 정간예고를 취소했다. 그렇지만 그 달 광고가 반으로 줄었다.

언제든지 유사한 사태가 재발할 수 있다고 생각했다. 급히 서울의 한 인쇄소를 매입해 내일신문사 인쇄소를 갖게 됐다. 그런데 몇 개월 후 갑자기 땅주인이 주상복합건물을 짓는다고 인쇄소는 나가라 했다. 할 수 없이 파주로 인쇄소를 옮기고 등록하러가니 수도권 공장총량제 때문에 공장이전이 안된다고 하여 허가가 안 나왔다. 수소문 끝에 전남 광주매일신문이 폐업한 후 나온 인쇄소를 인수했다. 이 과정에서 재정적인 부담이 컸다.

국회 문광위원장에게 이 법의 문제점을 제기하고 법 개정이 필요하다고 역설했다. 그 후 법은 개정되었다.

이것은 2002년도 경영지표에 나타나 있다. 매출이 32% 증가했는데 이익은 15억 5000만 원에 서 51% 준 7억 5000만 원으로 급감했다.

억지스러운 조사를 받으니 과거 몽골 외화도피설도 뭔가 엮는 사람들이 있나 싶었다. 한편으로 내가 권력에 너무 가까이 갔었나, 그래서 이런 일을 겪나 하는 생각이 들었다. 나는 충심에서 한 일이라도 주위에서 그렇게 보지 않고 경계할 수 있다는 사실을 늘 염두에 두게 되었다.

이러한 시련을 겪으면서도 매출은 늘어났다. 지역사업부는 신이 났다. 지역판을 계속 늘렸다. 부수도 늘렸다. 당연히 지역판에서 다시 적자가 늘기 시작했다

2002년에 대통령선거가 있어 더 발행지역과 부수를 늘렸다. 1998년 외환위기 때 33개였던 지역판이 2001년 10월에는 50개 지역판으로 늘어났고 2002년에는 69개판이 되었다. 그 결과 2002년의 지역판 적자가 무려 18억 원에 달했다. 매출기준으로 18억 원이지만 수금기준으로는 38억 원 적자였다. 우리는 일찍이 외환위기 때 대전회의에서 2년 이상 적자가 지속되는 지역판은 팀장을 바꾸고 바꾼 후 1년 계속 적자가 나면 그 지역판을 없애기로 합의했었다. 경영적으로 이른바 구조조정을 할 수밖에 없는 상황이 온 것이다. 참으로 가슴 아픈 일이었다. 지역판 하나가 없어진다는 것은 지역팀장과 지역홍보실 직원, 디자이너, 지역기자의 해당지역 일자리가 없어지는 것이다. 계속 일하려면 지역판을 발행하는 다른 지역으로 이사를 가야 하는 어려운 사태가 생긴다.

2003년 6월에는 69개판에서 44개로 줄어 적자폭도 반으로 준 10억 원 적

자가 됐다. 2004년 8월에는 30개판으로 축소되어 10억 원 적자에서, 2005년 8억 원 흑자로 반전됐다. 이후 계속 흑자행진을 이어갔다. 2008년 이후에는 24개판으로 정착되었으며 지역판 흑자는 2006년 17억 원, 2007년 16억 원, 2008년 21억 원으로 늘어났다.

지역판의 적자가 심했지만 일간지와 대학판의 흑자폭이 커지면서 전체 경영이 흔들리지는 않았다. 2002년에서 2003년도 매출은 7.8%밖에 오르지 않았지만 이익은 20억 원대를 넘어섰다. 그러나 이윤율은 아직 10%대를 넘지 못했다.

2003년에 노무현 참여정부가 출범했다. 2월 26일 대통령 취임식 날 1면 톱으로 '홀가분한 출발, 불안정한 리더십'이라는 기사를 실었다. 참여정부를 탄생시킨 노무현 지지 세력은 기득권층과 유대가 별로 없고 정몽준 측의 단일화 파기로 정치적으로 빚이 없다는 점에서 출발이 홀가분하다. 그러나 주류 세력에 대한 관계설정이 리더십의 불안정을 부를 수 있다는 해설성 기사였다. 청와대는 무척 서운해 했다. 취임식 날 이런 제목은 처음이라는 것이다. '기쁜 날에 재 뿌리는 격'이라고 불만을 간접적으로 표시했다. 내일신문이 원군이 되어 주리라던 기대가 무너졌다고 생각하는 것 같았다

내일신문 기자들은 대부분 운동권들이라 노무현 정부에 대한 호감이 바탕에 있었다. 그러나 언론의 속성상 비판적 기사가 실릴 수밖에 없었다. 나도 원고료를 아낀다고 직접 시론을 썼다. 나는 경제학을 전공했기 때문에 경제 문제를 주로 썼다. 특히 부동산 문제에 관해 비판적 입장을 취했다. 노무현 정부는 총론은 있었지만 각론이 부족했고 총론과 각론이 부딪히기도 했다. 그래서인지 참여정부에서도 예상치 못한 어려움이 있었다.

어느 날 한 광고주가 전화를 해 "이 정부와는 사이가 좋은 줄로 알았다. 그런데 이 정부 주요인사가 내일신문에 주는 광고액이 얼마냐, 왜 그렇게 주느냐고 묻더라"고 했다. 주지 말라고 말하지는 않았다. 그러나 광고주들은 이런 질문 자체를 광고를 주지 말라는 사인으로 받아들인다. 누가 그러냐고 물으니 "그것을 어떻게 말하나, 이 말을 해 주는 것도 내가 장 사장을 좋아해서 하는 말이니 그렇게 알고 좋은 관계를 가지라"고 했다.

이런 전화가 늘어나니 가만히 있을 수가 없었다. 알아봤다. 청와대에 파견 나가 있는 국세청 담당 행정관이 전화한 것이었다. 우리 간부들이 그 위 간부들에게 항의했다. 그들은 전혀 그런 사실이 없다고 했다. 나름대로는 노무현 대통령과 마음이 통한다고 생각했던지라 화가 났다. 문재인 당시 민정수석에게 전화를 해 만나자고 했다. 화난 목소리여서 그런지 비서관 둘을 데리고 나왔다. 두 비서관 다 초면이었다. 광고 이야기를 했다. 국민이 뽑은 노무현 대통령의 뜻이냐고 물었다. 몹시 당황들 했다. 국세청 파견 민정수석실 행정관이 직접 전화했다고 하니 문재인 수석은 전혀 몰랐다고 하며 당장 그를 처벌한다고 했다. 그가 내일신문과 무슨 원수를 졌겠느냐, 민정수석이나 비서관이 시킨 것 아니겠느냐고 하니 두 비서관의 얼굴이 빨개졌다. 분위기를 보니 같이 나온 두 사람 중 하나이거나 둘이 합작했거나 한 것 같았다. 그 행정관은 청와대에서 나가고 국세청에서 비공식으로 사과를 해왔지만 한동안 광고에 타격이 있었다.

이런 일도 있었다. 내일신문의 외부 주주들 숫자가 많다보니 이들은 시장에서 주식을 팔고 싶어 했다. 흑자도 나고 배당도 주니 주식시장 상장을 원했다. 2004년에 코스닥 시장에 상장을 추진했다. 그러나 코스닥위원회는 심사과정에서 납득할 수 없는 모습을 보이며 등록을 유보시켰다.

2004년 11월 9일 내일신문은 사고를 통해 코스닥 등록 유보에 대한 입장을 발표했다. 내일신문의 계열사였던 내일인쇄소(광주 위치)의 경영과 대주주와 특수관계에 있는 '(사)청소년을 위한 내일여성센터'를 문제 삼아 보류결정의 결론을 내린 것에 대해 납득할 수 없다고 입장을 표명했다. 내일인쇄는 장시간 노사분규로 폐업한 신문인쇄공장을 우리가 인수한 후에 경영실적이 호전되어가고 있었고, 사단법인과의 관계를 문제 삼는 것도 다른 의도가 있는 것으로 생각되었다. 상장하면 정부의 간섭이 오히려 심해질 수도 있다는 의견들이 내부에서 나왔다. 결국 상장하지 않기로 결정했다.

우여곡절을 거치면서 우리 할 일은 하자는 자세로 더욱 노력한 결과 표(p213)에서 보는 것처럼 매출과 이익도 늘어났다.

이명박 대통령 때 일이다. 모 중견기업 사장 아들의 결혼식에 아내와 함께 가게 되었다. 예식장 입구에 이상득 의원을 둘러싸고 사람들이 많이 모여 있었다. 이상득 의원은 대선 때 예고 없이 내 방을 찾아와 동생인 이명박 대통령을 도와달라고 했던 분이다. 대학 선배이기도 해서 나는 정중하게 대했다. 그런데 나를 보자 갑자기 이상득 의원이 큰 소리로 화를 냈다. "당신 이럴 수가 있어!" 어안이 벙벙했다. 사람들이 모두 쳐다보았다. 그날 예식장에는 대기업 공기업 등의 광고주들이 많았다. 그 모습을 보았는지 예약된 공기업 광고들이 줄줄이 취소됐다. 그냥 있을 수는 없었다. 내가 직접 시론을 썼다. '전두환, 노태우는 본인이 구속되었고 YS, DJ는 아들들이 구속되었고, 노무현 대통령은 형이 구속되었다'라고 시작해 다음은 또 형이 구속될 것 같다는 식으로 쓰면서 그런 불행한 일이 일어나지 않기를 바란다고 썼다. 바로 다음 날 이상득 의원으로부터 전화가 왔다. 그날 의원님이 화를 내서 공기업 광고가 취소되었다. 회복시켜 달라고 했다. 상황이 좋게 흘러갈 줄 알았는데 그렇지 않았다. 이상득 의원과는 풀었지만 청와대와의 관계는 악화되어 있었다. 본격적인 광고탄압이 시작되었다. 모 부처 대변인이 청와대에서 내일신문에 정부광고를 주지 말라는 비공식 지시를 받았다고 우리 기자에게 알려주었다. 왜 광고를 주지 말라고 하느냐고 되물었더니 시키는 대로 하라고 화를 내더라며 어떻게 수습을 해보라고 했다. 기업들과 여러 정부부처에 알아보니 그곳들도 압력을 받고 있었다. 그들은 전말을 적극적으로 말 해주지는 않고 우리가 관계를 잘 풀었으면 하는 눈치였다.

청와대의 모 인사가 우리 회사 간부에게 이 대통령이 점심 후 한시 반부터 30분간 휴식하며 신문을 보는데 내일신문의 비판에 대통령이 너무 민감하게 반응한다고 했다. 이명박 대통령의 내일신문에 대한 감정은 갈수록 나빠지고 있다고 생각되어 고민이 되었다. 그러나 '시간은 흐른다'는 느긋함 위에 낙관론을 가지자고 다잡았다. 또 어려워지면 내부의 긴장과 단결은 강해진다. 이제 어지간한 것에는 견딜 만큼 우리의 역량도 자랐다. 그래서 이명박 정부 기간 동안 2012년 최고의 매출을 올렸고, 당시에는 창간 이래 최고의 이익을 냈다. 2008년부터 2012년까지의 순이익은 374.3억 원으로 당시까지 누적 총 순이익의 59.3%에 달했다.

박근혜정부에서도 압박은 있었다. 최측근 3인방 중 한 명이 우리 간부에게 청와대 출입기자를 바꿔달라는 말을 했다. 마음에 안든다는 의미였다. 나는 우리 간부에게 "놀고 자빠졌네"라는 말을 그대로 전하라고 했다. 그는 그랬으면 좋겠다는 의견을 표시한 것뿐이라고 변명했다. 또 금융권 인사들로 부터 3인방 중 한 명이 금융권 인사를 좌지우지 한다는 이야기를 들었다.

당시는 나도 시론을 쓸 때였다. 3인방 중 두 사람을 거론하면서 '언론에 대해서 이럴 진데 다른 데는 어떨까'하는 시론을 썼다.

그러자 서울청 조사1국 1과에서 세무조사가 들어왔다. 국세청 조사관들은 그 부서는 10대 그룹을 주로 세무조사 하는 부서인데 왜 자기들을 보냈는지 잘 모르겠다고 했다. 우리는 세무조사 장소 제공을 거부했다. 장소 제공의 법적 근거를 가지고 오라고 했다. 그러자 세무서류를 모두 트럭에 싣고 가서 국세청 안에서 조사했다. 특이한 것은 회사만 세무조사를 받은 것이 아니라 내일신문 주식을 사고 판 직원들, 가족까지 조사를 받았다. 헌법에 납세의무가 있으니 누구나 세무조사를 할 수 있다. 사원주주회사이고 비상장인 내일신문 직원간의 주식거래에 대한 것은 대법원 판례를 들이니 넘어갔다. 부인의 아르바이트 수입까지 뒤진 요란한 세무조사의 결과 연말정산에서의 미비점 등을 걸어 20여 명에게 몇 십만 원씩 세금이 추가 과세되었다.

끝이 아니었다. 뒤이어 금융감독원에서 조사가 나왔다. 주주명단과 이사회 회의록 등 10년이 넘은 자료를 요구했다. 당시 자본시장법은 3개의 법을 통합한 누더기 법으로 입법과정에서 시효가 누락 된 엉터리였다. 우리는 대법관 출신 변호사들로부터 법적 조언을 받아 이 경우 비슷한 법률인 공정거래법의 시효를 적용해야 한다는 조언을 들어 10년 이상 분은 더 제출하지 않기로 했다. 계속 자료를 내라 마라 3개월간 괴롭힘을 당했다. 하도 화가 나서 전임 모 금융위원장을 만나 이 사실을 이야기 했다. 국민이 뽑은 박근혜 대통령의 지시인지, 아니면 3인방들의 자의적인 부당한 권력남용인지, 아니면 금감원의 독자적인 행동인지를 알아봐 달라고 했다. 감사원 산하의 신문고를 두드려 이를 폭로할 수도 있다고 했다. 그는 알아봤더니 박근혜 대통령의 지시는 아니라고 했다. 그 영향인지 최경환 경제부총리와 가깝다고 알려진 금감원 부원장보와 담당 국장이 찾아와 죄송하다고 사과했다. 다시는 그런 일이 없을 것이라고 다짐하길래 그 선에서 끝냈다.

여러 정부를 거치면서 우리는 스스로 내실을 다지면서 나가야 한다는 사실을 온 몸으로 느끼게 되었다. 우리와 뿌리가 다른 정권에서도, 비슷한 성향의 정권에서도 다 어려움을 겪었다. 언제든지 압박을 받을 수 있다. 위에서 굳이 지시하지 않아도 밑에서 알아서 충성을 바친다고 생각하게 됐다. 내일신문의 방침은 기본적으로 권력에 대해서는 비판할 일은 비판하되 대안 있는 비판을 하자고 했다. 또 오보가 나면 바로 정정보도를 하기로 결의했다. 가능한 한 기사가 났던 같은 면에 상대방의 입장을 배려하여 정정하기로 했다. 1면 사이드 톱 자리에 정정기사를 내기도 했다. 우리부터 언론의 원칙을 지키자고 한 것이다.

6.
대통령들과의 만남

일반적인 언론사 사장과는 다른 과거의 내 이력 때문인지 역대 대통령들과 개인적인 만남이 있었다. 그 분들과의 만남을 소개하는 것도 작은 역사의 기록이라고 생각되어 소개한다.

「김대중 대통령」

주간내일신문 준비가 거의 막바지에 이른 1993년 8월초 쯤 이었다. 그 해 4월에 영국에서 돌아온 김대중 총재로 부터 만나고 싶다는 연락이 왔다. 김대중 대통령과의 첫 만남이었다.

짐작건대 이유는 두 가지였다. 20여 년 전 1973년 9월30일, 나는 '김대중 씨 납치사건의 진상은 이렇다'라는 유인물을 대학 및 종교기관에 뿌렸다. 유신 치하의 엄혹한 시절이었다. 당연히 치안본부 대공분실로 잡혀가서 심하게 고문을 당했다. 그것에 미안한 생각이 있을 것 같았다.

그리고 또 20년 뒤인 1992년 12월 대선 때 나는 '당선 가능한 야당에 힘을 모아 평화적 정권교체를 하자'라는 이른바 '당가야' 캠페인을 벌였다. 전국에서 무려 10만여 명이 1000원~1만 원의 소액을 모아 참여했다. '왜 당가야 인가'를 설명한 작은 수첩을 만들어 배포하고 신문광고도 내는 등 활동을 했다.

대선은 김영삼, 김대중, 정주영 3자 대결이었다. 김영삼 대통령 취임 후 검찰은 특정인, 즉 김대중 후보를 지원하는 운동이라고 하며 선거법 위반으로 구속했다. 나는 감옥에서 '표현의 자유를 억압한 위헌'이라고 위헌제청을 했고, 법원이 이를 받아들여 6개월 후 석방되어 불구속재판을 받고 있었다.

그러던 중에 김대중 총재가 동교동 집으로 부부간 저녁식사를 초대한 것이다. 도착하니 일본 NHK 방송과 김대중 총재가 인터뷰를 하고 있었다. 인터뷰는 이틀간 진행된다고 했다. 약속시간이 되어 인터뷰를 끝내고 식사를 하게 되었다.

세 시간 반 동안 주로 김대중 총재가 당시 정국상황과 한미관계 경제문제 등을 이야기 하셨다. 김 총재는 36.8, 48.7 등 주요 데이터를 소수점까지 짚으며 대화를 이어갔다. 수많은 사람을 만났지만 이렇게 소수점까지 기억하는 사람은 별로 없었다. 내가 만난 사람 중 또 수치를 정확히 기억하는 사람은 정몽구 현대자동차 회장을 꼽을 수 있다. 기업인이나 경제학자들은 대개 수치를 중시하지만 DJ처럼 숫자를 많이 암기하는 사람은 처음 봤다. 수치를 정확히 말하는 것은 그가 경제를 중요시 한다는 인상을 줬다.

김대중 총재는 젊은 시절 목포신문을 경영해본 경험으로 신문경영의 어려움을 너무나 잘 알고 있었다. 본인은 20대에 해운업을 해서 돈을 많이 벌었는데 목포신문으로 다 날렸다고 했다.

김 총재는 나더러 정치할 생각이 있느냐고 은근히 물었지만 나는 정치할 마음이 전혀 없었기에 확실히 대답했다.

며칠 뒤 다시 연락이 왔다. 이번에는 서교호텔 중식당이었다. 부부초대여서 아내 최영희와 같이 갔는데 혼자 나오셨다. 이런저런 나라걱정과 영국에서의 경험 등을 얘기하다가 김 총재의 포부로 얘기가 흘렀다. 김대중 총재는 자신은 대통령으로서 이러이러한 나라를 만들고 싶다고 하셨다. 나는 "총재님은 대통령이 될 수 없을 것 같습니다"고 했다.

김 총재는 약간 언성을 높이며 "이유가 뭡니까" 힐난조로 물었다.

"첫째는 인구가 적은 고향에서 태어났기 때문이고, 두 번째는 빨갱이 때문입니다."

"당신까지 나를 빨갱이라고 합니까" 허탈한 듯 웃었다.

"억울하지만 사람들이 빨갱이라고 하면 빨갱이가 되는 세상이잖아요. 저도 노동운동을 하니 빨갱이라고 합니다. 인구수가 적은 고향에서 태어나시고 분단 하에서 빨갱이로 찍혀 있는데 어떻게 대통령이 되겠습니까?"

김 총재는 눈을 지그시 감았다. 화를 삭이는 표정이었다. 나는 머뭇거리다 "제 생각에는 고향과 빨갱이를 넘어설 수 있는 방안은 박정희 대통령과 결혼하는 것뿐입니다" 김 총재의 얼굴이 굳어졌다.

"박대통령이 없으니 꿩 대신 닭이라고 JP입니다. 전라도 고향으로부터 탈출하고, 저들의 호남 고립전략과 빨갱이를 극복하는 방안은 JP와 손을 잡는 방법밖에 없습니다."

눈을 감고 한참을 침묵하던 김 총재는 "재야에서 비난하지 않을까요?"했다. 내가 좀 가볍게 "에이~ 그게 두려우면 정치포기 하셔야죠" 하자 다시 침묵이 흐른 후 "그런데 JP가 할까요?"했다.

"원하는 것을 다 주십시오. 총리와 경제를 주고 더 달라면 더 주십시오. 대통령이 되는 것이 중요하지 않습니까" 김 총재는 더 이상 말이 없이 허허허 너털웃음을 지었다.

  그 날 헤어지며 나는 "앞으로 저와의 만남은 안하는 것이 좋겠습니다"고 했다. "제가 여러 번 조사 받을 때마다 저들은 김대중 총재와의 관계를 대라고 고문했습니다. 그래도 실제 만난 일이 없기 때문에 버틸 수 있었습니다"

  김 총재는 급하게 연락할 일이 있으면 하라고 이 뭐라는 사람의 전화번호를 불러주며 암기하라고 했다. 나는 그 비밀번호로 한 번도 전화를 하지 않았다. 말이 쉬워 'DJP연합'이지 그야말로 운명을 건 건곤일척의 결단이었다. 1996년 총선 패배 후 DJ는 이강래가 올린 'DJP연합 초안 보고서'를 기초로 자민련과 협상을 시작했고 결국 대통령 선거에서 승리했다.

  김대중 대통령 취임이후 1999년 1월 말경 토요일에 박지원 수석을 통해 청와대 관저에서 부부간 오찬을 하자는 연락이 왔다. 야당 총재시절 두 번의 만남 후 처음이었다. 두 시간여 정도 식사를 했다. 홍어가 나왔는데 내가 못 먹자 홍어예찬을 펼쳤다 대통령은 내가 YTN수습을 잘하고 있어 고맙다고 했다.

  나는 가기 전에 몇 가지 현안에 대해 대통령께 건의를 하기로 마음먹고 준비를 했다. 당시 외환위기로 사실상 망해있는 현대반도체와 LG반도체 문제, 기아자동차 인수 문제, 정부조직 축소에 대한 문제 등 언론을 뒤덮은 현안들이 있었다.

  첫째는 현대 반도체 문제였다. 지금의 SK하이닉스다. 당시 현대반도체와 LG반도체가 있었는데 둘 다 외환위기로 사실상 망해 있었다. 정부는 이 문제로 골머리를 앓고 있었다. 인텔이 자본투자를 하겠다는 의향을 표시했다.

나는 LG 40%, 현대 40%, 인텔 20%의 비율로 3자 공동경영을 건의했다. 대통령은 좋은 아이디어라고 했지만 정몽헌의 현대로 결정되었다.

두 번째는 기아자동차 문제였다. 그날 조간에 '기아는 포드로'가 1면 톱이었다. 나는 "기아를 경쟁 없이 바로 포드로 주는 것은 문제가 될 수 있습니다. 공개입찰을 해야 합니다"고 했다. 김 대통령은 "포드가 들어오는 것은 미군 1개 사단이 들어오는 것과 같습니다. 안보상 아주 중요 합니다"라고 했다.

"포드에 가더라도 공정경쟁을 통해 가야 명분이 섭니다. 또 경쟁을 통해 한국회사가 기아를 인수한다면 우리 자동차산업이 사이즈를 키우고 기반이 튼튼해 질 수 있습니다. 한국자동차 회사에게 기회조차 주지 않는 것도 문제 아닙니까. 포드도 폭스바겐도 한국자동차들도 기회를 넓게 주지 않으면 외환위기를 겪고도 달라진 것이 없는 게 되지 않습니까?"

대통령은 생각하는 표정이었는데 나중에 공개입찰을 통해 가장 큰 액수를 제시한 현대자동차가 기아를 인수했다.

세 번째는 정부조직 축소 문제였다. 외환위기 상황에서 정부 조직을 줄이는 것이 대세이고 김 대통령은 청와대를 절반으로 줄이기로 결단한 참이었다.

"경찰과 국세청은 줄이지 않으면 좋겠습니다."

"왜 그렇게 생각합니까?" "IMF로 실업자가 많아 절도, 강도 등 치안이 흔들릴 수 있습니다. 한국은 야간에 젊은 여성들이 다닐 수 있는 나라입니다. 경찰을 줄이면 이 부분이 흔들립니다."

국세청 인원 축소 문제도 말씀드렸다. "지금 재정이 무너지면 국가신인도에 문제가 생길 수 있습니다. 그렇다고 IMF로 기업이 허덕이는데 세율을 높일 수는 없지 않습니까. 우선 있는 제도 속에 세무공무원들이 열심히 뛰어서 세금을 확보해야 재정을 유지하지 않겠습니까. 세무공무원을 줄이면 차질이 생깁니다. 경찰과 국세청을 제외한 다른 데는 다 줄여도 좋다고 봅니다. 청와대를 반으로 줄인 것은 정말 대단한 결정이라고 생각합니다"(이 대화가 새어 나갔는지 당시 안정남 국세청장이 고맙다며 식사를 하자고 했다. 또 직원들에게 10번 교육을 해달라고 했지만 5번만 하고 말았다.)

한 두어 개 현안을 더 말하다 약속된 시간이 다 되었다.

그 뒤로 언론사 대표들의 청와대 초청에 참석한 적은 있지만 사적으로 만난 것은 그것이 마지막이었다.

「노무현 대통령」

노무현 의원은 아내 최영희가 나보다 먼저 알았다. 내가 감옥에 있을 때 노무현 의원과 최영희가 노동자 강연을 많이 다녔다. 1987년 6월 항쟁에 뒤이은 7,8월 노동자 대투쟁을 거치면서 노동조합이 전국적으로 많이 만들어졌다. 노동조합들에서 '노동법 해설' 저자인 나를 강사로 많이 초청했다. 초기에는 하루에 한 두 군데 씩, 1년에 300회에서 500회 정도 강의를 다니다가 '제3자 개입'이라고 구속되었다. 노동조합에서는 노동문제는 나대신 최영희, 정치에 대해서는 노무현 의원을 강사로 불렀다. 두 사람은 같이 초청받는 경우가 많아 자연히 낯이 익었다.

1989년 홍제동 치안본부 대공분실에 잡혀갔을 때였다. 노동자 교육을 이유로 수배 후 구속해 놓고, 노동잡지 '새벽'지의 글을 문제 삼아 국가보안법 혐의를 추가해 조사했다. 최영희가 노무현 변호사와 함께 와서 변호사 입회를 요구했다. 치안본부 대공분실은 면회를 거부했다. 그러나 두 사람이 물러서지 않고 강력하게 요구하자 할 수 없이 문을 열었고, 그때가 그와의 첫 대면

이었다. 치안본부 사람들 말에 의하면 외부인사가 들어온 것이 처음이라고 했다.

그 후 주간 내일신문 창간준비가 한창일 때 노 의원이 사무실에 찾아왔다. 문재인 변호사로부터 주간신문 창간소식을 들었다 했다. 자신이 장수천이라는 생수사업을 하다가 망한 이야기를 해주었다.

내가 "생수가 잘 팔렸지요. 그렇지만 수금은 안 되었을 것입니다" 노 의원은 어떻게 아느냐고 되물었다. 나는 "당연하지 않습니까. 대금을 안주거나 미뤄도 된다고 생각했을 것이다. 정치인이니까 냉정하게 대응을 못한다는 것을 사람들은 잘 안다. 수금이 안 되니 많이 팔릴수록 더 빨리 망했을 것이다" 얼마나 깨졌느냐고 물었다. 변호사로 번 돈을 거의 날렸다고 했다. "사업과 정치는 병행하면 안 된다. 둘 다 죽기 살기로 전력을 기울여도 될까 말까인데 동시에 전력을 기울이기는 어렵다" 노 의원은 아주 인간적이고, 또 솔직하다. 나이도 비슷해 대화가 편했다.

노무현 의원이 김대중 정부에서 해양수산부장관이 되어 내일신문에서 노무현 장관을 인터뷰 했다. 나는 인터뷰어로 기자와 같이 갔다. 화기애애한 분위기였다. 내가 "삼면이 바다인 우리나라는 해양국가이며, 일찍이 해상무역을 개척한 장보고를 널리 알리고 바다를 개척하는 민관을 격려하는 '장보고대상'을 내일신문이 제정하고자하니 해양수산부가 같이 했으면 좋겠다"고 제안했다. 노무현 장관은 전적으로 동의하고 지원했다. '장보고대상'은 지금까지 운영하고 있다

김대중 정부 임기가 끝나갈 즈음 민주당은 노무현, 한화갑, 이인제, 유종근 등 많은 대선 후보들이 나왔다. 그 중 노무현 후보가 돌풍을 일으키며 민주당 후보로 확정되었다. 그러나 그해 6월 지방선거에서 서울, 인천, 경기 모두 한

나라당이 당선되고 민주당 지지율이 떨어지면서 노무현 후보의 인기도 급락했다. 또 야당인 이회창 후보 이외에 월드컵 4강 신화를 타고 정몽준이 출마를 선언했다. 노무현 지지도는 하락하고 정몽준으로 쏠림이 생겼다. 민주당은 후보교체론까지 나오면서 흔들리고 있었다.

어느 날 노무현 후보로부터 갑자기 전화가 왔다. 내일 아침 조찬을 하자고 했다. 신문사 발행인이 선거 중에 특정 정치인을 만나는 것은 좋지 않다. 그러나 안 만난다고 하기 어려워 극비를 전제로 만났다. 노무현 후보는 여의도 국회의원들에게 매우 불만이 많았다. 그리고 낙담하고 있었다. 지지율이 바닥을 보이자 사람들이 떠나가는 것을 보게 됐다. 심지어 그들이 재벌인 정몽준으로 가는 것을 보고 너무나 자존심이 상한다 했다.

나는 듣기만 하다가 "포기할 것인가, 아니면 새롭게 할 것인가, 선택의 길에 선 것 같다"고 했다. 그는 "끝까지 할 것이다. 그런데 새롭게 할 수 있겠느냐"고 되물었다.

나는 "여의도 바닥에서 헤어 나오면 된다"고 했다. "노 후보는 기존 정치인과 다른 정치인이라는 기대와 국민의 마음을 후련하게 해주는 스타 정치인으로 후보가 되었다. 오늘 조간 1면 사진을 봤는가? 이회창 후보가 수해지역을 돌고 있는 사진이다. 그런데 노 후보는 호텔에서 나하고 얘기하고 있다. 국회의원들로부터 벗어나 국민 속으로 들어가라"고 했다. 그리고 "정몽준도 이회창도 한화갑도 비난하지 마시라. 대신 내가 국민을 위해서, 내가 나라를 위해서, 내가 미래를 위해서 어떻게 할까를 계속 외치라"고 했다.

언론이 받아주지 않으면 직접 유권자 속으로, 대중 모임을 통해서 하면 된다. 커지면 언론도 받게 돼 있다. 사실 별 대단한 얘기도 아니었다. 그냥 의원들의 동태에 속 끓이면서 신경 쓰느라 정작 중요한 것을 놓치고 있지 않느냐는 상식적 얘기였을 뿐이었다. 그리고 이 만남은 극비로 해달라고 부탁했다. 그런데 나와 헤어진 후 두 시간 뒤에 노무현 후보는 여의도 당사에서 기자회견을 했다. "오늘 아침에 한 언론사 사장을 만나 좋은 조언을 받았다"라고 하면서 이제부터 여의도가 아니라 국민들 속으로 들어가겠다고 선언했다. 노 후보는 내 이름을 말 안했으니 비밀을 지켰다고 생각했을 수도 있고, 국민 속으로 간다는 생각이 자기 생각처럼 비치는 것은 노 후보의 성격상 안 내켰을 수도 있을 것이다. 그러나 기자회견장에 있던 우리 기자에게 타지 기자들이 바로 "너네 사장이지?" 라고 물었다. 정보기관들과 언론사 사장들로부터 연락이 왔다. 나는 아무 말도 할 수 없었다.

「이명박 대통령」

이명박, 당시 서울시장이 임기 끝나기 1년 반을 앞둔 추석 전날에 갑자기 저녁을 하자는 연락이 왔다. 광화문 신문로의 일식당이었다. 단 둘이서 이야기를 했다. 이명박 시장은 만나자 마자 이렇게 첫마디를 시작했다. "저도 빵잽이 입니다"그리고 악수를 청했다. 나는 "방위면서…"라고 받았다. 그는 당황하는 빛을 비치면서 자신이 가난해 폐가 나빠 군대를 못 갔다고 변명을 했다. 나는 "감옥소 생활을 해도 춘하추동 한 바퀴 돈 사람을 현역이라고 하고, 3~4개월 집행유예 받고 나온 사람들을 은어로 '방위'라고 한다"고 하니 웃었다. 그는 자신이 1년 반 뒤 대통령 선거에 나가려고 하는데 조언을 달라고 했다. 내가 DJ나 노무현 대통령에게 했던 말들을 이래저래 들은 것 같았다. 나는 "대통령에 당선될 것 같습니다. 세 가지 이유가 있습니다. 첫 번째는 시대가 경제 대통령을 원하고, 두 번째는 전문경영인의 시대가 오고 있고, 세 번째는 말보다는 행동·실천이 중요한 때인데 이 세 가지를 다 갖춘 사람이 이명박 시장이라고 생각 됩니다"라고 하니 그는 하하하 웃으면서 기뻐했다. 당시는 한나라당에서 대선주자로 이명박, 박근혜, 손학규가 떠오르고 있었다. 그는 자신이 직접 담갔다며 솔 술을 맥주잔에 가득 부어 한 잔씩 마신 뒤, 이 말을 듣고 좋아하면서 "같이 하자"고 내 앞에 손을 내놓았다. 나는 내민 손을 밀면서 거절을 표시했다. 그는 "내가 대통령이 된다고 하면서 왜 함께 하지 않느냐"고 의아해 했다. 나는 이명박 대통령이 된다고 했지 지지한다는 뜻은 아니라고 했다. 또 대통령은 되시겠지만 실패한 대통령이 될 수도 있다고 했다. 기업경영과 정치는 별개 영역이다. 기업은 기본적으로 이윤추구가 목적이고 효율성을 중시한다. 기업은 돈을 벌어야 사회에 기여할 수 있다. 정치는 공공성과 과정이 중요하다. 기업경영을 오래한 사람은 그 체질을 바꾸기 쉽지 않다. 그 만남 후 1년 반 가까이 지나 선거 1주일을 앞두고 그는 예고 없이 내일신문 내 방을 찾아왔다. 후보가 갑자기 찾아오니 당황스러웠다. 앉자마자 "그래도 실패한 대통령이라고 말할 수 있느냐"고 따지듯 물었다. 나는 어쩔 수 없이 "성공한 대통령이 되기를 기원 합니다"라고 머리를 책상에 대고 숙였다.

「문재인 대통령」

주간 내일신문을 준비할 때 주주를 모으려고 전국을 다녔다. 그때 부산에 가서 문재인 당시 변호사를 처음 만났다. 나는 문 변호사와 면식이 없어 노동운동을 한 문 변호사의 경희대 후배와 함께 갔다. 만난 적은 없지만 서로 이름은 듣고 있었다. 문 변호사는 내일신문 창간에 회의적이었다. 그는 한겨레

신문 초창기 부산지역 본부장을 하면서 많은 재정 손실을 봤다고 했다. 신문은 어려우니 노무현 변호사처럼 국회의원을 하는 것이 좋겠다고 강력하게 권했다. 같이 간 경희대 후배는 노동운동을 하면서 대학을 졸업하지 못하고 전과도 많아 취직을 할 수가 없었다. 문 변호사에게 내 주위에는 이 친구 같은 사람들이 많이 있는데 이들을 밥 먹게 하는 것이 나에게는 중요하다고 역설했다. 문 변호사는 신문창간에 회의적이었지만 10만 원 주주로 가입했다.

그 후 문 변호사가 노무현 정부 민정수석일 때, 당시 광고탄압 문제로 얼굴 붉히는 일이 있은 후 만날 일이 없었다. 박근혜 대통령이 임기 5년을 채우지 못하고 촛불 항쟁으로 탄핵당한 후 문재인 대통령이 당선되었다. 문 대통령이 취임 첫해 신문·방송 발행인 등을 청와대에 초청했다. 그날의 주제는 남북관계였다. 내가 가장 연장자여서인지 맨 먼저 발언하게 되었다. 나의 어머님 고향이 함흥인데 돌아가시면서 통일을 못보고 가는 것이 한스럽다고 하셨다는 말을 하면서 문재인 대통령이 남북통일의 기반을 다지는 역할을 했으면 좋겠다고 말했다.

문재인 정부에서는 별 탄압 없이 5년을 지냈다. 그렇다고 내일신문이 정부 광고를 많이 받은 것도 아니다. 신문사 중 랭킹 18위로 아주 적은 양을 받았을 뿐이다. 또 청와대에서 보는 신문부수도 중앙일간지 중 꼴찌였다.

7.
작지만 단단한(Small but Strong) 언론

　대기업 홍보실장들은 그들끼리 가끔 골프를 친다고 했다. 내일신문 초기에 그들은 내일신문이 5년 내에 망할 것으로 점쳤다고 했다. 5년이 되어도 망하지 않을 뿐만 아니라 매년 매출도 늘고 흑자도 나니 망한다는 말은 서서히 줄어들었다. 그리고 김대중 정부, 노무현 정부와 친해서 무조건 정권 편을 들 것으로 알았는데 꼭 그렇지는 않다고 생각한 듯하다. 나름대로 정론지, 정도 경영을 하려고 노력한다고 생각한 것 같다. 또 석간으로 내일신문 같은 신문도 필요하다고 느낀 것 같다. 그래서인지 여론주도층 속에서 구독자도 꾸준히 늘어갔다.

　내일신문은 지역을 토대로 주간신문으로 시작했고 또 지역판을 기반으로 정치·경제에 관한 일간지 석간내일신문을 만들었다. 정치는 유권자들이 결정한다. 유권자들은 지역에 있다. 그러므로 지역판이 있는 내일신문은 특히 정치면에서 강했다. 유권자들의 흐름을 항상 지역판을 통해 파악하고 있었기 때문이었다. 선거가 끝날 때마다 대부분의 일간지들은 이변 또는 예상 못한 결과라는 기사제목을 되풀이했지만 내일신문은 선거결과를 거의 정확하게 예측해 왔다.

21세기는 지방화와 세계화의 통일시대이다. 지방화는 상대적으로 정치면에서 경쟁력을 가질 수 있고, 세계화는 상대적으로 경제면에서 경쟁력을 갖는다. 내일신문은 지방화에 기반을 두어 정치면이 강하지만 국제면은 상대적으로 약했다. 특파원도 미국 한 군데 밖에 없다. 미국과 중국의 양대 국가는 한반도에 상당한 영향을 미치는데 우리는 역량이 부족하므로 먼저 중국에 관심을 쏟기로 했다. 팀장 한 명에게 베이징대 MBA 과정을 마치게 했다. 이 과정에서 중국의 인터넷 중국망(中國網)과 업무합작을 하기로 했다. 중국망은 중국 국무원 외문국 산하 중국인터넷신문중심이다. 2006년 6월 26일 베이징 소재 국무원 신문판 공실에서 공동기자회견을 열고 내일신문사가 개설한 중국망 한국어판 (Korean.china.org.cn) 공식개통을 선언했다.

중국정부는 공식 인터넷사이트로 중국망(china.com.cn)을 2000년에 설립했다. 주로 해외에 중국뉴스를 공급하는 사이트이다. 영어, 일어, 독일어, 불어 등 9개 언어로 뉴스를 공급하고 있었는데, 한국어판이 새로 만들어진 것이다. 다른 나라 판은 모두 중국정부가 재정을 지원하여 만든 것이다. 우리 한국어판은 재정과 편집을 내일신문이 책임지기로 하여 만든 새로운 시도로 중국정부도 높이 평가했다. 새로 탄생한 중국망 한국어판은 중국의 실시간 뉴스뿐만 아니라 중국의 기본정황, 법규, 인사 등 다양한 자료를 제공했다. 중국에 진출한 한국기업들이 중국의 구체적인 법규나 만나는 사람들의 인적사항을 잘 몰라 애를 먹는 경우가 많았는데, 이런 애로사항 해결에 도움을 줬다.

나는 중국망 한국어판 개통식에서 이렇게 말했다.

"내일신문 측에서 볼 때 이번 합작은 한·중 양국을 오가는 한국의 상공인들에게 필요한 심층정보와 맞춤서비스를 제공할 수 있을 것이라 전망됩니다. 다음으로 중국망 측은 현 단계에서 후진타오 주석이 제창한 화해사회와 시장경제의 이념을 인터넷 공간에까지 성공적으로 적용할 수 있는 계기를 확보했다고 확신합니다."

나는 자본주의적 시장경제, 사회주의적 시장경제 그리고 사원주주형 자주관리경영이 모두 민주적 시장경제에서 함께 존재하면서, 어느 것이 어느 섹터에서 가장 효율성이 높고 경쟁력이 있는지 겨루어야 한다고 생각한다. 그렇지만 중국의 국가위상이 G2로 올라가고 중국망 파트너가 바뀌면서 그들의 태도가 변했다. 우리가 받아들이기 힘든 요구를 해왔다. 결국 우리는 2013년 1월, 중국망을 해지했다.

나는 내일신문을 시작하면서 단단하고 강한 경영주체가 되지 않으면 흔들릴 수 있다고 생각했다. 크기는 부차적이다. 단단하고 강한 경영주체를 만든다는 원칙에 부합하는 조직체계를 고심했다.

경리는 본사에서 총괄했다. 기사 작성이나 편집 등은 일간지 경우 본사가 직접 관장하지만 지역내일신문이나 대학내일, 미즈내일 등은 가능하면 독립사업자 영업직이나 리포터제도를 중심으로 삼기로 했다. 언제든 망할 수 있음에 대비한 것이다. 또 배달은 내일PD, 디자인은 디자인내일, 인쇄는 내일인쇄, 전산IT 분야는 디지털내일, 대학내일의 프로모션부분은 내일아이엠씨 등 관계회사를 만들게 되었다. 이 관계회사들은 직접 그 회사에서 일하는 사람들이 먼저 지분에 출자 하고 나머지를 내일신문 간부들이 출자하고 그 남는 지분을 내가 출자하는 방식이었다. 어려운 점은 초기에는 직접 일하는 종사자들이 주식을 갖지 않으려고 했다는 사실이다. 망할 가능성이 높다고 생각해서였다. 이 결과 관계회사 지분은 내가 대략 9~30%를 소유하게 되었고 간부들이 약 27~48% 정도 소유하게 되었다. 그렇지만 2012년 이후 내일PD, 내일인쇄뿐만 아니라 대학내일과 지역내일도 지분을 모두 각 회사 사원들이 직접 소유하고 내일신문과 완전 분리해 사원주주회사를 만들어 스스로 경영하게 했다.

지금 '내일이비즈'의 전신은 디지털내일이다. 당시 디지털내일을 별도로 만든 것은 석간내일, 지역내일, 미즈내일, 대학내일 등 종이신문인 내일신문의 네트워크를 가능한 수준에서 전산화하기 위해서였다. 디지털내일은 종이매체들의 인터넷판과 CEO리포트 등을 함께 운영하고 디자인내일 등 관계회사들과의 네트워크운영도 담당하도록 했다.

IT기술 활용은 우리의 생각을 시공간을 하나로 보는 4차원으로 높이는 것뿐만 아니라 효율을 높여 경쟁력을 갖추는 것이다. 그러나 IT 기술인력이 내일신문사 내에 소속되어 있으면 이들은 자신들이 신문사에서 부차적인 지위와 역할을 한다고 생각하기 쉽다. IT 등 전문인력들이 전문회사를 창업해 스스로 주체가 되어 기술을 높이고 내일신문만 상대할 것이 아니라 새로운 시장을 개척해 나가야 한다. 디지털내일은 내일신문의 IT분야를 전문적으로 담당하면서 동시에 e-book 분야로 진출하여 '내일이비즈'라는 회사로 바뀌게 됐다. 이제까지의 전자책 방식은 2차원 평면의 PDF방식이나 e-pub방식이었다. 이 두 가지 방식 모두 독자들이 편리하게 사용하기에 한계가 있다. '내일이비즈'가 개발한 전자책 솔루션 '내일북'은 PDF와 e-pub방식의 불편함을 인공지능(AI) 기술을 활용해, 종이책과 거의 동일한 3차원 입체 방식으로 구현하여 관련 특허 5개를 받았다. 특히 전자책 제작도구인 '내일북 퍼블리셔'는 이미지 전자책, 멀티미디어 전자책, e-pub 전자책을 만들 수 있는 획기적인 전자책 제작 도구이다.

인공지능이 모든 산업의 전 과정을 바꾸고 있다. 전자책, 전자신문 분야에서도 인공지능이 접목되어 급격한 변화를 예고하고 있다. 종이신문도 결국 e-paper로 갈수 밖에 없다. e-paper를 만들기 위한 전 단계로 개발한 e-book의 리더 솔루션(reader solution)이 좀 더 발전한다면 내일신문은 한 단계 새로운 차원으로 도약할 수 있을 것이다.

디자인내일 역시 전문 직종인 디자이너들 중심이다. 내일신문은 일간으로 석간내일, 주간으로 미즈내일, 대학내일, 지역내일 등 20종으로 당시 우리나라에서 가장 많은 종이매체를 발행하고 있었다. 각각 매체에 각각 디자이너들이 있다 보니 당연히 디자이너들의 수가 많았다. 이들을 통합하여 디자인내일을 만들었다. 디자인내일은 내일신문뿐 아니라 대학교 신문이나 주간신문, 잡지, 서적 및 전단지 등의 디자인과 인쇄를 수주하여 전문회사가 되었다. 이 분야 역시 내일신문의 한 부분보다는 전문성을 가진 별도회사로 창업하여 성장·발전하는 것이 옳은 방향이라고 생각했다. 그래야 디자이너들도 긍지를 가질 수 있다. 서로 선의의 경쟁을 하면서 효율도 높아지고 함께 모여 교육도 할 수 있다. 사실 디자이너들이 지역에 한 명씩 고립되어 있으면서 자신들이 보조적 역할을 한다는 불만이 높았고, 지역사무실에서 직종 간 갈등이 심했다. 본사 발행매체의 디자이너들은 이 방향을 좋아했다. 그러나 처음에 지역 디자이너들은 서울본사로 오는 것을 주저했다. 무엇보다 서울에 오고 싶어도 비싼 주거문제가 걸림돌이었다. 지역에서 올라온 사람들을 위해 회사 근처 아파트를 몇 채 임대하여 기숙사를 만들었다.

디지털내일이나 디자인내일의 경영책임은 그 분야 전문가가 맡았다. 그리고 유능한 디자이너들을 초빙해 틈틈이 교육을 했다. 그래야 스스로 성장할 수 있다. 대학내일이나 미즈내일도 편집디자인을 무조건 디자인내일에 맡기지 않았다. 외부 디자인회사가 참여하는 입찰로 결정하고 있어 디자이너들의 실력과 종이가격 등 원가경쟁력이 결정의 중요한 요소가 됐다. 입찰결과 대학내일이나 미즈내일의 디자인 작업이 다른 외부 회사에 넘어간 경우도 있었다.

디자이너들은 주로 여성들인데 이들은 결혼하고 아이 낳고 키우는 데 여느 한국여성들처럼 어려움이 많았다. 대체로 집이 외곽에 있어 출퇴근 시간도 많이 걸렸다. 그래서 그 당시에 재택근무제를 도입했다. 처음에는 의구심이 있었다. 재택근무를 하라고 하니 혹시 그만두게 하려는 것인가, 또는 비정규직이 아닌가 하는 오해 때문이었다. 지금은 대부분이 좋아한다.

지역판에서 영업을 하는 사람들도 비슷하다. 그들은 독립사업자의 지위를 갖고 있는데 비정규직인가 하는 생각들을 많이 했다. 보통 사람들은 정규직 근로자를 원한다. 그러나 내일신문은 자주관리경영을 경영방침으로 하고 있기 때문에 가능하면 독립사업자가 되었으면 한다. 영업의 경우 더욱 그렇다. 이들은 나중에 (주)지역내일의 주주사원이 된다.

지역판에서 영업을 하는 독립사업자들은 열심히 하는 사람들이 대부분이지만 그렇지 않은 사람들도 간혹 있다. 빚이 많으면 대개 더 열심히 일하지만 인터넷도박이나 경마도박에 빠지는 경우도 일부 있다. 도박이 치유되지 않아 결국 금전사고를 치기도 한다. 또 술을 너무 좋아해 출근이 제대로 되지 않는 영업자들도 중간에 그만두게 된다. 나는 금연과 함께 가능 한 술을 세 잔 이상 먹지 말 것을 권하고 있다.

배달시스템을 잘 만드는 것이야말로 신문사의 운명을 좌우한다. 배달이 안되면 기사를 아무리 잘 쓴들, 신문이 발행된들 무슨 의미가 있겠는가. 전문배달회사인 내일PD는 인원이 가장 많은 곳이다. 일간지, 지역판, 대학판 배달을 맡고 있었는데 내일신문의 경우 부수가 적어서 배달이 특히 어렵다. 2~4시간 정도 매일 하는 사람과 일주일에 하루, 이틀 하는 사람 등 각자 선택에 따라 노동시간이 다양하다. 가장 힘들게 일하고 보수도 적다. 자연히 인력교체가 심하다. 그러므로 인력관리시스템이 매우 중요하다.

내일PD는 특히 어려움이 많았다. 지역판 배달의 경우 배달이 정확히 되는지 여부를 점검하기가 쉽지 않고, 일간지는 부수가 적을 경우 한 부 한 부 배달하는 것이 무척이나 어렵다. 또 시내 중심가와 외곽은 배달하는 데 드는 시간의 차이가 크다. 이에 대한 기준 마련도 많은 어려움이 있었다. 초기에 지역판을 아파트에 배포하는데, 심한 경우 배포를 하지 않고 몽땅 지하실에 버린 사람도 있었다. 왜 그랬냐고 하니 곧 망할 텐데 열심히 배포해 봐야 무슨 소용이 있느냐고 답하여 허허 웃을 수밖에 없었다. 이는 간부들의 책임이고 결국 그 최종책임은 나에게 있다고 통감했다. 망하지 않게 하는 것이 최선의 방법이고 더 열심히 영업을 하여 흑자를 내는 일만이 이러한 잘못된 풍토를 바꿀 수 있다고 각오를 단단히 했다.

독립사업자들과 배달종사자들 중에 신용불량자들이 있었다. 당시에는 자기 이름으로 급여이체가 되면 빚 회수로 급여의 50%가 자동적으로 금융회사에 넘어간다. 남은 50%로는 생활이 너무 어렵게 된다. 안간힘을 쓰다 다시 좌절하는 경우가 많다. 어렵게 얻은 직장을 다닐 힘을 잃게 만든다. 그래서 부인 등 친척이름으로 급여를 받으려고 한다. 나는 급여의 20% 정도를 빚 상환에 배정하는 것이 그나마 합리적이라고 본다. 이 문제가 정책적으로 해결되지 않으면 신용불량자들의 일자리 문제는 해결될 수 없다. 나는 여러 번 정치권에 제도 개선을 촉구했다. 그 설득이 좀 통하여 현재에는 최저생계비를 고려하여 185만 원까지는 채권자가 압류를 못하도록 생활보장을 돕고 있다.

　내일인쇄는 광주에서 폐업한 신문사의 인쇄소를 인수했는데 여기서 흑자를 내는 과정은 험난했다. 인쇄근로자들은 자신들이 오래 몸담았던 신문사가 문을 닫았기 때문에 우리에 대한 거부감이 강했다. 폐업에 이르기까지 그들은 무척 힘들었을 것이다. 좌절감이 심하면 술과 도박이 심해진다. 자연히 일의 절도와 기강이 엉망이었다. 인간은 앞이 안보이고 좌절하면 술이나 도박에 빠지기 쉽다. 작은 희망이라도 보이면 변하는 경우가 많다. 물론 세 살 적 버릇이 여든까지 가니 바뀌지 않기도 한다. 어떻게 해야 할까 참으로 고민이었다. 하루아침에 안 된다. 시간이 해결한다는 믿음으로 대신 매일 매일 조금씩이라도 변화를 주어야 한다.
　전두환 정권이 들어선 뒤 주위 사람들이 고스톱 등 도박을 좋아하는 사례를 많이 봤다. 특히 생산직 노동자들 속에서 더 그랬다. 밤새도록 치기도 했다. 나도 그때 처음 고스톱을 쳐 봤다. 전두환 군부독재를 무너뜨릴 수 있다는 가능성을 구체적으로 이야기하면서 고스톱은 주위에서 사라져갔다. 노동운동의 싹이 트기 시작한 것이다. 그 당시 독재에 대한 항거는 '계란으로 바위치기'라는 이야기를 많이 했다. 나는 계란 대신에 물로 깨뜨릴 수 있다고 이야기했다. 바위에 작은 구멍을 뚫고 물을 넣으면 겨울에는 물이 얼게 된다.

물이 얼면 부피가 팽창해 바위에 금이 가기 시작한다. 결국 바위가 깨진다. 술이나 도박을 하지 말고 우리 운명을 스스로 개척하기 위해 서로 노력하면 거대한 바위도 깨뜨릴 수 있다는 희망을 이야기하면 그들도 귀를 기울였다. 그러한 경험을 '노동법 해설'에 간단하게 썼다.

광주인쇄소에서도 그랬다. 우선 내 직장이라는 인식을 가지는 것이 중요하므로 사원 모두 주주가 되도록 했다. 주식을 살 돈이 없을 터이니 이익이 안 났지만 상여금을 줬다. 그 상여금을 주식으로 전환시켜 그들이 주주가 되도록 유도했다. 주주사원이 되면 생각과 생활이 바뀔 수 있다는 신념 때문이었다. 토의도 많았다. 이들의 생활을 바꾸는 것이 생각을 바꾸는 것보다 더 어려웠다. 강제로 직장에서 고스톱을 없애고 술을 가능한 한 줄이도록 했다. 시간이 흐르면 결국 된다는 믿음을 갖고 뛰었다. 인쇄소 사장이 적자가 계속되어 월급을 못 주게 되었다고 했다. 나의 개인예금통장을 담보로 대출하여 월급을 우선 해결하고 광주로 내려가 직접 영업을 뛰었다. 일간스포츠 호남판의 인쇄를 하게 되면서 경영이 호전되었다. 2013년에 기존 광주매일 때부터 직원 중에 우리가 운영을 맡겼던 사장이 인쇄소 매수를 원했다. 그때는 인쇄소 보유법이 없어졌기 때문에 우리로서는 인쇄소를 반드시 가지고 있어야할 필요는 없었다. 또 관계사가 스스로 주인이 되어 스스로 운영하겠다고 하면, 희망대로 독립시켜 왔다. 매수대금 장기저리 분납 등 그들이 원하는 조건을 받아들이고 곡절 많았던 인쇄소를 매각했다.

내일신문의 관계사들은 모두 처음 적자에서 출발했지만 모두 흑자로 전환되었다. 모두 차입금은 없고 배당을 하고 있다. 작지만 단단한 회사들인 것이다. 주간지에서 일간지를 하면 어려워질 것이라고 생각했던 사람들도 15~30% 정도의 배당을 매년 지급하니 주주들의 입에서 입으로 신문사에서 배당을 받는다는 소문이 돌았다. 대외적인 분위기가 좋아졌다. 물론 든든한 직장이 뿌리내릴 수 있도록 배당보다 유보를 2배 이상 했다.

1987년 7·8월 노동자대투쟁 이후 석탑노동연구원에서 '새벽'이라는 계간지를 발행한 적이 있다. 그 표지에 '가정사랑·직장사랑·나라사랑'이라는 문구를 적어 방향을 제시했다. 특히 직장사랑은 직장의 '안정화·민주화·명랑화'를 이룰 때 형성된다고 주장했다. 당시 운동권 안에서 이 '직장사랑'이 새마을운동이냐는 비아냥, 노사협조주의라는 비판도 많이 받았다. 그렇지만 나는 가능한 한 내일신문이 이렇게 되었으면 하는 소망을 가지고 있었다. 그 구체적 형태가 사원주주형 자주관리경영이다.

우리는 2008년 7월경, 미국발 금융위기가 일어나기 1년 반 전인 2007년 초 부터 금융위기를 예측하고 현금을 쌓기 시작했다. 앞으로 닥쳐 올 위기는 외환위기보다 더 한 세계적인 금융위기이므로 우리 스스로 살아가지 않으면 안 된다는 사실을 구성원들과 나눴다. 그 결과 2013년도에 570억 원이 넘는 현금성 유동자산을 갖게 되었다. 세계적 금융위기로 매출은 줄었지만 순이익은 오히려 늘어났다. 2018년 회기 말, 자본총계액은 약 1007억 원이었다. 2022년 회기 말 자본총계액은 약 1264억 원이다. 대지 235.56평 건물 1311.39평에 지상 6층, 지하 5층 규모의 사옥을 가진 작지만 단단한 회사가 되었다.

요약 재무제표 (단위:백만원)

사업연도	2024년	2023년	2022년	2021년	2020년
자산총계	150,167	145,616	132,836	124,617	115,315
☐ 유동자산	94,479	61,880	72,232	30,746	34,707
☐ 비유동자산	55,688	83,736	60,604	93,870	80,608
부채총계	7,253	9,594	6,420	7,372	4,843
☐ 유동부채	7,130	9,473	5,731	6,664	3,933
☐ 비유동부채	123	121	689	707	911
자본총계	142,914	136,021	126,416	117,245	110,471
☐ 자본금	5,300	5,300	5,300	5,300	5,300
☐ 자본잉여금	3,251	3,251	3,251	3,251	3,251
☐ 자본조정	(458)	(458)	(458)	(458)	(458)
☐ 기타포괄손익	1,363	1,143	(626)	(1,286)	(128)
☐ 이익잉여금	133,458	126,784	118,950	110,438	102,507

사업연도	2024년	2023년	2022년	2021년	2020년
매출액	28,956	29,380	28,578	27,211	27,580
매출총이익	16,968	16,338	16,485	15,214	16,258
영업이익	6,206	5,961	5,639	4,175	6,009
영업외수익	10,200	9,717	8,881	7,714	4,516
영업외비용	6,006	4,122	1,568	628	3,696
법인세비용차감전순이익	10,400	11,556	12,952	11,261	6,829
당기순이익	8,208	9,369	10,047	9,210	5,415
주당이익(원)	8,021	9,156	9,818	9,000	5,292
매출액영업이익률	21.4%	20.3%	20%	15%	22%
매출액순이익률	28%	32%	35%	34%	20%

8.
광화문 새 사옥을 장만하다

주간내일신문은 석탑출판사와 석탑노동연구원이 있는 신촌 주택가 안에 있던 작은 5층 건물에서 준비하고 창간했다. 이 5층 건물은 1989년 여름, 내가 구속되어 있을 때 최영희가 늘어나는 노동교육과 상담을 위해 큰 교육장이 필요하다며 구입한 것이었다. 인삼제품 수출업으로 번 돈으로 대지 65평의 낡은 주택을 사서 허물고 새로 지었다.

5층 건물에 석탑출판사, 내일여성센터와 함께 주간내일신문이 있었다. 하지만 일간지를 하려면 신촌의 개인주택들 속에 있는 작은 빌딩은 면적도 작고 위치도 문제가 됐다. 광화문 근처로 나가야 했다.

외환위기가 발생하자 기업들이 부동산을 많이 매각했을 때다. 현대그룹이 종로구 신문로 경희궁 정문 앞에 있는 작은 빌딩을 매각한다고 했다. 1998년 12월 말에 그 건물을 20억 원을 주고 샀다. 더 깎을 수도 있었지만 현대에서 요구하는 대로 주었다. 특혜시비를 막기 위해서였다. 마침 내일신문에서는 1년 전부터 외환위기가 날 것을 예측하여 20년 기한 평생구독 캠페인을 벌려

현금을 적립했다. 또 증자와 흑자 난 것 등으로 빚 없이 20억을 완납했다. 이곳에서 2000년 10월 9일 석간 내일신문 즉 일간지로 재창간 했다.

이처럼 고생해서 마련한 대로변 석간 내일신문 빌딩을 공용수용 당했다. 이명박 서울시장 때 지금의 경희궁자이 아파트단지가 있는 교남동 일대 뉴타운을 추진하면서 우리 사옥과 골목골목 작은 식당들과 카페들이 있는 상업지역을 뉴타운지구로 포함시킨 것이다.

황당한 일이었다. 교남동 뉴타운과 이 지역은 강북삼성병원을 끝으로 도로가 갈려 있고 생활권이 달라 연관성이 없었다. 교남 재개발사업조합측도 자기들이 왜 상가들과 내일신문을 수용하는 부담을 져야 하냐며 불만이었다. 서울시는 그 댓가로 뉴타운의 용적률을 높여주고 평형 변경을 해주는 등 혜택을 주었다. 조합은 수용을 완료한 후 이 지구를 서울시에 기부채납 했다. 지금의 '돈의문 박물관 마을'이다. 결국 경희궁자이 단지와는 연관성이 없고 애초에 만들겠다던 공원도 아닌 곳이 되었다. 이 과정에서 끝까지 수용에 저항하던 식당 주인 한 명이 극단적 선택을 하는 비극도 있었다.

우리는 오세훈 시장을 거쳐 박원순 시장 때 버티다가 쫓겨나게 되었다. 우리의 장기인 투쟁(?)을 강하게 할까도 생각했으나 명목상 재개발사업조합이 수용의 주체가 되어 있어서 망설여졌다. 잘못하면 민간과 신문사의 대치로 되어 버릴 수 있어서였다. 그 일대에서 비슷한 건물을 구하는 것은 불가능한 수준의 보상금만을 받은 채 경희궁 정문 앞 5층 건물을 내 놓고 떠났다. 보상금은 경찰청 건너 당시 삼성생명 소유 빌딩 1개 층 전세금을 내고 나니 끝이었다. 3년 전세 계약을 하고 그 사이에 사옥을 물색했다. 직원들이 사옥에 대해 세 가지 요건을 제시했다. 단독건물, 대로변, 지난번 보다 더 광화문 쪽에 가까울 것이었다. 힘들었다. 적당한 규모의 단독 빌딩들은 나온 물건이 별로

내일신문 신사옥

없었다. 혹 있어도 값이 매우 높았다.

하늘이 도왔는지 새문안교회가 새로 신축하면서 언더우드 교육관이 매물로 나왔다. 4개 업체가 입찰에 참여했다. 제일 높게 값을 부른 것은 사모펀드였고 우리는 두 번째였다.

그런데 새문안교회 장로회의에서 펀드의 정체가 의심스럽다고 하여 두 번째인 내일신문이 낙찰을 받게 되었다. 당시 신천지나 모 교회 등이 펀드를 업고 들어온다는 소문이 있어, 새문안교회가 몹시 경계하고 있었다. 우리는 신문사이니 새문안교회에서 의구심을 갖는 종교기관에 재매각하지 않을 것이라는 다짐을 하고 매입하게 되었다. 지난번 사옥보다 대지는 2.5배, 건평은 지하 5층에서 지상 6층으로 4배 정도 넓다. 위치도 광화문광장과 가까워 직원들의 만족도가 매우 높았다. 매입대금 240억 원을 차입없이 전액 현금 지불했다. 교회의 특성에 맞추어 건축된 건물을 전체 리모델링하여 경희궁 앞 옛 빌딩을 떠난 지 3년 만에 새 사옥에 입주했다.

📝 episode

'녹색문화재단'에 경영을 도입하다

나는 2007년 10월 (재)한국녹색문화재단 이사장을 맡게 되었다. 이 재단 역시 재단이 처한 경영적 어려움 때문에 나에게 이사장직을 요청한 것이다. 녹색문화재단은 참여정부 첫 해인 2003년 9월 재단법인으로 설립되었다. 강원도 횡성군 청태산 자락 높이 850m에 195억 원을 들여 숙박교육시설 '숲체원'을 만들었다. 2007년 9월에 숲체원을 개원했지만 운영을 어떻게 할 것인가가 난제였다. 위치가 너무 높아 겨울에 최소 5개월 이상 눈이 덮여 있고 날씨가 너무 추워 사람들이 잘 찾아오지 않았다. 애초에 가동 기간이 너무 짧은 곳에 교육시설을 지은 것이 문제였다. 그동안은 산림청의 지원을 받았지만 수입은 없고 재단법인의 기본재산은 모두 소진되고 경영적으로 무척 어려운 상황에 있었다. 나는 처음에 사양했지만 경영문제 때문에 녹색문화라고 하는 시대적인 역할을 포기하는 것은 옳지 않다고 생각했고, 몇 사람의 강력한 권고로 이사장직을 맡게 되었다. 그들은 자연보호중앙협의회에서 내가 했던 일을 여기서도 해주기를 바랐다. 나는 취임하면서 2년 안에 재단법인의 기본재산을 모두 회복시켜 놓자고 제안했다. 이사장은 비상근이어서 주 1회 두 시간씩 회의를 주재하면서 업무를 살피고 이제까지 부족했던 홍보와 마케팅에 관심을 쏟았다. 녹색문화재단은 공공적 성격이 강한 재단법인이지만 여기에서도 경영의 일반적 원칙을 적용하기로 했다.

경영정상화의 원칙은 첫째 인센티브를 통한 영업마케팅 최우선, 둘째 친절교육, 시간 지키기, 회의 정례화였다. 셋째는 경비절감이었다. 우선 관리비 월 100만 원을 포함해서 월 500만 원을 내던 월세를 전세로 바꾸면 연 5000만 원의 비용을 절감할 수 있다. 그 외 다양한 비용절감 방안을 마련해 추진한다. 그러면 아래로 내려가던 곡선이 위로 올라가 시간이 갈수록 승수효과를 나타낸다. 재단이 어려우니 이직이 심했다. 경영이 안정되면 이직이 줄어들고 직원들이 일에 전념하게 되고 창의적인 방안들도 많이 내게 된다. 무엇보다 숲체원 이용률을 높여야 한다.

녹색환경교육 홍보를 적극적으로 하여 마케팅을 강화해야 한다. 일간지들과 방송에 집중 홍보했다. 지방일간지, 특히 강원도의 일간지, 각종 주간지, 월간지 등에 숲체원과 녹색문화재단을 알리는 것도 강화했다. 인터넷도 이용했다. 숲체원 사이트를 개편해 이용자들이 한 달간의 숙박현황을 체크하고 쉽게 등록할 수 있도록 했다.

이용률이 낮으면 식사가 나빠진다. 식사가 좋고 시설이 깨끗하고 직원들이 친절해야 이용객들이 입소문을 내 계속 찾아온다. 식재료는 가능한 한 강원도 횡성이나 평창 것을 쓰게 했고, 세탁도 강원도 업체를 이용했다. 평창의 휘닉스파크 호텔 등에서 강사를 초빙해 친절교육을 받았다. 1등을 한 사람은 상으로 금강산 관광을 보냈다. 모든 경영지표는 투명하게 공개했다.

회의록도 인터넷을 통해 이사회 및 직원은 물론, 산림청이나 관계자들에게도 모두 보냈다. 호응이 좋았다. 새 바람이 재단을 일으켜 세우고 있었다.

서울시나 경기도 등의 초·중·고등학교를 상대로 학생들이 대거 숲체원에 올 수 있도록 적극적으로 영업을 했다. 영업을 유치하는 직원에게 인센티브제도를 도입했다. 교회 등 종교단체의 교육장으로도 좋은 호응을 얻었다. 숲체원은 숙박시설에 TV가 없고 전체 금연정책을 썼다. 특히 숲체원의 데크로드는 우리나라에서 장애인들이 이용할 수 있는 시설 중에는 가장 높은 920m에 설치되어 있어 환영을 받았다. 교육프로그램에는 녹색문화교육이나 숲치유교육 등을 포함했다. 교육생이 없어 시설이 놀고 있는 1월에는 인근 스키장 관광객을 상대로 숙박을 유치하는 비상수단도 사용했다.

경영정상화가 잘 진행되다가 2009년 하반기에 신종 플루가 유행하여 거의 모든 교육이 취소되어 애를 먹기도 했다. 어쩔 수 없이 간부들의 급여 일부와 나의 비상근 수당을 반납하여 간신히 목표를 달성 했다.

2008년 정권이 교체되어 나도 간접적으로 사의를 표명했다. 그러나 취임한지 얼마 되지 않고, 아직 경영정상화가 남았다며 만류하는 이사들의 뜻에 따라 계속했다. 2010년 4월에 임기가 만료되자 이사회는 나의 연임을 결정했다. 그러나 이제는 경영이 정상화되었으니 사표를 냈으면 좋겠다는 뜻을 전달 받았다. 정권교체 후 산림청이나 녹색사업단으로부터 지원받는 기금의 50%가 줄어 타격이 있었으나 직원들의 헌신적인 노력으로 목표를 이루었다. 50% 지원 삭감이 더 자주적으로 재정을 확립할 수 있는 계기가 되었다. 녹색문화재단에서도 느낀 것이 많았다. 경영의 원칙은 어디서나 비슷했다.

6부

'4차원 사고'로의 전환

만물은 상호연관되고 상호의존하며 통일되어 있다

1.
강한 카르타고를 이긴 약한 로마

초기 로마는 카르타고보다 아주 약한 나라였다. 시오노 나나미는 '로마인 이야기'에서 이렇게 썼다.

'지성에서는 그리스인보다 못하고
체력에서는 켈트인이나 게르만인보다 못하고
기술력에서는 에트루리아인보다 못하고
경제력에서는 카르타고인보다 뒤떨어지는
로마인들이 어떻게 그토록 오랫동안
커다란 문명을 형성하고 유지할 수 있었을까'

아주 작은 도시국가에 불과한 로마가 해상민족 페니키아인들이 만든 카르타고라는 강력한 국가를 상대로 지중해 해상에서 어떻게 싸워 이겼을까? 여러 가지 이유가 있겠지만 나는 로마전함에 망루를 설치한 것에 주목한다. 로마 사람들은 앞선 나라의 문명을 잘 응용하여 비슷하게 전함을 만들었다.

로마인들은 자신들보다 뛰어난 에트루리아인의 과학 기술력을 존중했다. 5대 왕에 에트루리아인을 추대하기까지 했다. 에트루리아인들은 높은 산에 올라가면 바다가 멀리 보인다는 사실을 알고 있었다. 로마인들은 이를 응용해 전함에 높은 망루를 설치해 바다에서 적함을 먼저 발견하게 된다. 해상전투에서는 먼저 발견하는 것이 매우 중요하다. 로마 배가 한 척이고 카르타고 배가 세 척인데 로마가 먼저 발견하면 로마 배는 사라지면 그뿐이다. 그러나 거꾸로 되면 카르타고 배는 세 척의 로마 배에 포위되어 침몰하고 만다. 다른 조건들이 비슷하면 먼저 발견하는 것이 승패에서 가장 중요하다.

이것은 바다가 평평한 2차원이 아니라 둥근 지구와 같은 3차원의 곡면이기 때문에 나타나는 현상이다. 로마인들은 지구가 둥글다고는 이해하지 못했지만 에트루리아인의 실증적인 경험을 해전에 활용하여 승리해 지중해 패권을 장악하게 된다. 이러한 역사적 사실은 외형상 분명한 약자인 사람, 기업, 국가가 '어떻게 강한 상대방과의 경쟁에서 이겨 강자로 설 수 있는가'라는 문제에 많은 교훈과 시사점을 준다. 로마인은 실패를 많이 했으므로 뛰어남보다 성실함을 소중하게 생각했고 리더들은 공과 사를 구분하고 솔선수범하며 모범을 보여 국가경쟁력을 높였다.

스페인과 영국은 대서양을 놓고 오랫동안 싸웠다. 스페인의 무적함대와 엘리자베스 1세의 영국 함대 간 해전에서 수적으로 열세였던 영국이 승리하게 된 데는 포병술이 큰 역할을 했다고 알려져 있다. 플리머스해전에서 영국해군의 포병술은 스페인보다 월등히 뛰어났다. 단순히 생각하면 스페인이 이겨야 한다. 무적함대였고 당시 최강대국이었다. 스페인은 영국을 해적국가 정도로만 보았다. 그러나 결과는 정반대다. 어떻게 이렇게 되었을까? 이렇게 생각해 본다. 스페인함대는 경험적으로 포를 쐈을 것이고 영국함대는 포물선 곡선을 연구하여 과학적으로 포를 쐈을 것이라고 추측한다. 정확도가 훨씬 뛰어났을 것이다. 또 영국함대는 기동력도 뛰어났다고 알려졌다. 작지만 과학적으로 단단하게 무장한 군대가 승리한 것이다. 포물선 곡선은 바로 3차원의 둥근 지구가 만든 중력 이라는, 만류인력의 법칙에 의해 만들어진 곡선이다. 우리는 이제 3차원의 중력이라는 힘이 4차원의 중력장으로 한 차원 높아진다는 사실을 알고 있다.

미국과 일본의 태평양전쟁을 살펴보자. 미국이 히로시마와 나가사키에 원자폭탄을 떨어뜨리면서 제2차 세계대전은 끝났다. 원자폭탄은 아인슈타인의 $E=mc^2$을 활용하여 만든 4차원 폭탄이다. 일본의 가미가제특공대도 군국주의적 단결력도 미국의 4차원 폭탄을 이길 수는 없었다. 미국이 아인슈타인의 4차원 원리를 응용하여 원자폭탄을 만듦으로써 이른바 팍스아메리카나의 시대가 온 것이다. 이 4차원폭탄은 뉴턴적인 3차원의 사고로는 이해될 수 없는 것이다.

나는 인류의 인식이 한 차원 높아질 때마다 그 전환의 원천에는 변화를 두려워하지 않는 용기가 있음을 보았다. 지배적 이데올로기로 굳어진 기존의 사고틀을 깨고 새로운 시대의 변화를 받아들인다는 것은 굉장히 어려운 일이다. 인류 역사는 이러한 전환을 과감히 받아들인 사람과 집단만이 생존 발전해 왔음을 보여준다. 특히 약하고 작은 집단에게는 더욱 그러한 용기가 필수적이다. 외형적인 강함만 믿고 혁신이 불필요하다고 생각하여 변화를 꾀하지 않는 조직이나 외형적인 약함을 핑계로 숙명론과 패배주의에 빠져 변화를 꾀하려 하지 않는 조직은 새로운 생각으로 새로운 시스템을 만들어낸 조직을 당할 수 없다.

2.
뉴턴에서 아인슈타인으로 장(場)과 시공간의 의미

15세기 무렵까지 인간은 지구가 평평하다고 믿었다. 당연히 자전과 공전이라는 개념이 없었다. 그러므로 세계를 파악하는 사고의 기준이 평면, 즉 2차원이었다. 삼각형 내각의 합이 180°라는 것도 그와 같은 생각의 하나였고 그로부터 유클리드 기하학이 탄생했다. 평면, 즉 2차원에서 삼각형의 내각의 합은 180°이지만, 둥근 지구본 위에 삼각형을 그려보면 이러한 평면삼각형은 존재하지 않고 곡면삼각형이 존재한다. 곡면삼각형의 내각의 합은 180°에서 270°사이로, 그리는 삼각형마다 각도가 다르다.

우리는 오랫동안 차원이라는 생각 없이 삼각형의 내각의 합은 180°라고 암기해 왔다. 초등학교 때 선생님이 공책에 삼각형을 세 가지 형태로 그려 보라고 했다. 그리고 각도기로 삼각형의 각각의 각도를 재서 더하면 어떤 형태이건 180°가 나온다고 하면서 이 공식을 꼭 외우라고 했다. 사각형은 180°가 두 개 모인 것이니 360°가 된다고 했다. 그렇지만 지구본 위에서 삼각형을 그리면 상황은 달라진다. 우선 평면 삼각형은 존재하지 않는다. 모두 곡면 삼각형이다. 각도기가 야들야들 탄력이 있으면 지구본 위에서도 각 도를 재기가 쉽다. 180°에서 270°사이의 여러 각도가 나온다. 3차원 공간에 서는 그리는 삼각형마다 각도가 다르므로 삼각형의 각도가 180°로 일정하지 않고 상대적이다.

15세기가 넘어서야 비로소 인간은 지구가 둥글다는 것을 인식하기 시작했다. '지구가 돈다(revolve)'고 말한 코페르니쿠스는 이단자가 될까 두려워 생전에 자신의 이론을 책으로 펴낼 수 없었다. 지동설을 증명한 갈릴레이도 법정에서 자신의 주장을 부인할 정도였다. '돈다(revolve)'의 명사형이 '혁명(revolution)'이다. 그러나 아무리 지배층이 이단으로 몰아도 과학자들이 지구가 둥글다는 것을 거듭 확인하면서 인간의 사고는 3차원 중심으로 바뀌었다. 태양이 지구를 중심으로 도는 것이 아니라 지구가 태양을 중심으로 돌며 태양 자체도 끊임없이 돌아간다. 뉴턴의 만유인력 법칙은 이러한 3차원 사고의 정수라 할 수 있다.

하지만 3차원 사고에서 시간은 영원하고 일정하며 공간과 분리되어 있었다. 공간과 시간 사이에는 어떠한 연관도 없었다. 20세기 초 이러한 사고에 근본적인 의문을 제기한 사람이 등장했다. 마치 2차원의 평면에서는 삼각형의 내각의 합이 180°이지만 3차원의 지구본 위에서는 삼각형의 내각의 합은 180°가 넘는 것처럼 차원을 달리하면 상황이 달라진다는 것을 제기한 사람이다. 아인슈타인은 3차원의 뉴턴 물리학에 근본적 의문을 제기했다. 그는 빠르게 움직이는 빛을 연구하여 시공간(時空間, spacetime)이라는 4차원을 발견했다.

빛은 1초에 30만km를 달린다. 저 멀리 일억 광년 떨어진 별에서 나온 빛이 내 피부에 와 닿을 때에는 일억 광년 전에 나온 빛이다. 그 사이 그 별은 이미 사라질 수도 있다는 사실은 조금만 생각해보면 알 수 있다.

우리는 어릴 때 '빛과 같은 속도로 달리는 우주선을 타고 가면 나이를 먹지 않는다'는 이야기를 들어왔다. 아인슈타인의 이론이다. 3차원 사고에서는 있을 수 없는 논리이다. 그러나 4차원 사고에서는 당연한 이론이다. 그는 4차원인 우주세계에서 시간은 일정하게 흐르지 않고 빠를 수도 있고 느릴 수도 있는 탄력적 개념이고, 공간과 분리된 시간은 존재하지 않는다고 논증했다. 이러한 이론에 기초하여 그는 '빛은 직진하지만 우주가 곡면이어서 태양근처의 별 센타우루스 α근처의 빛의 각도는 0.0005°만큼 휜 상태로 관측된다'고 주장했다. 그의 주장은 4년 후인 1919년 5월 29일 영국 천문학 팀이 서부 아프리카 나이지리아에서 개기일식을 관측하는 과정에서 발견되어 증명되었다. 이로써 이제까지의 3차원 사고가 4차원 사고로 전환하는 계기가 만들어진 것이다.

기존의 패러다임은 바뀌어야만 했다. 시간이 '일정하고 영원한 것이 아니고 탄력적이고 역사적이며 공간과 결합된 것'이라는 데서 출발하는 4차원 사고는 이전의 모든 사고를 뛰어넘었다. 이제 뉴턴의 물리학은 부분적이고 제한적인 물리학에 불과하게 되었다.

특수상대성이론의 결론인 $E=mc^2$ 방정식은 기존의 3차원 사고에서는 나올 수 없다. 3차원 사고에서는 E(Energy)=m(mass)c²(빛의 속도)에서 c는 빛의 속도, 즉 양(量)을 나타내는 상수이므로 질이 다른 E와 m이 같을 수 없다. 다른 범주가 있지 않으면 이 방정식은 성립될 수 없다. 예를 들면 '소=말'이라는 방정식이 3차원 사고에서는 있을 수가 없다. 서로 질이 다른 사물이기 때문이다. 4차원의 시공간에서만 $E=mc^2$이 성립한다는 뜻이다. $E=mc^2$에서 빠르게 에너지가 나오는 것이 원자폭탄이고, 천천히 나오는 것이 원자력 발전소이다.

3차원 사고는 모든 사물을 질(Quality)과 양(Quantity)으로 본다. 그러나 4차원에서는 장(場, Field)이라는 새로운 범주가 나온다. 장 에서 Mass는 Energy로 바뀔 수 있다. 이제 세상의 사물을 장과 질과 양으로 표현하는 새로운 시대가 열린 것이다.

현대물리학에서는 에너지가 집중된 것이 물질이고 에너지가 분산되어 간 시공간을 장이라고 설명한다. 세계를 에너지와 물질과 장으로 이루어진 통일체로 파악할 수 있다. 물질세계의 장에는 전자기장과 중력장과 핵력장이 있다.

장의 개념을 최초로 쓴 사람은 영국의 패러데이(M. Faraday)이지만, 전기방정식($\oint E \cdot ds = q/\varepsilon 0$)자기방정식($\oint B \cdot ds = 0$)이 수학적 개념으로 동일하여 이를 이론적으로 통일시켜 전자기장 이론을 발견한 사람은 수학자이며 물리학자인 맥스웰(J. C. Maxwell)이다. 장 속에서 장을 통해 자기가 전기로 바뀔 수 있다는 의미이다. 자기와 전기는 질이 다른 물질이지만 장을 통해 상호 연관되어 있고 상호 전환될 수 있는 것이다. 커다란 발상의 전환이다. 그러나 당시 주류였던 뉴턴학파의 비난에 밀려 크게 빛을 보지 못했다. 서로 다른 개념이 본질적으로 동일하다는 발견은 아인슈타인에 의해 더욱 발전하여 '에너지와 물질이 상호 전환한다'는 $E=mc^2$의 공식으로까지 발전했다. 이 공식을 기초로 만들어진 것이 원자폭탄과 원자력발전이다. 물리학에서는 이렇게 해서 3차원의 사고가 4차원의 사고로 대체되기에 이른 것이다.

$E=mc^2$에서 보는 것처럼 '질적으로 서로 다른 두 사물이 장 속에서 상호 전환한다'는 아인슈타인의 이론은 기존의 양과 질의 개념을 훌쩍 뛰어 넘었다.

지난날의 수평적이고 수직적인 사고는 양과 질을 넘어선 장(場, Field)이라는 개념으로 대치되었다. 그리하여 새로운 차원의 장에서 다양한 질과 양을 파악하고 통합하며 전환할 수 있는 길이 열리게 되었다. 다시 말해 세상만물은 장이라는 시공간속에 존재하고 있으며 이로써 '만물은 상호 연관되고 상호 의존하며 통일되어 있다'는 철학적 명제가 과학적으로 해명하기에 이르렀다. 근대사회를 지배하던 모든 방식·내용·방향은 장이라는 개념이 등장함으로써 새로운 방식·내용·방향으로 전환되지 않을 수 없게 되었으며 21세기는 그러한 전환이 주도하는 시대가 되었다.

내 생각에는 아인슈타인 이전에도 4차원으로 생각하고 생활하던 분들이 있었다. 앞에서 이야기한 것처럼 부처님과 예수님이다. 성경에 부활이라는 개념이 내 생각으로는 4차원 개념이다. 육신이 시간의 흐름과 무관하게 되살아난다는 것이다. 요즈음의 타임머신개념이다. 또 불경을 보면 부처님은 찰나만큼 짧은 시간에서 몇 억겁 년이라는 긴 시간에 이르기까지 다양한 종류의 시간에 관해 말씀한다. 부처님처럼 과거와 현재와 미래를 종횡무진 통찰하는 것이 바로 4차원 사고이다.

우리 개인들 간에 4차원 사고는 어떻게 이해될까? 사람은 생각하는 존재이다. 우리가 무언가에 집중할 때 뇌세포와 뇌세포를 연결하는 시냅스라는 연결고리에 전자가 빠르게 움직인다. 그렇지만 졸거나 잠을 잘 때에는 이 전자의 흐름이 아주 느리게 움직인다. 다시 말하면 인간은 어떤 동물보다도 이 '빠르다'와 '느리다'를 자유롭게 하는 존재이다. 공부할 때나 일할 때는 집중을 해야 한다. 머릿속에서 전자가 빠르게 움직여야 한다. 그러나 항상 이렇게 하면 스트레스로 미치거나 병이 나게 된다. 우리에게는 휴식도 아주 중요하다. 휴식은 전자의 흐름을 천천히 가게 하는 즉, '빠르다'와 다른 '느리다'를 나타내는 말이다. 빨리 달리기만 하면 죽고 말 것이다. 휴식을 통해 다시 빠르게 움직일 수 있는 조건을 만드는 것이다.

컴퓨터나 스마트폰이나 태블릿PC 등은 바로 4차원의 이기들이다. '빠르다'를 나타내는 컴퓨터나 스마트폰과 같은 정보통신산업은 대표적인 4차원 산업이다. 21세기에 들어와 인터넷이라는 신경망을 통해 장의 개념은 생활 속에서 구체화되고 있다.

녹색생명산업은 '느리다'의 대표적인 4차원 산업이다. 노화 DNA를 천천히 가게 하면 생명은 연장된다. '빠르다'가 만든 스트레스를 줄이면 대부분의 현대적인 만성병을 고칠 수 있다. 호주출신의 분자생물학자 엘리자베스 블랙번은 염색체 끝에 있는 텔로미어(telomere)와 텔로머라아제의 염색체보호기전을 발견하고 노화 메커니즘을 규명하여 노벨 생리의학상을 받았다. 그 연구에 의하면 세포의 노화DNA는 스트레스에 아주 민감하다.

📝 **episode**

성장속도 빠른 새싹은 암환자에게 금물

나의 부친께서는 86세 때 대장암 진단을 받았다. 수술을 받으셨지만 암이 온 몸에 퍼져 병원에서는 3개월 이상 생존하시기 어렵다고 했다. 입원치료를 받고 계신 중에 미국에서 생화학을 전공한 형이 와 입원실의 식사를 보고 화를 냈다. 식사에 달걀이 나왔기 때문이다. 특히 암환자에게 달걀노른자는 독이라고 했다. 암세포는 보통세포보다 빨리 자라는 세포인데, 달걀노른자와 같은 성장호르몬이 많이 함유되어 있는 음식을 먹으면 암이 더욱 빨리 진행되어 병이 악화될 수밖에 없다고 했다. 생각해보니 일리가 있었다. 형은 당장 퇴원하라고 난리였다. 여기 있으면 3개월도 못 간다고 했다.

그러면 집에 가서 어떻게 치료할 것이냐고 물었다. 암은 면역체계의 문제로 생긴 것인데 성장호르몬이 많은 알, 눈, 내장, 치어나 새싹 등을 먹지 말고, 대신 성장호르몬이 거의 없는 다 자란 잎이나 생선살을 먹어야 한다고 했다. 그래야 암세포가 빨리 자라지 않는다고 했다. 나이가 든 분들은 암세포가 빨리 자라지 않으니 오래 사실 수 있다고 했다. 단, 스트레스를 받거나 피곤하지 않아야 하는데 가능하면 숲속에 있는 것이 가장 좋다고 했다.

현실적으로 숲에서 살 수는 없으므로 방이나 거실을 푸른 잎이 많은 식물로 에워싸면 그것이 바로 숲이 될 수 있으니, 그렇게 하면 상당히 오래 사실 수 있다고 했다.

숲에 가면 스트레스가 해소되는 것은 누구나 아는 상식이다. 피곤할 때 창밖의 숲이나 나무를 보면 눈의 피로가 풀리는 것도 누구나 경험해 보았을 것이다. 상당히 일리가 있다고 생각해 가족 모두 그렇게 하기로 했다.

부친은 3개월을 넘어 6년을 더 사셨다. 집 바깥 계단에서 넘어져 척추를 다쳐 걷지 못하게 되셨다. 그 때문에 점점 상체가 비대해 지셨다.

부친께서는 당시 책을 저술하고 계셨는데, 모친께서 환자가 책을 쓴다며 말리려 했다. 형은 부친의 저술활동은 정신건강에 좋다고 했다. 농업을 전공하신 부친께서는 불편하신 몸으로도 '경지의 공동경영과 기계화 집약 농업'이라는 책을 쓰셨다. 책의 2차 교정이 끝나고 1995년 5월 18일 아침, 가족들이 여느 때처럼 아침식사를 준비할 때 조용히 운명하셨다. 심장마비, 당시 92세셨다.

3.
셋이 모여 삶이 된다

나는 감옥에서 현대물리학과 분자생물학을 공부하면서 모든 생명활동의 근원은 셋, 세 가지 범주가 모여 만들어진다는 것을 발견했다.

프랑스의 분자 유전학자 모노(J. Monod)는 DNA 분석을 통해 1965년 A.르 워프, F. 자코브와 노벨 생리·의학상을 공동 수상했다. 그는 세균의 유전현 상을 연구하여 효소의 합성을 제어하는 유전자(오페론)의 존재를 확인하고 그 구조를 해명한 '오페론 설'을 제창했다. 1970년에 출간한 생명발생의 우연 성을 주장한 저서 '우연과 필연'에서 현대생물학의 성과를 기초로 생명체가 탄생하는 과정에서 우연이 결정적인 역할을 한다는 세계관을 대담하게 표현 하여 큰 반향을 불러 일으켰다. 이는 불확정성의 원리와 비슷하다.

모노는 3염기(GAU-AAG-GGA-UUU-AUU-AUU…, 즉 아스파르트 산-리신-글리신-페닐알라닌-이소류신-이소류신…)로 구성된 유전암호가 전령 RNA를 매개로 해서 특정한 아미노산을 구성한다고 예측했다.

나는 살아 있는 모든 것은 기본적으로 세 가지 생명활동의 연관이라는 점을 모노를 읽으며 깨달았다. 즉 유전, 에너지 대사, 형태발생이 그것으로 구체적으로는 DNA, ATP(아데노신 3인산), 단백질의 상호연관의 통일로 이루어진다. 이러한 생명활동은 모두 세포를 단위로 해 진행되는데, 세포는 다시 세포막, 세포핵, 세포질의 통일이라 볼 수 있다. 단백질은 DNA, RNA, 아미노산의 셋이 연관되어 만들어지며, 아미노산의 결합 순서는 DNA 등 세 가지 염기쌍의 연관으로 결정된다. DNA는 1000여 개의 뉴클레오티드로 만들어지는데, 이 뉴클레오티드는 다시 염기, 당, 인산 세 가지의 결합으로 만들어진다. 모든 생명의 에너지원인 ATP도 뉴클레오티드와 달리 세 개의 인산이 결합되어 만들어진다. 또한 DNA를 전사하여 아미노산을 만드는 데 관여하는 RNA도 전령·운반·리보솜 RNA의 세 종류가 있으며, 이 RNA가 염기 세 가지를 차례로 결합하여 하나의 유전정보를 만든 다음 이 정보에 따라 아미노산을 결합시킨 것이다. 생명현상에서 가장 중요한 단백질이나 아미노산은 결국 CH, CO, NH라는 세 개의 분자집단이 연결되어 만들어진 것이며, 하나하나의 염기는 또한 세 가지의 분자 고리가 결합된 형태로 만들어진 것으로 볼 수 있다.

이러한 분자생물학의 발전에서 다음과 같은 원리를 추론할 수 있다. 생명활동은 각각의 동일한 차원마다 여러 물질의 연관으로 이루어지며, 이들 가운데 세 가지의 연관이 기본적인 것이다. 세 가지 물질이 연관되는 동시에 이들 물질이 마치 하나의 장처럼 새로운 차원을 구성하게 되는데, 이것을 '생명'이라는 차원으로 볼 수 있다. 다시 말하면 세포에서 모든 물질단위가 세 개의 연관을 기본으로 하는 '연관의 통일'로 만들어지며 연관은 장을 만들고 장은 다시 그 속에서 물질의 연관을 통해 더 복잡한 장을 만들며 생명체를 발전시켜 나간다고 설명할 수 있다.(이에 대해서는 장명국 저 '셋이 모여 삶이 된다'

의 '생명이란 무엇인가' 참조)

생명의 근본이 되는 물질은 어떻게 만들어졌을까? 그 최소단위는 무엇일까? 지난날에는 더 나눌 수 없다는 뜻의 원자(Atom)가 가장 최소단위라고 생각했고 원자는 (+)의 성질을 가진 원자핵과 (−)성질을 가진 전자와 같은 두 가지 성질로 이루어져 변증법적인 논리가 통용되었다. 마치 DNA가 두개의 염기쌍으로 이루어진 것처럼 말이다. 그렇지만 1932년 체드윅(J.Chadwick)은 핵 내부에 전기성질을 갖지 않은 또 하나의 입자가 있다는 것을 알아냈는데 이것이 중성자이다. 이러므로 원자는 양성자와 중성자, 그리고 전자 세 개로 구성된다는 사실이 밝혀졌다. 그런데 관측 결과 중성자나 양성자는 각각 3개의 더욱 작은 입자로 구성되었다는 사실이 1974년 11월에 실험을 통해 밝혀졌다. 그 입자를 쿼크(quark)라 부른다. 이 실험을 '물리학의 11월 혁명'이라 부른다. 이처럼 핵자가 다시 세 개의 소립자로 구성되어 있다는 주장은 1950년대에 미국의 입자물리학자인 겔만(M. Gellmann)이 제기했는데 1974년에 대형입자가속기인 SLAC와 BNL의 실험으로 세 번째 쿼크인 C(Charm, 매력)쿼크가 발견되어 공인받기에 이르렀다. 이로써 물질의 가장 기본적인 것은 쿼크 세 쌍이 모여 만들어진다는 사실이 보다 분명해졌다.

모든 물질과 생명활동의 기본이 셋이며, 이 셋이 모여 사회적 장을 만든다는 발견은 나에게 큰 깨달음을 주었다. 원효의 '금강삼매경론(金剛三昧經論)'에서도 셋은 기본이었다.

부처님께서 말씀하시었다. "저 중생들로 하여금 셋을 있게 하고 하나를 지키게 하여 여래선에 들면 선정 때문에 마음에 숨 가쁨이 없을 것이다" 대력 보살이 아뢰었다. "무엇이 셋을 있게 하며 하나를 지켜 여래선에 들어간다고 하나이까?" 부처님께서 말씀하시었다. "셋을 있게 한다는 것은 세 가지 해탈을 있게 하는 것이요, 하나를 지킨다는 것은 마음이 하나 됨을 지킨다는 말이다. 여래선에 든다는 것은 이치(理)로서 마음이 있는 그대로의 진실한 모양 심진여(心眞如)를 관찰함이니 이와 같은 경지에 들면 곧 실제에 드는 것이다"

또 세 가지 해탈이란 허공해탈, 금강해탈, 반야해탈을 가리킨다고 한다. 불교에서는 이와 같이 세 가지로 하나 됨을 일컫는 표현이 대단히 많다. 삼매, 삼세, 삼공, 그리고 부처의 계율을 의미하는 삼계, 진리의 세 차원을 의미하는 삼대제, 또 깨달음의 세 경지라고 하는 등각삼지(等覺三智)등이 그렇다. 기독교에서도 마찬가지로 하나님의 세 가지 형상으로 성부, 성자, 성신을 들고 있으며, 예수는 죽은 지 사흘 만에 부활하셨고, 제자 베드로는 세 번 스승을 부인한 뒤 깨달음을 얻는다. 공자는 삼년상을 강조했고, 증자도 일일삼성(一日三省)을 말했다. 노자도 '도(道)는 하나를 낳고, 하나는 둘을 낳으며, 둘은 셋을 낳고, 셋은 만물을 낳는다'고 했다.

예로부터 선인들이 셋을 완전한 수로 생각해왔다는 사실도 이런 사상들의 표현일 것이다.

사회적 활동에서도 셋이라는 범주의 조합이 기본이라는 생각을 하게 되었다. 창업을 할 때 나는 세 범주가 모여 하는 것이 성공 확률이 높다고 믿는다. 조그만 장사의 경우에도 혼자서 자금과 영업, 매장 일을 다 감당하는 것보다 같이 하면 유리하다. 둘이 하면 의견이 다를 때 조정하기가 쉽지 않다. 셋이면 조율자가 있게 되고 다수결로 정리할 수도 있다. 조금 더 큰 규모의 경우 세 범주를 두고 출발하면 좋다.

내일신문의 경우 주주모집 때 세 범주를 두었다. 내부로 보면 경영층·간부층·평직원의 세 범주, 외부에서 보면 창업임직원·직원·외부주주의 세 범주에서 골고루 주주를 모집했다. 범주를 셋으로 하면 특히 신생기업의 경우 고립에서 탈피하기가 상대적으로 쉽다. 외부주주들이 참여했기 때문이다. 또 상품이나 서비스를 팔 때 주인인 사람이 많으면 그만큼 유리하다. 모든 생명 물질과 인간 사회에는 셋이 모여 이룬 장들이 무수히 많다. 이 무수한 장들이 서로 네트워크를 이루어 다시 장을 만들어 관계를 맺고 살아가는 것이다.

4차원의 삶에서 시간과 함께 중요한 것은 사람들이 만남과 대화의 장을 통해 자신의 차원을 높이는 일이다. 만남을 적극적으로 주체적으로 해 나갈 때 장이 만들어지기 시작한다. 대화의 장을 통해 새로운 관계의 장을 형성하는 것이 바로 사회적인 장을 창출해 나가는 것이다. 인간생활은 끊임없이 장을 창출해 나가는 그 자체이다. 혼자 고립된 삶을 살면 만남의 장과 대화의 장에 함께 하지 못한다. 아예 사람들을 만나지 않으면 시간의 개념도 없어진다. 4차원 사고를 하기가 어렵다.

장이란 조직에서는 분위기이다. 분위기 있는 직장을 원하는 것은 현대인들의 바람이다. 특히 젊은이들은 그렇다. 장이란 남녀관계에서는 무드(mood)이다. 젊은이들이 만남과 대화의 장을 통하면 많은 경우 연애로 발전한다. 연애는 4차원이다. 결혼은 흔히 3차원으로 한다. 직업 등 질과 보수 등 양을 따져가며 남녀가 가족을 만들어내는 법률적 관계가 결혼이다. 3차원에서는 주로 따지고 비판을 한다. 비판이 도를 넘어 비난이 되면 화가 나서 2차원으로 떨어질 수도 있다. 욕을 하고 싸움을 하고 폭행도 일삼는다. 성희롱, 성폭행 등이 2차원의 행태이다. 동물의 차원이다.

일자리를 만드는 창업이나 취직 역시 장을 창출하거나 장 속에 들어가는 것을 뜻한다. '나라'가 4차원의 장이라면 '국가'는 3차원의 개념이다. '직장'이

4차원의 장이라면 '회사'는 3차원의 개념이다. '가정'이 4차원의 장이라면 '가족'은 3차원의 개념이다. 가정은 가족을 확장시킨다. 내 핏줄 아니더라도 마음만 맞으면 같은 식구가 될 수 있다. 장은 가정사랑, 직장사랑, 나라사랑을 통해 만들어진다.

회사, 국가처럼 서로의 이해관계를 따지는 3차원의 근대적 관계가 21세기에 들어와 점차 서로 마음이 통하는 직장, 나라와 같은 개념의 4차원의 관계로 나아가고 있다. 4차원의 현대적 관계는 이심전심(以心傳心)으로 서로의 마음을 통해 휴먼 네트워크를 만든다. 장(場)은 일방적인 것도 쌍방향적인 것도 아니며, 모든 곳에서 모든 곳으로 통하는 온 방향적인 것이다.

4.
불확정성의 원리와 '100%'는 없다

　아인슈타인이 주로 거시세계의 운동에 주목한 것과 달리 20세기의 탁월한 과학자들은 미시세계를 연구하며 소립자의 운동에 관한 놀라운 발견들을 이루어냈다. 이러한 발견들은 오늘날 불확정성의 원리라는 개념으로 집약된다.

　우리가 사물의 속도를 정확하게 측정하려 하면 할수록 그 위치의 정확성은 떨어진다. 반대로 사물의 위치를 정확하게 측정하려 하면 할수록 그 속도의 정확성은 떨어진다. 사물을 측정하는 바로 그 도구가 사물과 영향을 주고받기 때문이다. 예를 들어 미립자의 세계에서 사물을 측정하는 도구로 빛을 사용하면 빛은 측정하는 그 순간 에너지로 사물에 작용하여 위치에 영향을 주게 되는 것이다. 이 불확정성의 원리에 따르면 우리는 현상을 정확하게 예측할 수 없으며 오직 확률적으로만 예측할 수 있을 뿐이라는 것이다.

　이러한 원리는 하이젠베르크(W. Heisenberg)에 의해 정형화되었는데, 이는 기존의 근대역학과 다른 양자역학을 통해 발전되어 나왔다.

근대물리학의 아버지라 불리는 뉴턴의 역학에 따르면, 한 순간에 어떤 물질이 갖는 위치와 속도를 알면 먼 미래에 이 물질이 어디에 있는지 정확하게 알 수 있었으므로 모든 것은 미리 결정되어 있다고 생각했다. 그러나 불확정성의 원리에 의하면 오직 확률을 통한 범위와 추세를 알 수 있을 뿐 미리 결정되어 있는 것은 없다. 이 두 가지 견해는 인간의 사고와 행동에 아주 다르게 나타난다.

예를 들어 설명하면 근대적 사고로 일기예보를 하면 '내일 비가 온다' 또는 '오지 않는다'로 한다. 온다고 하면 우산을 챙긴다. 우산을 챙겼는데 비가 오지 않으면 기상대를 욕하게 된다. 현대적 사고로 일기예보를 할 때에는 '내일 서울에서 비가 올 확률은 60%입니다'라고 한다. 우산을 챙겨야 할지 말아야 할지는 자신이 스스로 판단해야 한다. 기상대를 욕할 확률이 줄어든다. 다른 사고와 행동을 보이는 것이다. 이 이론은 작은 변화가 예측할 수 없는 엄청난 결과를 낳는 것처럼 안정적으로 보이면서도 안정적이지 않고, 안정적이지 않은 것처럼 보이면서도 안정적인 현상을 설명하는 카오스 이론(Chaos Theory)으로 발전한다.

미시세계의 소립자이론이 발전함에 따라 이제까지의 사회전체에 대한 거시적, 결정론적 사고는 후퇴했다.

불확정성의 원리는 다양한 형태로 우리 삶에 변화를 일으키고 있다. 가장 큰 변화는 인간의 삶에 자주적이고 주체적인 판단과 결정이 무엇보다 중요해지게 되었다는 사실이다. 불확실한 혼돈의 세계에서 미래를 확실히 예측할 수 있는 길은 없다. 우리는 단지 확률에 의지하여 스스로 매 순간 순간 판단하고 행동할 수밖에 없다.

불확정성의 원리는 사물을 결정론적으로 보는 것이 아니라 확률 범위 추세로 인식하므로 무한한 가능성을 열어주는 새로운 관점이다. 내일신문이 주간지건 일간지건 새로 시작할 때 대부분 반드시 망한다고 했다. 과기의 논리로는 망할 수밖에 없었을 것이다. 과잉상태의 신문시장에서 후발업체로 자본금도 적고 전문성도 취약한 사람들이 모여 만든 신문이 살아남기는 불가능하다고 보았을 것이다. 그러나 불확정성의 원리를 믿는 나는 '성공확률 1%를 보고 맨땅에 헤딩해보자'고 설득했다. 3차원 사고로는 이해할 수 없는 일이다. 디자인내일, 내일PD, 내일인쇄, 내일e비즈 등 관계회사 창업도 마찬가지이다. 어느 것도 확실한 것은 없었다.

또한 불확정성의 원리를 염두에 두면서부터 나는 언제든 예상치 못한 일이 일어날 수 있다는 사고를 하게 되었다. 완벽은 없다. 오늘의 완벽이 내일은 아닐 수 있다. 그러므로 경영자는 직원들에게 완벽을 요구하면 안 된다고 생각하게 되었다. '대충하라' 내가 자주하는 말이다. 단, 스텝 바이 스텝, 어제보다 오늘, 오늘보다 내일이 나으면 된다. 언제든 상상 못하는 외풍이 올 수 있다. 아무리 튼튼해도 망할 수 있다. 그럴 때 임원, 대주주가 그때까지 이룬 과실을 즐기다 망하면 나머지 모두가 피해를 본다. 남들에게 피해는 주지 말자. 그런 생각으로 내일신문은 주주들에게 적어도 원금과 이자 분만큼은 돌려줄 수 있는 현금은 항상 보유하는 것을 원칙으로 삼고 있다.

5.
팀제와 팀플레이
로마의 백인대·몽골의 십인대

인류역사상 동양과 서양에서 각각 가장 거대한 제국을 건설한 두 나라가 몽골과 로마이다. 이 두 제국은 많은 유사성이 있는데 특히 두 제국 초기에 만들어졌던 로마의 백인대, 몽골의 십인대는 팀제의 원형이라고 생각한다. 팀플레이야말로 어떠한 난관도 어떠한 약점도 극복할 수 있다는 사실을 역사적으로 잘 보여주는 것이 몽골과 로마제국의 형성 과정이다.

로마는 부족의 위기를 백인대로 극복했다. 전쟁이 벌어지면 일렬횡대로 겹겹이 적과 맞붙어 싸우면서, 그 열이 흩어지지 않도록 백인대장이 가장 헌신적으로 싸우면서 휘하 부대원을 독려했다. 자신이 앞장서지 않으면 부대원들이 그의 권위를 인정하지 않을 것이기 때문이다. 백인대장의 희생이 가장 컸을 것이다. 백인대의 위력을 깨달은 로마는 이후 나라 전체를 백인대 중심의 팀제로 개편했다. 로마 초기에 163명의 백인대 대장이 있었다는 기록이 있다. 거기에 100을 곱하면 1만 6300가구가 있게 된다. 5인 가족을 중심으로 보면 당시 로마 인구가 8만 명이라는 기록에 비추어 볼 때 로마 사회가 정확하게 백인대 중심으로 조직화됐음을 알 수 있다.

기병대 중심 체제를 갖춘 몽골의 칭기즈칸은 기병대의 속도전을 보장하기 위해 나라 전체를 십인대 중심으로 재편했다. 십인대를 중심으로 팀플레이를 통해 생활과 전쟁을 수행했다. 칭기즈칸의 몽골은 십인대가 하나의 가구 단위로 인식됐다. 십인대장은 전투에서 가장 헌신적으로 싸우며 부대원을 통솔했다. 보통 십인대장은 마상에서 뽑았다. 아무도 앞에 서려고 하지 않는 위험한 전투에서 노예가 앞장서면 그는 노예에서 해방되어 바로 십인대장이 되었다. 십인대장들이 모여 다시 마상에서 백인대장을 뽑는다. 백인대장 열 명이 모여 마상에서 천인대장을 뽑는다.

칭기즈칸, 즉 테무친은 다양한 종족의 군대를 팀제로 만들어 혁신을 단행했다. 모든 전사들을 아르반(십호)이라 불리는 10명 단위의 분대로 재편했다. 그리고 하나의 아르반은 하나의 형제임을 맹세하여 어떤 전투에서도 서로 다른 행동을 취하지 않았다. 심지어 분대원 중 하나가 포로로 잡히면 그를 구할 때까지 나머지 분대원이 부대로 되돌아오지 않을 정도였다. 아르반의 대장은 형제 중의 맏형과 같은 자격을 부여받아 모든 것을 결정하고 아르반의 모든 행동에 대해 책임을 져야 했다. 이 대장이 무능하고 사심이 있다고 판단될 때 상부는 아르반 부대원들의 의견을 물어 그를 대체할 수 있도록 했다. 이 상부 조직이 자군(백호)이라 불리는 중대 조직이다. 자군, 즉 백호의 대장은 아르반 대장 가운데서 뽑았으며 이 대장 또한 전 부대원을 한 식구처럼 통솔할 권한을 지녔다. 동시에 전체 자군의 행동에 대해 책임을 진다. 다시 자군 부대 열을 모아 1000명을 한 단위로 하는 밍간(천호)을 만들었는데 이것은 오늘날의 연대 정도가 되는 것이다. 밍간 열이 모이면 1만 명을 한 단위로 하는 투멘(만호)이 되며 오늘날의 사단 정도라 보면 된다. 당시 몽골의 전체 부대원이 8만 명 정도였다. 테무친은 95개의 밍간을 중심으로 부대를 편제했다. 최고 통솔자인 투멘의 대장은 자신이 결정했다. 중요한 것은 테무친이 이러한 10단위 편제를 전투뿐만 아니라 생활의 기초 단위로 이해했다는 점이다. 몽골은 전투에서나 생활에서나 팀플레이를 통해 제국을 넓혀 나갔다. 그러나 두 나라가 망하면서 팀제 조직의 역사적인 맥은 끊어졌다.

20세기 말 선진국의 기업조직에서 팀제가 나타나게 됐다. 팀제는 21세기와 함께 일어나는 시대적 흐름의 한 반영이다. 기존의 관료제와 권위주의적 조직 체계가 무너지는 추세를 반영한다. 또 보다 효율적이고 변화무쌍한 조직원리가 자리 잡아감을 반영한다. 변화는 기업에서 먼저 일어나고 있다. 사장 대신 CEO라 부르는 것도 이 흐름 속에 있다. CEO는 이전에 비해 경영에 훨씬 높은 책임을 지고 있다. 대부분 주주총회에서 평가받고 임기를 결정 받는다.

21세기의 급변하는 시장경제 에서는 신속한 의사결정이 매우 중요해진다. 하부단위의 팀장이 많은 자율성을 갖고 있는 팀제는 이에 부응한다. 팀제는 효율을 비약적으로 한 차원 높이는 조직형태이다. 팀플레이가 되면 일반적으로 생산성은 보통 30%까지 효율은 3배까지 높이는 것이 가능하다고 한다.

미국 GE의 잭 웰치는 오너가 아닌 CEO임에도 불구하고 팀제를 성공적으로 도입함으로써 26년간 회장직을 유지했다. 그의 성공비결은 빠르고(Speedy) 단순하며(Simple) 자신감 있는(Self-confident) 분위기, 즉 장을 만드는 데 있었다. 당시 GE는 서류결재를 받으려면 9단계~11단계를 거쳐야 하는 비효율적인 구조를 가지고 있었다. 웰치 회장은 최고경영자(CEO)-팀장-팀원이라는 3단계 결재제도를 목표로 회사의 체계를 단계적으로 개선했다. 시간이 경쟁력과 효율성을 높이는 데 중요한 요소라고 본 것이 그의 선견지명이다.

나는 지난날 노동조합 교육에서 분임토의를 강조했다. 분임토의는 자주를 기반으로, 민주를 중심으로, 통일을 지향하는 원리로 운영해야 한다고 주장했다. 분임토의 때 자주란 모두 빠짐없이 한마디라도 자신의 의견을 말하는 것이다. 민주란 그 의견들의 각자 다른 차이를 인정하는 것이다. 통일은 그 차이들이 내용이 풍부한 하나로 높아져 창의적인 방안을 만들어내 시행하는 것이라고 생각했다. 이 분임토의의 원리를 조직 내에서 팀제의 원리로 적용하면 한 차원 높아져 커다란 힘이 나온다.

나는 내일신문의 경험에서 관료제보다 팀제가 효율을 훨씬 빠른 속도로 높일 수 있다는 사실을 알게 되었다. 그러나 팀제는 팀원들의 생각이 비슷하면 팀플레이가 잘 이루어져 효율을 높일 수 있지만 그렇지 않으면 오히려 관료제보다 훨씬 효율을 떨어뜨리는 결과를 가져온다. 팀제는 기본적으로 팀원과 팀장이라는 라인조직 중심이다. 사장은 팀장의 팀장이다. 규모가 큰 조직일수록 이 단계가 많아질 수 있지만 가능한 한 단계를 줄여야 효율이 높아지고 변화에 빠르게 대응할 수 있다. 단계가 많은 경우 가능한 한 하부단위의 팀장에게 자율권을 많이 주어야 한다.

팀장은 팀 내에서 인사권과 재량권을 갖는다. 팀장이 되려면 그 스스로 모범이 되어야 하고 구성원으로부터 모범을 보인다는 사실이 인정되어야 한다. 이 때문에 팀장 자신도 팀원의 평가를 받게 된다. 3분의 2 이상의 팀원이 반대하면 팀장을 물러나게 하는 것이 사장의 역할이다.

형식적인 조직배치만으로 팀제가 성공적으로 정착되기는 어렵다. 팀제가 정착되려면 내용적으로 모든 팀원이 똘똘 뭉쳐 함께 일하겠다는 자세를 가져야 하며 이것을 조직생활의 전제로 받아들여야 한다.

재능이 월등하게 뛰어난 사람이 있다. 주로 예술인들에 많다. 물론 이들도 각고의 훈련을 해야 하지만 남다른 재능을 가지고 태어난 행운아이다. 이런 천재들에게는 조직생활과 팀플레이가 성장에 방해가 되기도 한다.

그러나 대다수 우리 보통사람들은 자신이 남 다르다고, 천재라고 착각하면 불행의 씨앗이 싹트게 된다. 보통사람들, 한 개개인은 약한 존재이다. 인간의 중요한 속성인 사회성은 혼자서 살아갈 수 없기 때문에 만들어진 개념이다. 사회, 즉 조직을 통해서 인간은 문명을 만들어 낸다. 이 조직의 운영 과정 자체가 바로 팀플레이다. 팀플레이를 받아들이지 못하는 팀원은 팀에 혼란을 초래할 뿐이다. 팀원의 활동결과에 대해 팀장은 팀원과 공동 책임을 진다. 만일 팀원이 제 역할을 하지 않으면 팀장이 그를 뽑지 않든지 팀에서 떠나게 한다. 그러면 팀원은 해당 팀을 그만두든지 팀에 적응하기 위해 연수를 거쳐야 한다.

팀제에서는 월급 등 대우를 비롯한 기본 조건에서 출발점을 같이 하는 것이 필요하다. 처음부터 서로 대우를 달리 하면 불만과 갈등이 생겨 팀플레이가 힘들다. 일반적으로 팀제에서는 연봉계약제를 하고 있다. 그렇지만 내일신문은 기본급은 모두 같고, 근속수당·가족수당·직책수당에 차이를 두어 모든 구성원이 동일한 조건에서 출발한다. 나머지는 자신과 팀이 기여한 바에 따라 인센티브를 받도록 했다. 극히 일부직원만 그들의 특별한 사정 때문에 별도의 급여 계약을 맺고 있다. 인센티브의 분배권한은 팀장이 갖는 대신 지급내역은 전면 공개하도록 했다. 그러면 자연스럽게 팀장의 역할이 중심이 되고 팀장은 팀원들에 비해 더 많은 능력을 발휘하게 된다. 물론 인센티브 배분과정에서 부분적인 갈등과 혼란을 피할 수는 없지만 역할에 대해 서로 차이를 인정하고 더 큰 역할을 향해 모두가 노력하게 되면서 점차 팀제에 의한 인센티브 비율이 정착된다.

나는 YTN에서도 팀제를 부분적으로 활용했다. 모든 부서를 재배치하면서 직원들에게 1지망과 2지망을 써내도록 했다. 무조건 특정 부서에 배치하는 것이 아니라 먼저 당사자의 의사를 물었다. 단, 한국적 특성에 따라 지연, 학연이 심한 상황이었으므로 지원서에 본적을 써내지 말도록 하고 출신 대학과 경력만 쓰게 했다. 그런 다음 해당 부서의 책임자인 부장 등이 이 지원서를 가지고 부서원을 뽑게 했다. 그 결과 뽑혀갈 만한 사람은 서로 뽑겠다고 하고 그렇지 않은 사람들은 무관심 속에 그냥 남았다. 아무도 원치 않아 안 뽑으면 문제가 된다.

팀장은 옛날 관료제처럼 명령만 해서 유지할 수 있는 자리가 결코 아니다. 팀원과 갈등의 소지가 있으면 미리 대화와 설득을 통해 없앨 수 있어야 한다. 갈등이 누적되는 팀은 존속될 수가 없다. 갈등해결이 우선이고 다음이 능력이다. 업무역량이 모자라면 교육과 훈련으로 능력을 키울 수 있다. 그렇지만 아무리 역량이 뛰어난 팀원이라도 갈등을 일으키면 팀플레이가 되지 않아 팀 전체의 효율을 떨어뜨린다. 최악은 능력도 부족하면서 갈등까지 일으키는 경우로 팀장은 대개 그 팀원의 수용을 거부하게 된다.

팀원의 역할을 평가하는 과정에서 팀원 간의 경쟁이 일어난다. 이전까지의 경쟁은 대체로 서로 짓밟는 것, 정글의 법칙에 따라 하나가 올라서는 대신 다른 하나가 도태되는 과정이다. 팀제 하의 경쟁은 팀플레이를 통해 숨은 능력을 발견하고 적재적소에 배치하는 과정으로 궁극적으로 상생을 위한 조직원리라 할 수 있다. 이 모든 과정에서 팀제를 이끄는 중심은 팀장이다. 팀장의 역할은 한마디로 모범을 보이는 것이다. 가장 먼저 모든 것을 잘하는 사람이며 가장 헌신적인 사람이고 가장 능력을 발휘하는 사람이기도 하다.

팀제를 실행하고 있어도 끊임없이 관료제 방식이 팀제 안에 섞여든다. 희생과 헌신을 갖춘 팀장이 팀원들과 함께 통일 단합으로 팀플레이를 해야 한다는 것은 이상일 뿐 현실에서 어긋날 때도 많다. 내일신문에서도 이러한 갈등이 없지 않다. 위기일 때는 갈등이 줄어든 것처럼 보이지만 위기가 지나면 다시 갈등이 드러나 팀과 팀, 팀장과 팀원, 팀원끼리의 갈등 역시 끊임없이 나타나고 있다. 그러나 팀제를 하지 않았을 때와 비교를 상정해보면 답은 자명하다.

6.
4차원 사고는 '상생'이다
통일장 안의 '일하는 사람들'

나는 경제학을 전공하여 자연히 경제이론과 정책에 관한 공부를 하게 되었다. 또 두 번에 걸친 감옥 생활에서 물리학과 생물학, 동서양 고전들을 많이 읽었다. 젊은 날에는 노동운동에 몸담았고, 여러 사업도 일구어 보았다. 이런 다양한 경험 속에서 나는 나름의 철학을 깨달을 수 있었다. 나는 이를 4차원 사고라고 이름 지었다.

4차원 사고는 한마디로 '상생'이다. 2차원적인 전근대사회에서는 2분법적인 사고를 하게 된다. 모든 사물과 인간사가 적과 동지라는 단순 대립항만 있다. 3차원적인 근대사회에서는 변증법적인 사고를 한다. 정(正)과 반(反)이 기본이다. 정과 반은 기본적으로 대립하며 대립물이 상호침투, 상호 의존하여 합(合)을 이룬다. 일정시간이 흐르면 이 합은 다시 투쟁의 대상인 새로운 정(正)이 된다. 변증법에서는 정과 반의 상호대립, 갈등, 투쟁이 중요했고, 상대적으로 합은 덜 중시되었다. 합은 부차적인 것으로 간주되어 상대적으로 합에 대한 연구는 빈약했다. 나는 노동운동을 하면서 변증법의 한계를 항상 느꼈다. 노조에서 중요한 것은 단결·통일이다. 변증법은 한 단계의 단결을 깨고 새 단계의 단결을 만들고, 끊임없이 이 과정을 되풀이 하는 것이 운동이고 이것이 역사 진보라고 본다. 그러나 노조내부에서 갈등은 분열을 낳고 분열은 다시 분열을 낳는 것이 현실이었다. 이 과정에서 생긴 감정적 골은 메우기 어려울 정도가 되기도 했다.

사고의 새로운 전환이 필요하다는 생각이 늘 있었다. 생명과 물질현상에서 발견한 내 나름의 발견을 사회현상에 적용시켜보기 시작했다.

지난 세기가 하드웨어(Hardware) 즉 물질 중심의 산업사회였다면, 21세기는 소프트웨어(Software)중심의 정보화 사회를 거쳐 마인드웨어(Mindware)의 인간중심 사회로 나아갈 것이다. 마인드웨어는 윈-윈(win-win) 즉, 상생의 사회를 지향할 것이다. 인류가 이룩한 위대한 과학적 성과가 이러한 시대적 추세를 밝혀준다고 나는 생각한다.

경제학자들은 토지와 자본과 노동이 생산의 3대요소라고 말했다. 그 속에서 사람은 자본가와 노동자라는 지위로만 이해되었다. 노동자의 능력은 근로시간이라는 양으로만 측정되었고 자본가는 노동자를 착취하는 존재로만 파악되어 계급투쟁은 불가피한 것으로 이해되었다. 그러나 21세기 시장경제의 급격한 변화는 이러한 관점을 넘어 새로운 시각을 요구하고 있다.

셋이 모여 장을 만든다는 개념을 가지게 된 나는 과거의 분류는 현대에 맞지 않는다는 믿음을 갖게 되었다. 새로운 사회 범주에 주목했다. 이전에는 노동자·중간관리자·경영자, 그리고 주주·사원·고객, 나아가 생산자·판매자·소비자 등으로 파악되었던 사회 집단을 '일하는 사람들'이라는 한 차원 높은 범주로 즉, 하나의 장 속에서 통일하여 볼 수 있다는 사실이다. 노동자나 중간관리자, 경영자들이 저마다 회사의 사원임과 동시에 주주나 고객으로 통일된 역할을 수행할 수 있으며 있어야 한다는 것이다.

4차원 사고에서는 존재보다 역할이 더 중요하다. 단순히 존재 자체는 존재에 불과하므로 무의미하다. 존재만을 중요시하면 사회적 의미가 없다. 사회에서의 역할을 찾는 것이 중요하다. '노동자라는 존재'라고 하여 '주면 주는 대로, 시키면 시키는 대로'하는 월급쟁이에 머무를 이유가 없다. 노동자 · 중간관리자 · 경영자를 포괄하는 사원임과 동시에 주주나 고객으로서의 역할을 수행할 수 있다. 스스로 역할을 확장할 수 있다.

노와 사가 모두 '일하는 사람들'이라는 관점으로 통일장을 만들어내지 않으면 단결 · 평화를 직장에 정착하기는 사실상 불가능에 가깝다. 물론 아직도 대주주가 자본가로서 사용자의 역할을 하는 경우가 많이 있다. 그러나 갈수록 대주주의 역할은 줄어들고 경영자와 중간관리자와 노동자가 일하는 사람들이라는 통일장을 만들어 그 직장의 경쟁력을 높이려 하게 된다. 그렇지 않으면 망하기 때문이다. 기업이 망하면 경영자나 대주주가 가장 피해가 크므로 그들도 이런 방향으로 따라갈 수밖에 없을 것이다.

노 · 사 · 정도 마찬가지이다. 노 · 사 · 정 각각의 집단이 그 제한된 존재에 집착하여 자신의 이익과 주장만을 고집하면 노 · 사 · 정간 갈등과 대립이 첨예하게 되고 끊임없이 투쟁할 수밖에 없다. 노 · 사 · 정 모두가 '일하는 사람들'의 관점에 서서 상생의 가치기준과 지속적 발전방향을 이끌어낼 때 사회는 한 차원 높은 곳을 향해 전진한다.

21세기의 새로운 자원은 사람과 시간이다. 대립을 중심으로 하는 노동자와

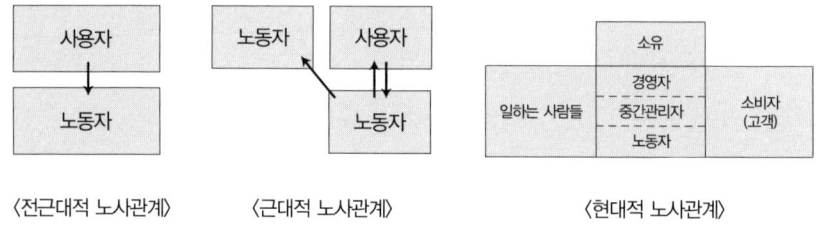

〈전근대적 노사관계〉　　〈근대적 노사관계〉　　〈현대적 노사관계〉

　자본가라는 협소한 관점에서 벗어나 지식과 정보와 예측능력을 가진 '일하는 사람들'이라는 관점으로 발전해야 한다. 그럴 때 노동자·중간관리자·경영자, 주주·사원·고객, 생산자·판매자·소비자처럼 지난날 대립·갈등 관계로만 파악되어오던 사람들이 '일하는 사람들'이라는 관점에서 통일된다. 국가권력을 행사하는 관리라고 인식되어온 공무원도 공익을 우선하는 '일하는 사람들'로 재정립할 수 있다.

　이러한 통일장 속에서는 대립과 투쟁을 넘어 모두가 협력하는 새로운 인간관계, 새로운 노사관계가 형성되어 갈 것이다. 피터 드러커가 그의 저서 〈Next Society〉에서 '지식이 지식사회의 핵심자원일 것이고, 지식근로자가 노동력 가운데 지배적 집단'이라고 말했을 때 그는 노동의 새로운 관점을 말했을 뿐 아니라 시장경제의 새로운 자원을 말하고 있는 것이다.

　근대사회의 노사관계는 노동자와 자본가만이 중심이었다. 그러나 현대사회에서는 소비자가 중심에 서는 새 흐름이 등장했다. 지난날에는 생산이 소비를 결정했다. 생산을 하면 소비가 자동으로 이루어진다고 보았기 때문에 소비자는 무시되었다. 그러나 오늘날은 소비자 개개인들이 생산구조에 영향을 미친다.

　획일적인 공장제 대량생산방식은 맞춤형 다품종 소량생산방식으로 대체되고 있다. 노사관계에도 근본적 변화가 오지 않을 수 없다.

자본과 노동만의 대립 대신 소비자가 등장하여 3자가 공존으로 통일되어 나가고 있다. 지난날 경영의 주요 과제는 자본과 노동의 대립, 생산과 분배의 대립 속에서 소유와 분배의 갈등을 적절히 유지하는 것이었다. 이러한 경영 방식은 소비자가 시장의 주인으로 등장하는 21세기와 함께 무너지게 되었다. 이러한 대립이 유지되는 기업은 시장에서 살아남을 수 없게 되었다. 마찬가지로 이러한 대립이 유지되는 사회는 경쟁력을 가질 수 없게 되었다. '민주주의와 시장경제'라는 범주안에서 소비자의 역할이 노사관계에까지 변화를 준 것이다.

내일신문의 꿈

내일신문은 창간할 때 '밥·일·꿈―보수와 진보를 넘어, 내 일을 하며 내일을 지향한다'는 관점을 세웠다.

내일신문 초기 구성원들은 모두 민주화운동을 했던 사람들이다. 당연히 내일신문을 만드는 것은 민주주의를 위한 일을 언론을 통해서 하는 것이라고 생각했다. 정치에 직접 뛰어들지 않은 것은 '정치세력화'보다 더 깊고 넓은 '일하는 사람들의 사회정치세력화'에 작은 거름이라도 되자는 것이 꿈이었기 때문이었다.

'사회정치세력화'는 '정치세력화'와는 다르다. '정치세력화'는 정치를 통해 사회를 개조하겠다는 정치주의적 관점을 말한다. '정치가 모든 것을 결정한다'는 사고의 논리적 귀결이다.

'사회정치세력화'는 사회 각 분야의 주체들이 그 분야의 주체로 자리 잡는 과정에서 네트워크를 통해 권력중심의 정치를 서비스 중심의 정치로 바꾸어 내는 것이다. 정치, 경제, 과학, 문화, 교육 등 다양한 분야의 '일하는 사람들'이 다양한 신념과 전망에 기초하여 민주주의를 중심축으로 서로 연결되어야 한다. 정치는 그들 사이의 네트워크를 발전시키는 데 기여해야 한다. 국민을 통치하는 것이 아니라 국민을 위해 서비스하는 것이다. 내일신문의 창간 과정이 바로 '일하는 사람들의 사회정치세력화' 그 자체였다.

우리 사회에 민주주의가 뿌리내려 민주적 시장경제가 정착되고 그 속에서 내일신문이 경쟁력 있는 주체로 서는 것, 이것이 내일신문의 구성원들이 매달려 온 꿈이다.

이 꿈을 이루기 위해 창간이래 밥, 즉 경제적 자립에 매진해 왔다. 경제적 자립 없이는 독립 언론을 이룰 수 없다. 자립 없이 자주 없다는 의미이다. 온갖 어려움을 거쳐 이제 밥은 어느 정도 이루었다고 말할 수 있다. 내일신문의 연봉은 이제 언론사 중 높은 편에 속한다.

물론 불확정성의 원리가 작동하는 시대에 앞으로 무슨 일이 있을지 예측하기 어렵다. 다만 공룡은 사라졌으나 생쥐는 남았다는 자세로 변화에 대비하며 작고 내실 있게 나아갈 것이다.

내일신문이 여기까지 오면서 지킨 경영의 원리는 4차원 사고와 4차원 경영이다.

4차원 사고는 전근대사회의 2차원적 이분법 사고나 근대사회의 3차원적 변증법 사고와 다른 현대적인 상생의 사고이다. 이러한 사고와 생활과 시스템을 통해 조직 내의 관료제를 극복하고 팀플레이를 활성화시켜 효율과 경쟁력을 높인다. 그러므로 혁명적(revolutionary) 방식도 아니고 점진적(evolutionary) 방식도 아닌, 단계적이고 점차적(step by step)인 형태의 성장·발전을 이룬다.

4차원 경영은 혼자 하는 경영이 아니라 장(場, Field)을 이루어 여럿이 함께 하는 방식이다. 여기에서 사원주주제가 나온다. 모두가 사원이고, 주주이고, 고객이 될 수 있다. 사원들은 근로자이고 경영자이고 소유자가 될 수 있다. 남의 일이 아니라 내 일을 하며 과거가 아니라 내일을 지향할 때 성공할 수 있다. 내 일이므로 임금이라기보다 보수를 받는다.

4차원 경영은 자주를 기반으로, 민주를 중심으로, 통일을 지향하는 운영원리를 갖는다. 의사결정은 구성원 3분의 2 이상의 찬성으로 이루어지며 경영지표는 투명하게 공개한다.

4차원 경영은 작지만 단단한(Small but Strong) 경영을 지향한다. '작은 것이 아름답다'라는 철학에 기초한다. 이러한 조직이 사회에 많을수록 일자리도 만들어지고 민주주의가 굳건히 뿌리내리게 된다.

4차원 경영은 '밥·일·꿈'을 통해 이루어진다. 밥의 처절함, 일의 절실함, 사람으로서의 꿈, 이것이 인간역사의 추동력이라고 믿는다.

밥·일·꿈

초 판	1쇄	2011년 9월 22일
	14쇄	2019년 9월 1일
개정판	1쇄	2023년 10월 9일
	5쇄	2025년 10월 9일

지은이	장명국
펴낸이	장민환
발행처	석탑출판(주)
주 소	서울시 종로구 새문안로 3길 3, B3 (신문로 1가, 내일신문)
전 화	02)2287-2290
이메일	seoktoppub@naver.com
디자인	(주)디자인내일
인 쇄	프린피아

ISBN 978-89-293-0450-8

| 잘못된 책은 바꿔드립니다.
| 이 책의 전부 또는 일부 내용을 재사용하려면 저작권자와 석탑출판사(주)의 동의를 받아야 합니다.